講談社選書メチエ

625

「こつ」と「スランプ」の研究

身体知の認知科学

諏訪正樹

MÉTIER

はじめに

「こつ」は誰しも手に入れたいものです。並外れた身体的パフォーマンスを競うアスリートや、舞台演技、楽器演奏、踊りなどの芸事にたずさわるプロフェッショナルだけではなく、わたしたちの日常生活の営みにも――例えば、家事やちょっとした手仕事、人前で話すことが多い方なら人を惹き付ける話し方にも――、「こつ」は存在します。精神的に豊かに、楽しく暮らすための心の持ち様にも「こつ」があるかもしれません。

しかし、「こつ」を手に入れるのはそう容易くはありません。世に「こつ」の得方を説くハウツー本は星の数ほどありますが、そうした書をただ真似てみるだけでは決して「こつ」は体得できません。

一方、「スランプ」も日常に遍在します。読者の方も一度や二度、大きな「スランプ」を経験したことがおありでしょう。どうも最近、お得意先でのプレゼンや社内の会議での発言に精彩がない。説得力がない気がする。意気込んでしゃべろうとすればするほど聴き手の心がすーっと離れていく気がする。自分のしゃべり方の何がそうさせるのかがわからない。何をどうやって改善したらよいのかもわからない――。誰しもスランプには陥りたくないものですし、陥ってしまったらなるべく早く抜け出したいと思うのが人情です。

しかし、少し見方を変えてみましょう。スランプとは、現状の問題点を発見し修正して、新しい「こつ」を体得するための準備期間、つまり一種のチャンスなのだと。スランプに陥らずして更なる高みに登ることはできません。スランプなしには現状維持が関の山です。

本書で論じるのは「こつ」の体得や「スランプ」を内包する学びです。学びは、ときには人生をかけた長い道のりだと言ってもよいでしょう。長い眼で見れば、スランプを早く抜け出すことも一概に良いことだとは言い切れません。いま「体得」ということばを使いましたが、それは文字どおり、頭だけではなく身体も駆使した学びなのです。

サブタイトルにある「身体知」とは、身体と頭（ことば）を駆使して体得する、身体に根ざした知のことです。身体知の学びにおいて、スランプは必要不可欠なできごとです。身体で実践し、ことばで色々考えて試行錯誤することを通じてスランプから抜け出したときに、身体知を学んだ状態（「こつ」の体得）に辿り着けます。新しい「こつ」を体得することで、真新しい風景が見えるようになるのです。

本文に入る前に、重要な二つのポイントを挙げておきます。

まずひとつめは、身体知の形成過程では、ことばが重要な役割を果たすということです。逆説的に聞こえるかもしれませんが、ことばをうまく使えば、身体の使い方も進化し、ことば（問題意識）も進化します。つまり、身体知の学びは、身体とことばが共に創られる（以後、「共創」と称する）現象なのです。

身体知の学びにおけることばの役割を鑑みると、何が身体知の研究に必要なのかが明らかになります。それが二つめのポイントです。一般に、科学的な探究では客観的な観察が必要とされます。それを身体知研究にそのまま適用すると、物体としての「身体の現実」を捉える観察になります。しかし、それだけでは、当人がどのような身体感覚を得ているか、どんな問題意識をもっているかを計測することはできません。身体感覚や問題意識についての主観的データを取得すること、つまり「意識の現実」を捉えることも身体知の学びの研究には欠かせないのです。

言い換えれば、身体というのは、他者が、もしくは計測機器によって、外部から客観的に観察できる存在でもあり、同時に、本人が内側から感じ、考えることのできる主観的存在でもあるということです。従来の「科学的研究」のお作法だけに固執していては、身体で生じているものごとの一面しか見られないことを意味します。本書のサブタイトルは「身体知の認知科学」ですが、まさにこの問題に挑戦しているのが認知科学なのです。

第一章ではまず、スポーツ、食、散歩など、様々な生活上の事例から、身体知の魅力に迫ります。

第二章では、主にスポーツ科学がどのように身体知を探究してきたかを振り返り、学びの研究を全うするためには何が足らないかを明らかにします。

第三章では、認知科学という学問が、情報処理モデルの限界に気づき、身体性や状況依存性という難問にチャレンジしている現状を解説します。それはまさに、身体知の学びの研究に投げかけられた挑戦でもあるのです。

第四章では、暗黙知という概念を解説するとともに、身体知の学びが身体とことばの共創現象であることを述べ、現象学の立場から身体知研究はどうあるべきかを説きます。

第五章では、身体知の学びを促す（身体とことばの共創を生む）メソッドとして、私が提唱してきた「からだメタ認知」という理論を紹介します。身体で感じているものごと（体感）に自覚的に眼を向け、それをことばで表現してみようと努力することにより、問題意識を醸成し、更に身体の感じ方も進化させるというメソッドです。ことばを駆使することだけを重要視しているのではなく、体感に留意すること、そして体感とことばを常に紐づけておくことの重要性を説いています。

第六章では、ボウリングの習得プロセスの事例研究を詳細に読み解きながら、ことばを積極的に駆使して身体知を体得する学びがどのような過程であるのかを詳しく論じます。学びは、こつの体得とスランプの繰り返しであり、後者は前者のための準備（必要悪）であると主張します。

そして第七章が本書のハイライトです。身体知とは何か、それを学ぶとはどういうことかという前章までの議論を基に、身体知の学びの研究の最前線でまさにいま議論されている概念（一人称研究、構成的研究、生活研究）と、そうして得られた主観的な意識の分析手法を詳しく解説します。

第八章では、本書の締めくくりとして、「体感の探究」という観点から身体知研究のこれからを覗き見、敢えて大胆に筆を進めてみました。いわば、「身体の現実」と「意識の現実」の両面から身体知を捉えるという研究未来像です。

身体知は未だ多くのものごとが謎に包まれた神秘的領域であり、本書にしたためた論は氷山の一角に過ぎません。身体知研究の最前線はいまどの辺りにあるのか、これからどのような領域に踏み込んでいくことになるのかを、本書が面白くお伝えできていることを祈ります。

目次

はじめに 3

第一章 身体知の魅力 13

1 説明できるヒット 14
2 居心地を判別するからだ 23
3 感性は身体知 30
4 まち歩きを楽しむ身体知 34
5 身体知とはなにか? 38

第二章 身体知をどう捉えるか 43

1 身体知vs.科学 44

2　スポーツ科学とその限界　47
3　現象の「生成」を探る身体知研究　57
4　ことばは身体知の学びの敵なのか？　64

第三章　情報処理モデルから認知カップリングへ――71
1　情報処理という思想　72
2　情報処理モデルの限界　80
3　認知カップリングと身体知　88

第四章　身体知研究のあり方――97
1　暗黙知と身体知　98
2　ことばのシステムと身体のシステム　103
3　個人固有性　108
4　コト研究と身体知　111

第五章　身体とことばの共創を生む学びのメソッド――119
1　からだメタ認知　120
2　何をことばで表現するか　129
3　創作オノマトペで体感をことばにする　136
4　身体とことばの共創　143

第六章　スランプを乗り越え、こつを体得する――163
1　ボウリングの身体知　164
2　スランプはなぜ必要か　170
3　学びの既存理論 vs. からだメタ認知　183

第七章　身体知研究の最前線――195
1　一人称研究――一人称視点の記述に基づく仮説生成　196

2 構成的研究——学ばせながら学びの様を観察・探究する 203
3 生活研究——研究と生活を切り離さない 214
4 ことばの分析——プロトコル・アナリシスの手法 218

第八章 身体知研究のこれから——243

1 体感を探究する時代へ 244
2 「足触り」の研究 248
3 体感データに基づく身体知研究のシナリオ 255
4 まだまだ神秘なる身体知 257

注 267
あとがき 277
参考文献 285

第一章 身体知の魅力

1　説明できるヒット

イチロー選手の凄さ

「説明できるヒットが欲しい」。このことばにイチロー選手の凄さが凝縮しているように思います。日本で七年連続、首位打者のタイトルをとったあとに大リーグに渡り、大リーグでも長年破られなかった年間ヒット数の記録を更新しました。四〇歳を越えた今でも、その卓越したバットコントロールは当代一と言ってよいでしょう。プロ三年目に二〇〇本以上のヒットを放って初めて首位打者に輝いた年のオフに、「からだは自動的にヒットを量産していて、どうやってヒットが生まれているのかを説明できなかったことに危機感を抱いていた」と言うのです。からだの反応でヒットを打っているのでは更なる高みには上れないと。大リーグに渡って一年目のオフに、インタビュー番組で二一歳の頃の自分をそう振り返る姿に、私は学者として心を揺さぶられました。

首位打者をとってなお、そういうことばを吐くことの謙虚さが凄いという意味ではありません。スポーツの世界では、特に昔は「練習で技をからだに憶え込ませる」という考え方が主流であったと思います。ことばであれこれ分析するのではなく、感覚（本書では以後「体感」と称します）を研ぎすませて、からだが憶え込み自動的に反応できるようになるまで練習を繰り返すのがよいという考え方です。「こつをつかむ」ためにはそうするのがよいと信じられていました。

心理学の研究でも一見この考え方を支持する研究成果があります。[1] 例えば自動化（automaticity）という概念は、からだがある技を体得した暁には、からだを制御するための意識はなくなるというものです。日常の例としては、マニュアル車のクラッチをつなぐ（半クラッチ）作業を思い浮かべるとわかりやすいかもしれません。まだ運転がぎこちないときは、左手でギアシフトをすること、右足でアクセル開度を調節すること、そして左足をクラッチペダルの踏み込み位置から半分戻してクラッチをつなぐことという一連の動作手順を一つひとつ意識します。坂道発進の場合には尚更、車が後退しないうちに素早くつながないといけないので、やきもきします。しかし、慣れてくると、一切両足と左手の連動作業に意識を注がなくても、自動的にからだが実行してくれます。これが自動化という概念です。

身体知の学びにおけることばの役割

本書は、「身体知を学ぶためには、実はことばが重要な役割を果たす」という考え方を説くものです。身体知ということばは専門用語です。本章の最後に定義しますが、ここではひとまず「からだに根ざした知」[2] というふうに理解しておいてください。アスリートはからだを使うことが仕事なので、彼らのパフォーマンスを支える身体スキルは身体知の一種です。

さて、「身体知を学ぶためには、実はことばが重要な役割を果たす」という思想は、自動化の概念と矛盾するのではないかと思われる方もいるかもしれません。ところが、決して矛盾はしないのです。この概念は「体得した暁には」ことばが介在しないということを述べているだけであって、「体得するまでの学びの途中で」ことばが介在しないと論じているわけではないからです。

本書は、身体知を学ぶ過程で、からだとことばが互いに作用しあうことによって新たな技やスキルを獲得できるようになるメカニズムにひとつの仮説を与えます。直感的な説明の仕方をするならば、からだの声に耳を澄まし、体感をことばで表現し、ことばでもあれこれ考えて着眼点をつかみ、またからだで実践するという繰り返しが、身体知の学びを促すのだという理論（第五章に登場する「からだメタ認知」理論）を紹介します。更に、それを踏まえた上で、身体知の研究はどうあるべきかを論じます。

「練習で技をからだに憶え込ませる」という考え方は、体感に耳を澄ますことを重要視するあまり、ことばが果たす役割を軽視してしまった思想であると私には映ります。そうしたスポーツ界のなかにあって、「説明できるヒットが欲しい」という意識を貫いたイチロー選手は凄いと思うのです。テレビ番組で彼の弁に接したとき、私の理論の裏付けになると感じました。そういう意識でプレーしている選手もやはりいたか！　と。イチロー選手は、どういう意識で各身体部位を連動させヒットを打っているのかを、ことばで説明しようと努力することによって、からだについて自分なりの理解をつくりあげているのだと私は解釈しています。体感に向きあい、それをことばで表現しようと努力する（以後「からだを考える」と称します）からこそ、新たな身体知を学び、向上できるのです。

からだを考える

では、打者が「からだを考える」[3]とはどういうことなのでしょうか？　例を挙げてみます。投手が投げた球のコースに依って、打つときの身体部位の使い方は異なります。苦手なコースがあれば、なぜうまく打てないのだろうかと考えます。その克服のためには、いまは気づいていないどんなことに着眼して練習すればよいのか。からだの新たな使い方を体得したら、どんな体感が生じるのか。あるいは、球のコースに依らず、打つときにいつも生じる体感はどんなものか。動かす身体部位はどこか。それはどの選手にも当てはまる普遍的なことだろうか。いや、ひとはそれぞれ姿勢や歩き方、筋肉の強さや柔らかさ、性格も異なるのだとすると、個人的に成り立つことなのか。そうだとすると、コーチや一流選手が言うことが必ずしも自分に当てはまるとは限らないな。

このように、自分のからだで実践し、体感に耳を澄まし、ことばも駆使して考える。そうした試行錯誤が練習には必要だと私は思うのです。ことばが重要な役割を果たすという主張は、体感を研ぎすますことを軽視するものではありません。二一歳という若さで「からだを考える」ことを実践していたことが、イチロー選手の卓越さです。若いうちは、よいパフォーマンスが出ているときは、優れた技を披露するための「感覚」が備わっていることに喜びと誇りをもち、その感覚をずっと維持したい、もしくはより研ぎすましたいとだけ考えるものではないでしょうか？　普通は、少し歳が行って身体能力が落ちてきて、若いときには生じなかったプレーのほころびが現れはじめたときに、「考えなきゃいかんな」と重い腰を上げることになりがちです。

イチロー選手の若い頃の打ち方はバックスイングで右足をぶらりとさせる〈振り子打法〉として一世を風靡しましたが、その独特のフォームを批判する専門家も多かったと聞いています。様々な批判を受けつつも、「自分で自分のからだを考える」ことによって独自のフォームを確立し、最高の選手への階段を上りつめたのです。一般人のレベルからみると、そして平均的なプロ野球選手からみても、「上りつめた」は当然の表現だと思います。しかしイチロー選手の意識のなかでは、いまもなお、階段を一歩一歩上っているに違いありません。

野球選手としての悩み

イチロー選手のことばに私が心を鷲づかみにされたのは、私自身が、草野球でプレーを続ける現役選手であることもひとつの理由でした。若い頃から複数チームに所属し、いまも年間十数試合に出場しています。自分で言うのも恐縮ですが、走ること、投げることに関しては、ひとより才があったと思います。盗塁・走塁のセンスと外野の守備はチームメイトにも定評がありました。しかし、打撃はお世辞にも秀でていたとは言えません。足が速く肩が強いという身体能力はあるのに、なぜ打撃はいまいちなのだろうか？　無惨な凡打を喫したときにはいつも、身体がもつ瞬発力を持て余していて充分に活用できていないという体感が残りました。しかしどうすればよいのかわからず悩んできました。

プロ野球界でも同じ悩みを抱える選手は、特に二軍には多いかもしれません。考えてみれば、打撃では、バットという長い代物を自由に駆使することが求められます。投球がインコースに来れば、グリップ位置から芯までの長さよりも、身体に近い位置で球を捉えなければなりません。巨人の坂本勇人選手は若くしてインコース打ちの名人として名を馳せていますが、ホームランバッターでもインコースに弱点がある選手が多いのは事実です。バットという道具を駆使して様々なコースをイチロー選手のように華麗に、しかも力強く打ち返す技は、身体知の典型例といっても過言ではありません。「技は力じゃないんだよ」というのは武道の世界では古くからの言説です。若い頃の宮本武蔵が、もう老年の域に達していた柳生石舟斎《やぎゅうせきしゅうさい》に一太刀も入れることができなかったという逸話は有名です。血気盛んな武蔵の相手を打たんとする気がからだに顕われ、したがって石舟斎に事前に動きを読まれ、するりと躱《かわ》される。逆に、ふと気づくとあらぬ角度から石舟斎の竹刀が武蔵のからだに到達している。体力的には遥かに劣る石舟斎の間合いのスキルは、まさに身体知の最たるものでしょう[4]。

野球の打撃もそれに似たところがあります。バットで球を捉えるインパクトの際には、もちろん球を飛ばすだけの一定以上のパワーは必要でしょう。しかし本当に難しいのは、投手のフォームから何らかの気配を感じ、自分の間合いをつくりだし（つまりタイミングをはかって）、全身がもつ瞬発力をインパクトの瞬間に効率的に注ぎ込むために身体を制御することなのです。バットという長物を持っているからこそ、なんとも難しい。身体の瞬発力を全部注ぎ込めれば、一見華奢に見える人でも球は遠くに飛びます。見るからにパワーがありそうな人も、全身の力を注ぎ込めなければ飛びません。適正なタイミングで適正な位置にバットの芯をコントロールし、そこに全身の力を乗せるために必要なのは、力ではないのです。

多くのプロ野球選手が苦労しているのですから、当然のように私もインコースは苦手でした。インコースの球に合わせてスイングすると、インパクトに全身の瞬発力を注ぎ込めないという体感がありました。私がうまく捉えた打球のほとんどは、真ん中からアウトコースの球をジャストミートしてのもので、鋭い打球はセンターからライト方向へ飛ぶ傾向がありました（私は右打者です）。歳を重ねてスピードと瞬発力に翳りを感じはじめて以来、私は打撃スキルを向上させたいという強い想いに駆られるようになりました。選手を長く続けるためにも、打撃をなんとかせねばならないと。

身体知の学びの研究

身体知の研究の一環として、私は四〇歳を越えてから、打撃スキルの学びを研究テーマのひとつとして掲げました。しかも、野球選手としての自分を被験者として、実体験に基づいて研究仮説を立て、からだで実践（実験）し、その結果を考察し、新しい研究仮説を生むという手法を用いたのです。「からだメタ認知」という学び理論（第五章参照）を自分のからだに適用する研究です。このタイプの研究を「一人称研究[5]」と称します。この研究を続けるなかで、いまの私は、打撃スキルの階段を、ほんの二、三段ですが上れたように思います。まず、身体の軸のつくり方と、下半身と上半身の連動についての意識が劇的に変わりました。その過程については、文献［古川 2009］の第七章に詳細に論じていますので、ご参照ください。

一連の一人称研究のなかで、打率と日々の体感を綴ったことば（以後「からだメタ認知の文章」と称します）に、以下のような特徴が現れることが判明しました。試行錯誤しているときには多種多様な着眼点に眼を向け、それら一つひとつの意味もよく理解できないまま実践で試し、それらのあいだの関係も見えていないものです。したがって、いまだパフォーマンスが向上しない時期には、詳細な身体部位に留意する類いのことばの出現割合が増えます。しかしパフォーマンスが向上するのと時期を同じくして、詳細なことばが減り、全身や大きな身体部分を表すことばの割合が増えていくのです

［諏訪 2006］。

また、打撃の一人称研究では、打率の劇的な上昇とある特定のことばの出現が相関しました。「要は」ということばです。「要は」が登場したのは対象となる研究期間（三年間）で七回だけです。そのうちの四回は、詳細に身体部位の関係を論じた後に、それをまとめる意味で「要は」という文言を一日の文章の中盤から後半に用いていました。一方、他の三回が一日の文章の冒頭に「要は」を用いていました。そのうちの一回は「現状のからだは理想から程遠い」と否定する文章でした。つまり、七回のうち二回だけが、その日の文章をいきなり「要は」で始め、からだの使い方を体得したという内容を記しています。そしてこの二回は、いずれも打率が大きく跳ね上がった時期と一致していたのです［諏訪 2009］。

こうした研究の成果は、身体知の学びにはことばが重要な役割を果たすことを物語っていると解釈できます。「からだを考え」ながら見出した複数の着眼点相互の関係が意識に上り、冒頭に「要は」と書けるくらいにからだについての理解がまとまってくると、もはや詳細な身体部位について模索する必要がなくなり、詳細なことばは影を潜めます。そして、身体知の獲得が生じるのです。野球の打撃の場合は打率の向上となって現れます。

主導原理を自分で紡ぎだす

さて、私がインコースを打つスキルを身につけはじめたのは、二〇一二年の春です。この頃から打球が飛ぶ方向が激変し、レフト線や左中間に強いライナーを打てるようになりました。インパクト位置までは脱力して、バットを振る意識はほとんどなく、インパクトの瞬間からそれ以降にだけ力を込めて球を押し込むという体感を、いま人生で初めて味わっています。こんな歳になってようやくこの体感を得ているのですから、野球選手としては大したことはありません。もっと若い頃にこういう実践をしていれば……とタラレバを言ってみても、覆水盆にかえらずです。

なぜインコースを打てるようになったのか？　ここでは簡単に結論だけを述べます。私は現在、「構えた位置からインパクトまでの間に、右肘を体側に近い位置を通すことによって、身体をピッチャー側に押し込んで球と勝負する」ということばと、そのときに生じる体感を、打撃の主導原理に据えています。このことばは、からだで実践し、からだの声に耳を澄まし、ことばで考えて、また実践するという試行のなかから、「自分で紡ぎだした」ものです。野球経験のある読者の方は、「インコースを打つときには、腕を畳む」とか「右肘を体側に近いところに入れる」などとコーチから習ったことでしょう。しかし、本書で主張したいことのひとつは、野球界で言われてきた定説的なことばと、私の現在の主導原理のことばは、一見似ているように見えても実は大きな違いがあるということです。もちろん、野球界で言われてきた定説をヒントにして学ぶことは必要です。「からだを考える」と言っても、何もかも自分一人で発見するのではありません。先達やコーチのことばをヒントにはします。ただ、それを受け売りで信じるのではないという点が肝要です。自分のからだというフィルターで再解釈することが身体知の学びには重要なのです。

私の主導原理には、右肘に関することと、左足による踏み込みに関することの二つが詰まっています。身体部位的には右肘と左足は離れています。「からだを考える」実践を通じて両者に深い関係性を見出したことが、インコースを打てるようになった最大のポイントです。右肘を体側に近い位置を通してぐっと入れ込むことが、実は、静かだけれども力強い左足の踏み込みを生むことに気づいたのです。静かに力強く踏み込むことができるようになったので、腕周りは脱力したまま素早くインコースのインパクト位置をつくることができます。[6]

こうした一連の一人称研究によっていま、これまで謎めいていた身体知現象において、からだとことばが互いに作用しあうことを通じて身体知が獲得されるメカニズムについて、新しい研究仮説が立ち、謎が解明されはじめているのです。

2　居心地を判別するからだ

居心地は身体知

さて、スポーツからより日常的なトピックに話を転じましょう。居心地です。

街における居心地を例にとります。ストリートの並木が整然として奇麗で、少し上り坂になっていて、道幅はそんなに広くなくて、しかし歩道はゆったりとして、両側に雑貨屋さんやカフェが並ぶ。のんびりと歩いてみたくなる。そういう雰囲気に居心地のよさを感じるひともいるでしょう。

碁盤の目ほど規則正しくもない路地が入り組み、両側に所狭しと店が並ぶ。魚屋、八百屋などの食料品店や、宝飾店、食器店があったかと思うと、ビールケースを椅子代わりに、路地まではみ出て飲ませる呑み屋があったりする。何を売っているのか判然としない店もあったりする。隙間もなく並ぶ商品に店主が埋まってちょこんと座っていたりする。路地に出てダミ声で演説する店主もいる。がやがやゴミゴミ。その活気溢れる空間にいつしかからだが溶け込んで、方角さえもわからずただ彷徨《さまよ》う。そんな場所に居心地のよさを感じるひともいるでしょう。

誰しも、居心地のよい場所と悪い場所があります。それはからだが無意識のうちに判別していま す。では、居心地とはなんでしょうか？　からだはどうやってそれを判別しているのでしょうか？

心理学にはメンタルスペースという概念があります。自分のからだからどのくらいの距離を「自分固有の領域」と考えるか。固有の領域とは、そこに他者が入ってくると侵害されたと感じ、激しい抵抗感を覚える、そういう他者不可侵の領域です。それが狭いひともいれば、広いひともいます。欧米のバスでは、乗客は適当な間隔を空けて立っています。停留所に止まると、運転手はバス停で待っていた客に「もう一杯です」と告げ、告げられた客もバス車中をちらっと見て納得する。そんな光景を眼にしたことはありませんか？　日本的な感覚でいえば、まだ詰めれば十分乗れそうであっても、乗客は詰めないし、バス停で待つ人も詰めてまで乗りたいとは思わないらしい。メンタルスペースの違いでしょうね。狭い国土で人口密度の高い国で育った日本人は、欧米人よりもメンタルスペースが狭いのかもしれません。日本でも都会で育ったひとと、広々とした田舎で育ったひとは、違うかもしれません。

メンタルスペースは、たしかに居心地の判別には重要な要素でしょう。しかし、メンタルスペースだけで説明できるほど、居心地は簡単でもありません。私は授業でよく、学生たちに自分の居心地について考え、互いに論じさせます。いつも右側に座る学生もいれば、左側に座る学生もいます。中央前、後ろ、教室の左奥隅、右奥隅。様々な学生がいます。そこである学生に問いかけます。「なぜ君はいつも教室の右側に座っているの？」

「いや、なんとなく」と学生。

「なんとなくは駄目だよ。この空間には様々な関係が渦巻いていて、それを君のからだは無意識に感じとっている。君のからだにも何らかの特徴があって、空間に成立しているある種の関係を選択的に感じた結果として、いつも右側に座っているんだと思うよ」と私は畳み掛けます。

「あー、僕、右利きで、ノートを書くとき、かなり姿勢が悪く右に傾くんですよね。その体勢だと、先生の顔やパワーポイントのスライドが左方向にあった方が、見やすいんですよ。だから右側に座るんだと思います」

「なるほど。で、それだけ？」と私。

学生は少し考えて続けます。

「えっと、この教室右側一列が全部窓ですよね。風を感じたり、右側から光が入ってきたりするのがよいのかもしれません」

教室にいるひとすべてを、先生だけではなく授業を受けている学生全員を、自分の視界に入れていないと落ち着かないという学生もいます。そういう学生は大抵教室の後方の隅に陣取ります。自分の後ろに他者がいると妙にそわそわしてしまう質《たち》なのでしょう。教室に入る扉が右側にあれば左隅に、左側にあれば右隅に座るようです。

広い壁に寄りかかり、壁の前を自分のエリアだと認識する学生もいます。一方、窓のそばで、ふと横を見れば外の風景が見えることが重要だと思う学生もいます。私は後者のタイプです。学生の頃、教室で先生の声がいつしか遠くなり頭の片隅で鳴っていることは自覚しながら、風に揺れる木々の梢と、その先の空をぼうっと見ていたこともありました。街中の校舎で外がビル群だったら、そんなことはしなかったでしょう。風景を感じていたい、そして何よりも空をじっと見ているのが好きなようです。父の仕事の関係で子どもの頃は転校続きで、田舎に住むことが多かったからかもしれません。

空間を構成する壁や窓、そして先生や白板の位置、窓の外にどんな風景があるか、風や光はどこから入ってくるか、ひとの出入りの場所はどこか、教室の形は縦長か横長か、他者との位置関係。自分を取り巻く様々な関係が居心地を決めるのです。その教室のなかで、自分がどこに位置するかによって、自分が感じとることのできる関係性は劇的に変化します。壁や窓から離れれば、もはや壁と自分の関係、窓と自分の関係は薄まり、認識外のモノゴトになります。物理的には存在していても、後ろのスペースに認識を向けにくいひとなら、教室の前や中央に座っても後ろのひとは気になりません。

授業中は社会的規範として皆座っていますが、同じ空間でも、座っているのか立っているのかによっても、つまり自分の姿勢や体勢に応じて空間の見え方は変わるものです。立つと眼の高さが変わるのですから、着席時に成り立っていた空間関係が壊れ、新しい関係が生まれます。

どういう空間関係には敏感でどういう関係には鈍感なのかはひとによって異なります。認識している関係をどう解釈するかも異なります。ひとは皆、自分の身の周りに存在する様々な関係性のすべてを感知するのではなく、生まれてこのかたの人生背景に応じて、特定の関係性だけに選択的に注意を向け、[7]それに自分なりの意味や解釈を与えるようになっています。居心地はそういう認知の上に成り立っているのです。

居心地をことばで語ること

居心地は、自分で感じようと努力しないと、からだが自動的に判別するため、なかなか意識に上りません。つまり、かなり暗黙的[8]な身体知なのです。しかし、全くことばにできないかというと、そんなこともありません。自分が教室で、カフェで、どんな空間的関係性を認識しているか、そのなかでどれが自分のからだに影響を与えていると解釈できるか。意識しようと努力すると、結構語れるものです。私の授業で初めてそういう課題に触れた学生は最初は戸惑いますが、ほとんどの学生がすぐ語れるようになります。ひとりで語るよりも、隣に座った学生同士、互いの居心地観を語りあうという場を設定してあげれば、相手の着眼点（どんな空間的関係性に留意していて、それにどんな解釈を与えているか）に触発されて、「ああ、あなたのことばで僕も思いついたけれど……」と、それまで暗黙的だったことが口をついて溢れ出ます。からだが自動的にやっていることや感じていることも、意識次第で結構語ることができるものです。もちろんそのすべてを語ることができるわけではありませんが。

私はカフェに行くのが好きです。学生時代から、考え事をするとき、本を読むとき、カフェに行きました。お気に入りのカフェをあちらこちらに発見するのは、いまでも、生活を彩るささやかな楽しみのひとつです。「このカフェはもう来なくてよいな」、そう思いながら帰路につくこともあります。

そういうカフェには居心地を形成しようとしても邪魔になる要素が厳然としてあるのです。

いまでも強烈に印象に残っている学生時代のできごとを次に紹介します。当時の私は既に、カフェの居心地について意識的に考える習慣がありました。研究者になる前でしたから、学問的理論を背景にして居心地を考えていたわけではありません。でも、カフェに入ると、すぐ全体を見渡して空間的な特徴を把握しようとし、どこに先客が座っているかをみてとり、どこに座ると自分にとってよい居心地が確保できるかを考え、もっともよさそうな場所に向かうことをしていました。居心地を完全にことばで表現できていたとは思いません。しかし、こうしたことを生活習慣にしていることで、居心地に対する感度が敏感になっていたとは思います。

カフェでのエピソード

あるカフェでのことです。壁を背にすると窓が右側に位置する窓際の席で、小さなテーブルに向かい合わせで二つの椅子が置いてあります。私は壁を背にした椅子に座りました。一番窓寄りではなく、窓からひとつテーブルを空けて陣取ったことがポイントでした。今ならなぜそうしたかをことばで表現できます。「すぐそば（視線が自然に及ぶ場所）に誰にも侵略されない小さなスペースを設けること、そして特にそれが右斜め前である場合に、私は居心地がよいと感じるのだ」と。もちろん、窓から外の風景には緑と空も見えていました。その小さな不可侵スペースと、外の風景とを合わせて、自分のエリアと意識づけしたのです。店内は空いていたので、右のテーブルも認識上の私のエリアとして使っても特に問題はありません。「しめしめ、これで落ち着けるわい」と、にやりとしていました。

しばらくして、二人組の中年女性が店に入ってきました。大きな声が聞こえたので嫌な予感がした次の瞬間、私は愕然としました。あろうことか、その女性たちは、私の右側の空きテーブルに、私が密かに自分のエリアとして意識していたスペースに、だだだっと座ってきたのです。「あーなにもかも終わりだ。私のエリアがやすやすと侵略された！」

でも、公の場ですから文句は言えません。彼女らの陣取りを受け入れるしかない。店を出ようか。でもまだ入って間もないし、もう少しここで時間を費やしたい。

そのとき、ふとひらめきました。私は椅子の向きを少し左側に回転させ、彼女らの陣取る右側への視界が少しでも少なくなるように、身体の向きを変えたのです。角度にして三〇度くらいだと思います。四五度まで派手に変えてしまうと変に見えるだろうから、その程度の角度に抑えたのだと思います。すると、彼女らの会話が気にならなくなりました（少しですけれどね）。身体の向きが変わると、耳から入ってくる物理的音量がどれほど変わるのか、測定したことはないのではっきりとはわかりません。しかし、身体の向きを変えることでそんなに意識が変わるとは思ってもみませんでした。右側のスペースと、その外に広がる風景はもはや私のものではなくなりましたが、次善の策として、左側に広がる店内スペースの奥行きを私のエリアとして設定することができたのです。

居心地を形成し、それが侵略され、また形成し直すという好例です。居心地は自分でつくるものなのです。どういう関係性に留意するかによって、居心地は自分でデザインできるのです。居心地を感じるという知は、まさに身体知です。居心地は身体の周りに存在する物理的関係だけで決定されるものごとではなく、自分がどの関係性に重きをおくか、意識を向けるかに応じて変えられるのです。

それにしても、あれだけ空いた店内で、彼女たちがわざわざ私の右隣に陣取ってきたことは、未だに不思議でならないのですが。

3　感性は身体知

着眼と解釈

「感性が鋭い」とか「豊かである」ということばをよく耳にします。子どもの頃から音楽に触れていたり、芸術作品やデザイナーものに囲まれて生活していたりすると、感性が豊かになると考えるひとは多いことでしょう。そうした情操教育が感性を育む効果は確かにあると思う一方で、私は、実はごく普通の生活のなかでも意識次第で感性を育むことが確実にできると思っています。

そもそも感性とはなんでしょうか？　「感性が豊かである」とは、普通なら気づかずにやり過ごしてしまうようなものごとに留意し、それに自分なりの意味を見出す知力を有していることであると、私は考えています。

つまり、感性は着眼力と解釈力の二つから成るということです。「着眼点がよい」ということばがありますが、それは感性が優れていることの必要条件でしょう。親が、もしくは教師が、一般的に評価の高い音楽、芸術、デザインを一方的に与えても、必ずしも着眼点を磨くことを子どもに促せはしません。そういう環境に子どもを置きつつも、目をつけるポイントは子どもの自発性に委ねるのが必要かもしれません。

たとえ、評価の高い音楽、芸術、デザインが存在する環境に置かなくても、日常生活の様々なものごとに着眼するという意識を促すことができれば、感性は育まれます。例えば、前節に論じた「居心地を感じる」ことは、自分の身体の周りに存在する様々な関係性のどれかに着眼し、自分なりの意味を付与する行為から成ります。居心地のよいエリアを見出したり、自らつくりだしたりすることができるとすると、それはまさに感性が豊かである証しなのです。

着眼することと自分なりに解釈することは、単なる概念的な操作プロセスではなく、からだに根ざしたことでしょう。着眼とはからだの反応で生じること、解釈とは自分のそれまでの生活実体（考えてきたこと、行ってきたこと）との関係で生じることであるわけですから、感性はまさに身体知といってよいのです。

食にまつわる感性

平松洋子さんというフードエッセイストの『買えない味』［平松 2006］という書があります。彼女が日常生活で感じた食にまつわる思考の断片を五〇本集めたものです。本屋で手に取った瞬間、私は彼女の着眼点の素晴らしさに魅せられました。どのエッセイから読んでもよいタイプの書なので、最初に私の心をつかんだのがどのお話なのかは憶えていません。本書を執筆しながら、いま改めてパラパラとページを捲り、目に留まったエッセイをひとつ紹介します。「豆皿――卓上に小さな宇宙を」

というタイトルです。

今夜の夕餉《ゆうげ》は湯豆腐です。けれど、いつものとはちょいと趣が違う。静かに火を通した豆腐を少しずつ箸で崩しては、塩をつける。醤油に浸す。七味をくっつけてみる。今夜は家族みな帰りが遅いので、一丁の豆腐と戯れるつもりなのだった。

ふわあとあったかい豆腐の前に、塩と醤油と七味を入れた豆皿がみっつ、ぽんぽんぽん、楽しげに並んでいる。[Ibid. p.17]

もううつわは十分、と宣言しつつ豆皿にだけは手を伸ばすことを自分に許しているひとがいる。そんなに持ってどうする、と呆れ果てるほど豆皿集めに励むひとだって知っている。私はといえば、ほうぼうで出逢っては惚れた豆皿たちを飽きもせず細々と買い足し続けてきた。一枚一枚、どれもが愛と執着の真綿でぬくぬくとくるまれている。[Ibid. p.18]

おにぎりに添える塩昆布。炊きたてのごはんに佃煮。お鮨に醤油。豆皿は、じつに有能なおともを務める。かと思えば、ほんの少しだけ残った昨晩の和えもの。ひとかけらのチーズ。ちょこんと豆皿に盛ればアラ不思議、とたんにしゃきっと襟を正した風情に変わる。[Ibid. pp.18-19]

塩、醤油、七味。どれを載せるかによって、同じ湯豆腐が面白いくらいに別々の顔を見せる。シンプルな湯豆腐であるだけに、その異なる顔に出逢うたびに嬉しさがこみ上げる。今日は湯豆腐でエンドレスに行くぞ！　今夜はひとりだけれど、湯豆腐に戯れる楽しさが、いま二、三口食しただけで予見できる。豆皿という小宇宙がもたらす楽しさである。平松さんがほくそ笑みながら湯豆腐を口に運ぶ様子が目に浮かびます。

豆皿に小宇宙を見出す。これはまさに、普通はひょいと通り過ぎてしまうものごとに着眼して、自分なりの意味を見出した例でしょう。シンプルな湯豆腐だけに、それぞれの調味料や具材がもたらす微妙な差異が、心の中では大きな差を生み出すのでしょう。調味料や具材が、一つひとつ豆皿に盛られて豆腐のまわりに並ぶことが、その差異を明確に宣言してくれる。

私も湯豆腐を複数の味や具材で食べると楽しいという意識をもったことはあります。一丁と言わず、もっといける気がしてきます。でも、豆皿がそれぞれの、互いに微妙に異なる世界を明確に宣言してくれるとまで思ったことはありません。平松さんならではの感性の為せる目のつけどころなのだと感服しています。

市場に行ったり、デパ地下で食材を買い込んだり、散歩していて隣人の庭の木に生い茂る葉っぱに眼が行ったり、何気ない普段の食卓でひとりだけの楽しみを見出したり。日常生活で食に関して常にアンテナを張り、遭遇する様々なできごとの何かに、ふと気を留める。頭ではなく、からだで何かを感じ、それが生活をどう潤してくれるのかを、一般的にではなく、自分に即して考えてみる。そういう生活意識が感性という身体知を育んでくれるのです。

平松さんのエッセイを読んで、ますますその意を強くしました。

4　まち歩きを楽しむ身体知

坂道は表情がある

少し前から同僚の加藤文俊さんとまち歩きの研究を始めました。『ブラタモリ』や『ちい散歩』のように、まち歩きの楽しさを伝えるテレビ番組はたくさんあります。『ブラタモリ』は昔はそこに何があったのかについて知識を古地図から得て、「こんな知識を念頭に歩いてみると楽しいよ」と伝えます。『ちい散歩』は個性的なお店にスポットを当てて紹介していた番組です。私と加藤さんは、少し異なる観点からまちを歩き、楽しんでいます。

東京の都心部を流れる川としては、神田川、目黒川、渋谷川などが有名でしょうか。いずれも最終的には東京湾に注ぎますが、各々異なる水系を形成する川です。本郷、神楽坂、代官山、三田、白金などの台地の間を流れ、その支流は台地に分け入り、葉脈のように起伏のあるまちを形成しています[菅原 2012]。したがって、台地から川筋に下る坂道が至る所にあるのです。坂道は、平坦な道に比べて、独特の風情や表情があると思ったことはありませんか？　名のついた坂道が多いのは、ひとが風情を感じとるが故ではないかと思います。

道幅や斜度はどれくらいか。真っすぐか、曲線を描いているか。周りに木々は生えているか。その木々は道に覆いかぶさっているか。どんな建物に挟まれているか。太陽の光はどの角度から差し込んでくるか。朝と日中と夕方では風情が変わるはずです。太陽の向きとも関係するでしょう。

風はどっちから吹くことが多いか。どの方向に空気の流れを感じるか。湿っているか、乾いているか。

どんな匂いが漂ってくるか。それは空気の流れる方向と無関係ではないでしょう。

どんな音がするか。道端に生えた木の枝や葉が風にそよぐ音。電線も風で音を出したりします。小鳥やカラスの鳴き声。遠くの車や電車の音。平坦な道に比べて坂道は、音や匂いは遠くからやってくることが多いかもしれません。ハイヒールや革靴で歩くと、自分の足音がどう響くか。

これらはすべて、その坂道自体の特徴、周辺のランドスケープや建物との位置関係（距離、高低の関係、方角の関係など）、その周辺の社会・経済活動、そしてそこに栖息《せいそく》する生き物など、ひとが五感で感じとったモノゴトのなかから選択的に注意を向けた知覚情報です。選択的注意[9]とは、先にも述べたように、何か特定のものごとに着眼するということです。そして、ひとは知覚した情報に自分なりの意味や解釈を与えます。その結果、その坂道に風情や表情を感じるのです。

この「自分なりの」という点が重要で、同じ坂道を歩いていても、感じる風情や表情はひとによって異なります。着眼と自分なりの解釈。まちに風情や表情を見出して楽しむことも感性の為せる業であり、身体知であると言えるでしょう。

斜度がきつい坂道は身体にかかる負担も大きいので、通行人は少ないかもしれません。幅が狭い坂道は車の通行も少ないでしょう。当然のこととして、周辺の住民だけが通う、ひっそりとした佇まいになるでしょう。同じ坂道でも、上るときと下るときでは少なくとも視覚情報が異なるので、風情は異なるものです。下るときには眼下のまちや遠くを眺めます。上るときは、坂の上に見える雲が流れる様子を見上げたり、まだ見えぬ上り切ったエリアに想いを馳せたりします。坂道が宿す風情や表情は多種多様です。そんな風情に魅せられて、少し遠回りでも敢えて自分がお気に入りの坂道を歩くひとも多いかもしれません。

まち歩きの身体知

一方、水辺には、坂道とは異なる風情や表情があります。私と加藤さんはまち歩きの研究を進める中で、次第に昔の川や用水路に惹かれました。そのきっかけは、当時武蔵小山で進んでいたある道路開発の現場に遭遇し、建設中の広い道路が昔からの小道を分断していることに気づいたことにありました。道路開発に伴う立ち退きの一部が完了していない状態なので目を惹き、iPhone の古地図アプリで調べてみたら、その小道がかつて品川用水と呼ばれた水路であったことを知ったのです。品川用水とは、玉川上水から分水され、武蔵野、世田谷の台地の農業・生活用水として機能していた水路です［菅原 2012］。

生活に欠かせない水を共有しようと、水辺にはひとが集まるものです。そこで交流が生まれ、市《いち》が立ち、川や用水路があるところは活気溢れるまちになります。流れる空気も湿気を含んでいます。ゆえに自然と、コミュニティは水の流れに沿って広がります。私たちが遭遇した昔からの小道には、品川用水に沿って延びるコミュニティがあったのではないか？　もしその道路開発が完成したら、建設道路の幅が広いだけに、昔からのそのコミュニティは大きな影響を受けるだろうな。そんな想いを抱いたことがきっかけで、私たちはかつての品川用水[10]の道を辿って歩いてみることにしました。上流方向へは、武蔵小山から学芸大学前、そして世田谷区野沢まで辿り、更には下流方向にも辿って、品川用水は現在の立会川の河口周辺で海に出ることを知りました。

水の存在は、コミュニティの形成の大きな要因になることを目の当たりにした私たちは、歩くたびに水を意識するようになりました。そして更に、水が流れる低地と台地の違いや関係についても深く考えるようになりました。水辺と台地は、隣接していても、それぞれ異なるコミュニティを形成しているに違いない。両者をつなぐ役割を果たしているのが坂道です。その道を通う住人は、水辺や台地や坂道の何に着眼して、どのような意味を感じているだろうか？　私たちは、かつての川や用水、池、その周辺のランドスケープの高低関係を軸に、からだが知覚できる物理的特徴や空間的位置関係をことばで表現し、そこに暮らすひとびとの生活に想いを馳せました。コミュニティが延びているか、ある場所で途絶えているか。二つの隣接するコミュニティにはどの程度の連続性が感じられるだろうか。そういう観点から、私たちなりにまちを解釈して、まち歩きを楽しみました。『ブラタモリ』や『ちい散歩』とは異なる観点とは、こういうことなのです。

やがて私たちは、かつて用水路だった道には、自然な蛇行、クランク状の交差点、道幅の不規則な変化などの痕跡があることに気づきました。また、銭湯、コインランドリー、酒屋が非常に多いことにも気づきました。用水路ではなかった場所では、坂道か平坦か、坂の傾斜や道幅などが、コミュニティがどれくらい遠くまで延びていたかを左右する要因なのではないかという仮説も得ました［加藤 2012］。

歩き始めて一年後くらいには、道に残る痕跡を見出し、「ここ昔、川だったんじゃないの?」と感じるようになっていました。古地図で調べてみるとやはりそうだったということも何度もありました。「水辺(川)を発見するからだ」になってしまったとでもいえばよいかもしれません。周りのランドスケープから明らかに谷筋であるような道ではなくても、道が有する様々な特徴を自然にからだが捉え、そこに小さな川を重ねて想像しているのです。一年半の期間にわたり、約一ヵ月に一度、二人で議論しながらまちを歩いて、街角や通りが有する特徴に意識的に眼を向け、私たちなりの解釈を与えるという習慣を継続している間に、「まちを観る眼」ができあがったようです。まさに身体知です。学問的興味から始めたまち歩きが身体知の体得に至ったことに不思議さを覚えました。

5　身体知とはなにか?

からだの感覚や生活に根ざす

さて、身体知とはなにかを本章の最後に説明したいと思います。これまでの節で紹介してきたように、私は、身体知を、スポーツのような身体を明示的に駆使する分野以外にも当てはまる、もっと広い概念として捉えています。知とは、わたしたちが生きる上で必要な知恵やスキル、そして社会的、もしくは学問上の概念などの総称です。そうした知が、自分自身のからだの感覚や生活の実体(生活で生じる様々なものごととそれについての一人称的な経験)に根ざしている場合に、それを身体知と呼びます。

カフェの事例で紹介したように、現在の私にとっての居心地のよさとは、身体の右斜め前に小さくてもよいから空間があって、好きなときに意識を置くことができ、他者に侵犯されないこと、そしてその空間を介して自分がより広い世界につながっていることです。物理的に小空間がそこに存在し、「他者に侵犯されない」、「好きなときに意識を置ける」、「より広い世界につながるインターフェースである」という自分なりの意味を見出しています。この意味は頭で捻り出したものではなく、からだで紡いだものである点が重要です。からだの感覚（体感）や生活の実体に根ざしているとはそういうことです。

「からだで紡ぐ」の意味を説明します。身体は物理的な存在ですから常に外的環境に相対します。大きな建物の前に立てば、それに比べて自分の身体はあまりに小さいので、建物が迫る圧力を感じるかもしれません。この「圧力」とは、物理的に働いているものではなく、あなたが意識する圧迫感です。頭だけで生み出した意味・解釈ではありません。物理的な存在である身体と建物のサイズの違いという物理的な関係に対して、あなたが付与したのです。

坂道を上るときには、重力に抗って一歩一歩地面を蹴る必要があり、足腰に負荷がかかります。しかし、この負荷は必ずしも嫌なものではないでしょう。毎朝駅まで坂を上るひとにとっては、この負荷のおかげで、まだ寝ぼけているからだにスイッチが入るのかもしれません。

身体と建物のサイズの違いは、身体と身の周りの環境の物理的な関係です。足腰にかかる負荷は、身体と環境のあいだに生じる相互作用です。わたしたちの身体は、生活しているときに常に身の周りの環境に相対することによって、物理的な関係や相互作用に晒され、それに対してわたしたちはある意味を与えるのです。このことを指して、「からだの感覚や生活の実体に根ざす」とか、「からだで紡ぐ」と表現しました。

身体の存在があるからこそ環境とのあいだに物理的関係や相互作用が生じ、そこに自分なりの意味・解釈が生まれるのです。そして、更に新たな意味・解釈が生まれるまでは、それと矛盾しないように身体で振る舞います。したがって、身体知とは、環境と、自分なりの意味・解釈と、そのときの身体の立ち居振る舞いの三つ組みから成るものであると言えそうです。意味・解釈を誕生させたのは心の働き（精神）で、身体の立ち居振る舞いは物体としての身体が為していることなので、身体知は精神と物体の両方にまたがるものごとなのです。この点は重要なので憶えておいてください。

身体とことばの共創という考え方

本書は、身体知の研究の最前線を紹介する書です。特に、身体知を学ぶという現象を軸に置いて、認知科学的な立場から身体知を探究する手法を論じます。身体と環境の物理的関係や相互作用から生まれる意味が重要であるということであれば、研究をするときにはその相互作用に着目せねばなりません。相互作用の典型例は、いわゆる体感でしょう。坂道を上るときに膝にかかる負荷は体感です。現在の科学ではそれを数値的に計測することは叶いませんが、わたしたちは確実に体内感覚として、その負荷を感じています。ひとによって「ぐわっ」という体感かもしれないし、別の人には「にゅばっ」という体感かもしれません。ソムリエはワインの味覚をことばで表現しますが、ことばの源には、味覚に伴うからだ全体の体感があるはずです。ワインごとにその体感は異なります。

身体知の学びとは如何なる事象なのか？　学びを促すために効果的な手法はあるか？　これらの問いの答えを探ることが私の研究テーマです。現在私が抱く仮説は以下の通りです。身体知をうまく学ぶには、身体と環境の相互作用で生まれる体感に向きあい、それをことばで表現しようと努め、体感の微妙な差を感じとって比較し、体感を制御したりつくりだしたりする生活習慣をもつのがよい。

同じ行為を繰り返していても（例えば、毎日同じ坂道を歩いていても）、身体も環境も実は知らぬ間に変化しています。したがって、体感も変化しているはずです。体感を感じとってもことばで表現しようとする努力がない場合は、いつのまにか相互作用が変容していても自覚できないものです。アスリートがスランプに陥る原因のひとつは、身体、環境、もしくは体感が変化しているにもかかわらず、その微妙な差異を感知できていないことにあるのではないかと思います。そうなってしまうとスランプから脱出するにはかなり時間がかかります。

身体知を学ぶ目的は、よりよく生活するためにからだをうまく御する状態を得ることですが、その手段としてことばの力を借りるのです。それが「からだを考える」という行為だと私は捉えています。

体感をことばで表現したときに生じるのは、体感とことばのマッピングです。マッピングが生まれたとき、ことばは体感に紐づいています。つまり、そのことばや概念はからだの感覚に根ざしているのです。根ざし方はひとそれぞれです。二人のひとが同じ表現を用いていても（例えば、同じ珈琲を飲んで二人とも「酸っぱさが舌の脇に広がる」と表現したとしましょう）、両者が抱いている体感は異なります。同じ珈琲を飲んでも、昨日と今日では体感は異なっているかもしれません。

体感とことばのマッピングを生活のなかで日々更新するという習慣をもてば、常に体感に留意し(比喩的にいえば「からだの声を聴き」)、微妙な差異を感じとることが促されます。ことばが常にからだの感覚や生活の実体に根ざしている状態を保つことになります。そうすることによって、身体や環境に生じている数多のものごとに新しく着眼し、自分なりに意味を見出すことが頻繁に起こるようになります。意味を新しく見出し、着眼する点が変われば、身体の所作も変わります。身体の所作が変われば、体感も変わり、ことばにできることも変わります。こうして、身体とことばが共創され、いつのまにか「こつ」が体得できている。それが身体知の学びという事象であると私は考えています。

第二章　身体知をどう捉えるか

1　身体知 vs. 科学

身体知を科学する

一〇〇メートルを一〇秒で走る陸上選手や、時速一六〇キロメートルの球を投げる野球選手は、まさに身体知の極みの世界にいます。プロ選手といえども誰もがその世界を味わえるわけではありません。彼らはどんな身体能力をもっているのだろう？　その能力を駆使してどのように身体を動かしているのだろう？　スポーツ好きなひとは興味を掻き立てられます。

そういうひとたちに「身体知の研究をしています」と言うと、「では、身体の動きをカメラ等の機器を使って計測しているのですね」と返されることがしばしばです。そのたびに、「身体を客観的に計測するだけでは、身体知の研究にはならないのだけどな」と思い、「それをわかってもらうには、結構いろんなことを説明しなければならないなあ」と口ごもってしまいます。なにせ、本書全体の論を駆使してようやく説明が完了すると言っても過言ではないのですから。

一般的には、研究をすることと科学することはしばしば同一視され、「身体知の研究」というと、即ち「身体知を科学する」と解釈されます。スポーツ科学はまさに、身体を客観的に計測して知の成り立ちを科学することを目論む学問分野です。私も、「スポーツ科学」ということばの響きに憧れを感じていた少年のひとりでした。

本書のトピックは、スポーツ科学とは少し違っていて、「身体知の学びの研究」です。敢えて「身体知の学びの研究」と書いた理由は、「学ぶ」という行為の研究は、従来の意味での「科学」的方法論のみでは大きな欠落が生じると考えるからです。その欠落とは何でしょうか？

その概要を説明するためには、まず「科学」の方法論とはなにかという説明から始める必要があります。科学の主要方法論として「要素還元主義」を挙げることができます［中村 1992］。観察の対象となる複雑なものごとを、疑い様《よう》のない構成要素に分けて、その関係性を明らかにすることを通して全体を理解するという探究手法です。

近代科学の思想的ルーツは、「我思う、故に我あり」というデカルトのことばに遡ると言われています。要素還元的にものごとを細かく分割し尽くした極限には、「自分自身が思っている」という「精神」の働きを認めざるを得ないというわけです。それを疑うと科学的営みは何も始まりません。しかし、自分が思っていることは、自分にとっては疑い様がないのですが、その正当性は何をもってしても証明できないことも確かです。そこでデカルトは、「精神」と「物体」を全く別個のものとして区別しました。デカルトの二元論です［デカルト 2014］。

デカルトの二元論は「科学」に客観性という思想をもたらしました。「精神」は主観的であるのに対して、「物体」は客観的に観察可能です。つまり、主観性を科学的営みから一切排除するという思想が生まれたのです。「科学的な営みには客観性が必要である」という言明には、研究を生業としない一般の方も賛同すると思います。わたしたちは小学校以来そういう思想を叩き込まれてきました。この思想がからだに染みついているから、「身体知の研究をしています」と言うと、「身体の客観的な計測に基づいて身体知を探っているのですね？」という反応になるわけです。

身体知の研究において、客観的な計測とは、デカルト流に言えば、「物体」としての身体を観察・観測することにあたります。科学的な探究をするならば、野球のイチロー選手や、サッカーのネイマール選手の身体がどのように動いているかを客観的に観測しましょうとなるわけです。高速度カメラなどの機器を使って、「物体」としての身体を計測する限りにおいては、研究者の主観は介在しません。誰が計測しても同じ結果が得られ、客観性と再現可能性が担保されるのです。本章では、まず、身体の客観的計測の研究手法を紹介します。

身体知の学びの研究

さて、「科学の方法論だけでは、身体知の学びの研究には大きな欠落が生じる」の意味するところをデカルト流にいうならば、「物体」としての身体を客観的に観測するだけでは、身体知を学ぶという行為の解明はできないということになります。

ひとが身体知を学ぶとき、身体の動きは結果に過ぎません。学ぶひとの心の働きがあって初めて、身体の動きも生じます。[1] 心の働きとは二元論では「精神」に該当します。後述するように、心の働きの現れとして、わたしたちは意識をもち、心の働きの一部はことばとして外に発します。

本書では、学ぶひとの「精神」と「物体」の両方を研究対象にして初めて、身体知の学びとは如何なる行為かの究明が可能になると主張したいのです。[2] 第一章で論じた「身体とことばの共創」とは、そういう意味を込めたものです。本章では、「物体」としての身体のあり様《よう》を探究する従来研究をまず紹介したうえで、「精神」の現れとしてのことばと、「物体」としての身体の両者が共創することによって身体知の学びは成り立つのだという考え方への導入を図ります。身体の客観的計測のみに基づく身体知研究において欠落してしまう重要な側面とは、心の働きと身体の共創関係なのです。

2　スポーツ科学とその限界

運動学研究

スポーツ科学の研究者たちは、「アスリートの身体ではどんなことが起こっているのだろう?」、「トッププロとそうではないプロ選手にはどのような差異があるのだろう?」と問うてきました。いずれも身体の客観的計測をベースにした問いです。

身体知を科学する営みの最も基本的なパラダイムは運動学研究でしょう。運動学研究とは、「身体で何が生じているか」を更に絞り込んで、「運動に影響する要素（代表的な要素は「力」）を考慮しないで、身体がどう動いているか」を問う研究です。例えば、モーションキャプチャーや高速度カメラという計測装置を使って、各関節の位置、速度、加速度、回転速度、回転加速度などを測定する研究がその典型です。トッププロ選手とそうではない選手（世界レベルではないプロやアマチュア）の身体の動きの差異が明確になります。

二〇一四年のサッカーワールドカップでは、ブラジルでの開催であったことも相まって、ブラジル

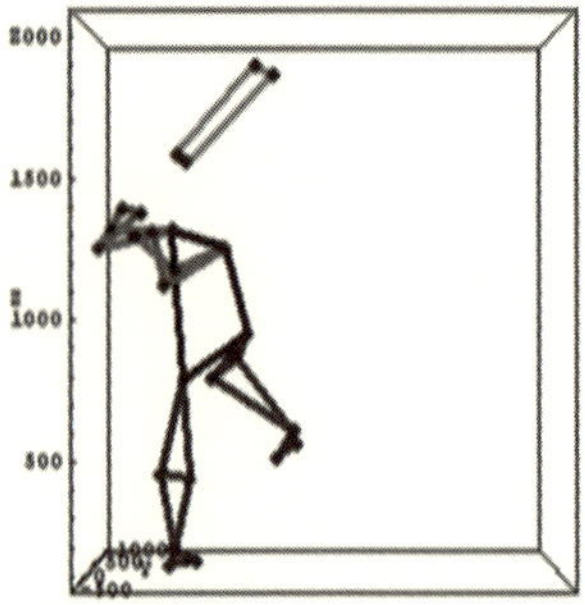

図2－1　棒人間

の至宝ネイマール選手が注目を集めました。日本でも大会直前に、ネイマール選手のキックがほかのトッププロ選手と比べて何が違うのかを解明すべく、ボールを蹴る瞬間の足の甲とボールの接地の仕方を超高速度カメラで撮影した研究を紹介するテレビ番組が放映されました。

ネイマールのキックは初速が速いわけではなく、速度の減衰が少ないことに特徴がある（したがってキーパーには厄介なシュートになる）と判明しました。更に、ボールと足の甲の接地面積が大きく、接地時間もわずかではあるが長いことも解明されました。その差異が速度減衰の少ないキックを生んでいるのだという仮説が立てられたのです。

光学式モーションキャプチャーは、多数のカメラを設置した実験場で、赤外線を反射するマーカー（直径一センチメートルくらいの銀色の球体）を計測する身体部位に装着し、マーカーからの反射を計測して、各部位の位置（空間内の三次元座標）をかなり細かい時間分解能[3]で推定するシステムです。一台のカメラで撮影できる映像では必ず身体で隠れる部位が存在するため、複数台のカメラで計測した映像を基に、各マーカーの三次元座標をソフトウェア処理で推定します。

各マーカーの三次元座標がわかると、図2－1のように、代表的な関節をつないだ図、いわゆる「棒人間」という表示で動きを見せることができます。かなり微少な時間分解能ですべての関節の位置座標をデータとしてもっているため、注目する関節の速度や加速度の時間変化を表すグラフも描き出すことができます。トッププロとそうではないひとのグラフを比較すれば、ある運動動作のどのフェーズで何が異なるのかが明らかになります。

運動学研究は、肉眼では見過ごしてしまう微妙な動きを顕在化する意味で、身体知という現象を説明する基本材料になり得ることを否定するひとはいません。イチロー選手の身体に巻き付くようなバットスイングは、身体各部位（関節）のどのような動きの連動から構成されているのかを知りたいと思う野球選手は、プロ、素人を問わず多いはずです。

科学研究における要素還元主義

「身体各部位のどのような動きから構成されているか」という先の文言に着目してください。「構成」という考え方は科学的探究の基本のひとつです。本章冒頭で言及した要素還元主義に基づいています。複雑な現象を理解・説明するときに、その現象を構成する幾つかの部分要素に分解し、要素間のつながりを調べます。そしてその要素各々に対して、更にそれを構成する部分要素に分解します。もうこれ以上分解しなくても理解できる（説明がつく）というレベルに達したときに、全体の複雑な現象の説明がついていると考えるのです。

車という複雑なシステムを例に考えましょう。車がどういうメカニズムで動いているのかを理解するために、まず、熱エネルギーを機械的動力に変換するエンジン部、動力をタイヤに伝えるドライブトレイン、タイヤの回転が安全走行につながるようにタイヤと地面の接地を安定に保つシャーシ、運転者に運転操作機器を提供し、運転者が安全に居ることのできる空間を成すボディという要素に分解します。いずれも疑い様のない、明白な構成要素です。

運転操作機器は、オートマティック車の場合は、ステアリング・ホイール、アクセルペダル、ブレーキペダル、シフトレバーという要素に分解できます。ステアリング・ホイールはタイヤを保持するシャーシにつながり、ホイールを回転させるとタイヤの向きが変わり、車の進む方向を決定します。アクセルペダルはエンジン部につながり、アクセル開度がガソリンの噴射量を決定します。ブレーキペダルはタイヤの回転制御部につながり、ペダルを踏むとブレーキパッドによる摩擦を増やして回転を抑制します。シフトレバーは、エンジンの回転数や自動車の速度（タイヤの回転数）に応じて変速比を切り替えるトランスミッションにつながっています。

各要素に分解するときには、各要素が互いにどう接続され、両者の機能にはどんな関係があるかを説明することが重要です。接続の仕方や機能の関係を説明できるからこそ、全体としての複雑な現象が、より単純な幾つもの部分要素に分解して説明できるのです。

身体に巻き付くようなイチロー選手のバットスイングは、様々な関節や体幹が連動して達成されるという意味で、複雑なシステムで生じる複雑な運動です。それが身体各部位のどのような動きから構成されているのかを知るというのは、要素還元的な探究なのです。身体部位の動きを計測・分析する運動学研究は、要素還元主義を実行するための基本的手段であるということができます。

運動力学研究

運動学研究で、各関節の位置、速度、加速度、回転速度、回転加速度を測定できれば、各関節にかかるトルク（回転させるためのモーメント）が算出できます。運動学研究が「身体がどう動いているか」を問うものであるのに対し、運動力学研究は、「どういう力が身体各部位に働いた結果として、その身体の動きがもたらされるか」を問います。

例えば陸上の短距離選手が全力疾走をしている周期的な運動のなかで、重要ないくつかの瞬間を切り取り、各々の瞬間における膝関節や股関節の回転トルクを算出することによって、走るフォームのエネルギー効率を推定できるというわけです。

『トップアスリートの動きは何が違うのか』の著者の山田憲政氏は、二重振り子の原理に基づいて、ランニングや野球の投球動作で発生する各関節トルクの時間変化を示しています［山田　2011］。

二つの骨が関節でつながっているときに関節にかかるトルクには、

・筋力によるトルク
・重力によるトルク
・関節の加速度によるトルク

の三種類があります。図2－2は、前腕と上腕をつなぐ肘関節のトルクを表した図です。上腕の筋肉は、肘関節の支点よりも（前腕の）少しだけ手首寄りに付いているため、筋肉の屈曲により、肘関節を屈曲させる回転トルクが生じます。これが筋力によるトルクで、図ではF_1という筋力に起因するものです。

重力によるトルクは図中のF_2によるものです。前腕の重心位置に重力がかかっていると仮定すれば、前腕が図のような状態にあるときには肘関節を伸展させる方向の回転トルク（つまり筋力トルク

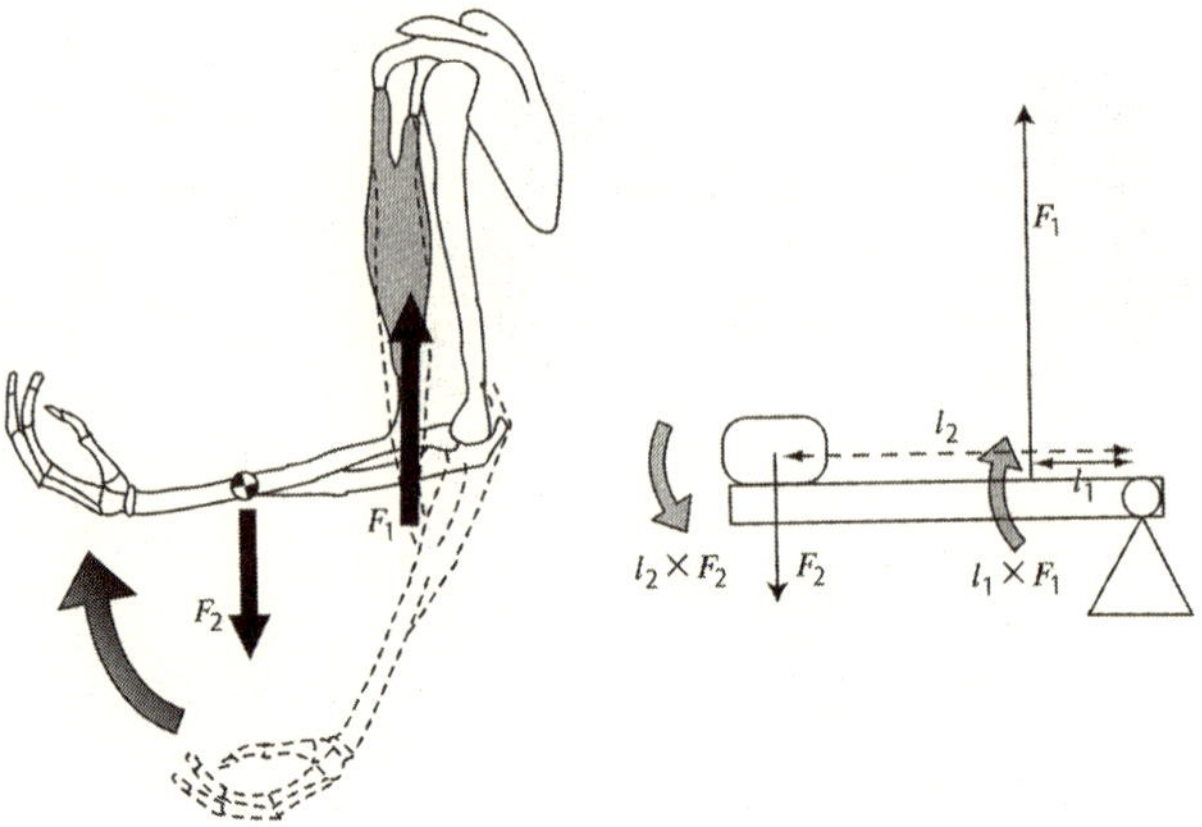

図2－2　肘関節にかかる回転トルク［山田 2011, p.36］

とは逆回転）が生じます。その大きさは、肘関節からの距離に重力を掛けた値です。

二重振り子の原理で重要なのは、もうひとつのトルク、関節の加速度によるトルクです。関節自体がある方向に動いていて、加速（加速度が正の値）もしくは減速（加速度が負の値）しているときには、上の二つのトルクとは独立に、関節より先端部分に関節の加速度に起因する回転トルクが生じるのです。

数式で表すならば、関節から先端部分の重心に向かうベクトルを$\vec{r}$、関節にかかる加速度を$\vec{a}$とすると、$\vec{r}$と$\vec{a}$の外積に先端部分の質量を掛けた大きさの力が、$\vec{r}$から$\vec{a}$に右ネジを捻り込む回転とは逆方向の回転トルクがかかります。

原理は簡単です。あなたが電車のなかでつり革をつかまずに立っている状況を考えましょう。足の裏は電車の床に接地しているので、そこを関節と見立てましょう。あなたの身体は、頭を自由端とする、（擬似的）関節よりも先端の部分です。通常の状態では、あなたは床に対して垂直に立っていますから、関節角度は九〇度です。
電車が急発進する（発進する方向の加速度が正）と、発進方向とは逆方向にあなたの身体は倒れてしまいます。逆に急停止する（進んでいる方向の加速度は負）と、あなたの身体は進行方向につんのめります。いずれも、床に接地している（擬似的）関節を中心にして、あなたの身体を回転させるトルクが働いたのです。

投球に伴うトルク

野球の投手が球を投げる直前の腕の動きを考えましょう。ここでは、上腕と前腕の二つの関係を考えます。図2－2に示すように、両者のあいだには肘関節があります。身体は一般に鞭のようにしなって、先端部分（つまり前腕）は後からぴゅっと振られます。どうしてこの現象が起こるのかを、球を投げる場合で解説します。

前側になる足（右投げの場合、左足）が投げる方向に踏み込んだ瞬間から以降は、体幹の位置はそれ以上投げる方向には進めません。上腕は肩関節で体幹につながっているので、上腕の位置も肘関節の位置も、その場所以上、投げる方向には進めなくなります。つまり、それまで投げる方向に進んできた肘関節には、そこで急ブレーキがかかります（投げる方向に対してマイナスの加速度がかかります）。

一方、このとき前腕と上腕の関係がどうなっているかというと、肘関節よりも先端部分である前腕は、上腕の動きよりは遅れています。しかし左足の着地に伴い肘関節にはマイナスの加速度がかかるので、それよりも先端である前腕には、自然に進行方向への回転トルクがかかるということになります。これが関節自体が動いていることによって生じる回転トルクです。つまり、前腕を伸展させるための筋力をあまり使わなくても、前腕は投げる方向への回転トルクで「自然に」振られるのです。

関節の加速度に起因する回転トルクがあるからこそ、先端部分が自然に振られるという原理が、体幹から最先端である指先までの各関節に働きます。別の言い方をするならば、加速度に起因する回転トルクをうまく活用すれば、筋力をあまり使わずに、前腕や手首を振る速度を速くできるということです。[4]

このような運動力学研究は、身体各部位の筋肉がどの瞬間にどのくらい使われているか、つまり各部位が連動して全体として効率よく使われているかを明らかにしてくれます。身体各部位の位置（地面と為す角度）がわかれば、重力に起因する回転トルクが算出できます。また関節の加速度がわかれば、加速度に起因する回転トルクも算出できます。そして身体各部位が実際に関節周りに回転する角加速度から全回転トルクを算出すれば、そこから重力に起因する回転トルクと、加速度に起因する回転トルクを差し引いて、筋力に起因する回転トルクを算出できる、即ち、その関節の回転に関与する筋肉にどのくらいの負荷がかかっているかが推定できるというわけです。

各部位の筋力の使い方（負荷のかかり方）をトッププロとそうでないひとで比較すれば、身体各部位の使い方の理想型が判明します。特定部位の筋力に頼って球を投げていると、その部位の故障につながるでしょう。しゃかりきに腕を振るわけでもないフォームから繰り出される球がとても速い投手[5]は、すべての関節で筋力以外に起因する回転トルクを上手に活用している選手だといえるでしょう。

エキスパート・ノービス・ディファレンス

実験心理学には、エキスパート・ノービス・ディファレンス（expert-novice difference）という探究パラダイムがあります。ノービスとは素人のことですから、専門家と素人の差異は何かを探究するという研究手法のことです。身体の動きを客観的に計測してトッププロ選手とそうではない選手の差異を見出す研究はこれに該当します。

運動学研究では、運動中の身体各部位の位置、速度、加速度がどう変化するかについての差異が分析できます。運動力学研究では、位置、速度、加速度の基礎データを基にして、例えば各部位の筋肉にかかる負荷（の時間推移）の差異が分析できます。

イチロー選手のバットスイングで、両肘が身体に対してどういう軌道を通るのか、各関節の回転トルクの算出を基に両腕の筋肉にかかる負荷が、バックスイングに入ってからバットを振り終わる二、三秒の間にどう変化するのかを分析すれば、身体に巻き付くようなスイングがどう成り立っているかを解明できるでしょう。

第一章で言及したように、プロ野球選手でさえもインコースを打つのが苦手なひとはたくさんいます。そういう選手とイチロー選手の運動学データ、運動力学データを比べて、どの部位の何が異なるのかを明らかにすれば、若手選手やプロを目指す選手が学ぶための重要な情報源となります。

先に言及した山田憲政氏は、以下のように述べています。

江戸後期に北辰一刀流を創始した千葉周作は、当時、難解な言葉による指導や精神論に終始するのが常だった剣の修業のあり方に疑問を抱き、初心者でもわかりやすい言葉で指導することにより剣術を広め現代剣道の礎を築いた。〔山田 2011〕

トッププロ選手の複雑で緻密な身体動作を各要素に分解・解体し、各要素の関係も明らかにすること（要素還元主義）により、千葉周作のように指導のためのわかりやすいことばを編み出すことは可能でしょう。

How の研究が必要

しかし、本書はこの点で踏みとどまって再考します。全体を構成する要素に分解し、各要素の関係性を明らかにして、指導のためのわかりやすいことばを編み出したからといって、即ちひとの学びが促進できるとは限らない。事はそれほど簡単ではないと私は考えています。

運動学研究や運動力学研究が提供するデータは、身体がどう動いているか、様々な部位に力がどうかかっているかという「結果」です。一方、身体をそのように動かす源は、そのひとの心の働き（意図や意識）にあります。エキスパート・ノービス・ディファレンスの研究成果として、バッティングにおける身体各部位の理想型が解明されたとしても、結果的にそういう運動を成し遂げるために、選手はどの身体部位に注目して、その部位にどういう意識を注入すればよいのでしょうか？　エキスパート・ノービス・ディファレンス研究は、その問いには答えてくれません。

エキスパート・ノービス・ディファレンスの研究は、トッププロとそうではない選手の違いは何かを解明するという意味で、私は「what の研究」と呼んでいます。それに対して、トッププロとの現状の差異（what）をわかった上で、トッププロの身体の動かし方に近づけるために、本人は何を考え、どういう問題意識をもち、どんな仮説を立て、実践すべきなのかがわかれば、身体知の学びについての知見が得られるでしょう。学び手の意識や意図といった心の働きは、日々変遷します。「物体」としての身体動作も日々変化します。その両者が日々どう変遷するかを記録・記述する研究を、私は「how の研究」と呼んでいます。

What の研究は、身体知の成り立ちを解明してくれますが、身体知の学びをどう進めるべきかに関する知見は与えてくれないのです。本書は後者の知見や方法論を目指すものです。

3　現象の「生成」を探る身体知研究

身体知の設計図はできない

運動学研究や運動力学研究は、「物体」としての身体のあり様《よう》を明らかにはしてくれるけれども、身体知の学びの複雑なプロセスの解明に至らない理由は、メカニズムの説明と現象の生成は別物だからという一点に尽きます。前者ができても後者ができるとは限らないのです。運動学研究や運動力学研究は、イチロー選手のバットスイングがどのようなメカニズムで成り立っているかを説明してくれます。関与する身体各部位の動きを要素還元的に分析し、各部位の動きの関係を明らかにします。それは、いわば身体知の設計図をつくろうとする作業です。

設計図ができるのならば、その通りに組み立てれば現象の生成は可能なのではないか？　全体の動きを要素還元的に分解する作業と、組み立てる作業は単に逆向きであるだけではないのか？　そういう問いを抱く方も多いでしょう。

工業製品のような物体をつくる分野では、この問いに対する答えはイエスです。各要素（車でいえば、エンジン、トランスミッション、車輪、ボディなど）の物理的な関係は、設計図で一意に決定されています。また各要素の機能的な関係、つまり、ある要素がある量だけ動けば（働けば）、それにつながる他の要素がどれだけ動くか（働くか）といった関係も規定されています。

では、運動学研究や運動力学研究などの要素還元的な分析の成果として、身体知の設計図ができるでしょうか？　残念ながら答えはノーです。理由は少なくとも二つあります。一つ目の理由は、身体もそれ自体「物体」ではあるのですが、身体の構造には、車にはない「冗長性」（redundancy）があるということです。

身体を構成する要素は要素還元的にほぼ解明されています。筋肉、骨、腱、関節、臓器などの要素（つまり身体各部位）を列挙できます。しかし、各要素の関係性はどうなっているかといえば、それは一意には規定されていません。一意な関係性とは、例えば、ブレーキペダルを踏み込む深さ（数センチメートル単位の）とタイヤの回転にかかる摩擦力の関係は、予め決められた曲線グラフで描けるというような関係性です。

一方、身体各部位の動きには冗長性、つまり自由度があります。例えば、腕を上げている状態から下ろす状態に移行させる経路は数限りなくあります。野球の打者が、バットを構えるという状態からスタートして、インパクトポイントで球を捉えるというゴール状態を達成するために、身体を動かす方法は無数にあります。つまり、身体は、各要素の関係性に冗長性をもつ「物体」なのです。身体の構造が冗長性を有すると指摘した最初の研究者は、恐らくロシアの運動生理学者のニコライ・A・ベルンシュタイン［ベルンシュタイン 2003］でしょう。

そもそも、わたしたちの身体はなぜ冗長性をもっているのでしょうか？　私は、様々なモノゴトができるような汎用的な「物体」は、冗長性を必要とすると考えています。スポーツだけを例にとっても、野球のスイングのような動きもするし、ボールを蹴ったり、高跳びで背面跳びをしたりもします。生活のなかでの動きはもっと多岐に亘るでしょう。飛んでいる蚊を両手で叩いたり、痒ければ背中を掻いたり、強火で野菜をしゃきっと炒めるためにフライパンを振ったりします。関節での回転や屈曲伸展に多くの自由度がないと、様々な動きができません。それに対して、車の各要素のつながりが一意的なのは、ある特化した目的をもち、特化した機能だけを発揮すればよいように車ができあがっているからです。ひとの身体は基本的に無限の機能を有します。

意識が現象の生成を司る

身体知を発揮する動きの設計図が描けないもうひとつの理由は、ひとが「物体」としての身体に意識を宿していることにあります。ひとは、自分の身体や身体を取り巻く環境で生じている現象に対して、主観的な意味・解釈を生成します。そういった意味づけや解釈行為を司るのは意識です。意識とはデカルトのいう「精神」（心の働き）です。冗長性を有するが故に、意識次第で身体の動かし方は、（自由度の範囲内ではありますが）如何様にも変わります。「意識次第で」ということと設計図は相容れません。どんな意識が存在するかをすべて列挙でき、各意識が身体各部位をどのような軌道で動かす源になるかが一意に規定されて初めて、設計図といえるのでしょうが、意識はそんなことが可能な代物ではありません。

先に述べたベルンシュタインは、巧みさとは何かを探究しました。冗長性があるからこそ、身体各部位の巧みな動かし方と巧みではない動かし方が、共存可能だと説いています。そしてその両者を分けるのが意識のあり様です。

これまでの議論をまとめると、身体知が成り立つ世界は、「物体」と「精神」の両方が関わる世界です。「物体」としての身体にそもそも冗長性があり、更にその上に如何様にでも変わり得る意識（「精神」）が存在している。そういう世界では設計図という概念は通用しません。身体を要素還元的に分解する研究は、身体知のメカニズムを説明してくれますが、身体知という現象を生成してくれるわけではないのはそういう訳なのです。イチロー選手の華麗で力強い打撃フォームのメカニズムが運動学研究や運動力学研究で説明できても、それを設計図として逆向きに組み立てバッティングを披露することはできないのです。[6]

第一章で述べたように、本書の目的は身体知の学びを「身体とことばの共創」という側面で捉え、学びの方法論を示すことにあります。意識（「精神」）に深く関与するのがことばです。身体知の学びにことばが果たす役割は大きいと述べました。エキスパート・ノービス・ディファレンス研究の成果である、動きの理想型（身体知のメカニズム）を、自分の身体で実現する方法論を提供できて初めて、メカニズムの単なる説明を超えて、身体知の生成という現象に貢献できたといえます。

歩行に関する研究

誰もが日常的に歩きます。あまりにも頻繁な行為なので、どのように歩いているかについて意識を強くもっているひとは多くはないと思います。

歩き方は千差万別です。歩幅はどのくらいか？　膝関節を最大でどれくらい曲げるか？　股関節はどれくらい屈曲・伸展するか？　左右にどれくらい身体が揺れるか？　頭の位置はどれくらい上下するか？　蹴るときに足首の関節がどれくらい持ち上がるか？　ひとそれぞれの特徴があるでしょう。歩幅が大きい場合は、蹴っている瞬間、蹴る足の股関節はかなり伸展せざるを得ません。歩幅の大きい歩きを実現するためには股関節の可動域が大きい必要があります。

頭の上下動が大きい（ぴょんぴょん飛び跳ねるように歩く）歩行の場合は、前に踏み出して着地した後に、膝関節の曲げが大きくなるフェーズがあるのかもしれないし、蹴っている最中の足首関節の上への動きが大きいかもしれません。

ひとが下半身の各部位の筋肉や関節をどう連動させて歩くかに関する研究（以下、「歩行研究」と呼びます）は、運動学、運動力学研究の一例として、盛んに行われてきました［ニューマン 2005; ノイマン 2005］。

ニューマンの著書『筋骨格系のキネシオロジー』には、片方の足が蹴って地面を離れてから再び蹴るまでの歩行の一周期の各フェーズで、典型的な歩行の場合に、股関節や膝関節の角度（屈曲・伸展角度）、回転トルク、歩くためのパワー（産生と吸収）がどう変化するかを示すグラフが掲載されています[7]。高速度カメラやモーションキャプチャーシステムに基づく運動学情報の計測、フォースプレートによる床反力計測などから運動力学計算がなされ、これらの数値が算出されます。これらの計算から、下半身の各部位の筋肉にかかる負荷量を推定できますし、当該筋肉の筋電測定により情報を取得することも可能でしょう。

下半身に障害がなく怪我もしていないひとの歩行データと、障害をもつひとの歩行データを数多く収集すれば、歩行の健常範囲を数値的に示すことができます。先に述べたエキスパート・ノービス・ディファレンスという手法です[8]。例えば、股関節の屈曲・伸展角度の時間推移のグラフがどのようなカーブを描けば健常かが特定されます。関節の回転トルクの時間的推移のグラフや、股関節のグラフと膝関節のグラフの時間的関係性に、健常な歩行とそうでない歩行の境界を見出すこともできます。

健常ではないと判定された場合、歩行のどのフェーズで健常範囲から逸脱しているのかがわかります。関節の回転トルクや、歩くためのパワー産生・吸収に関する数値を算出すれば、逸脱の原因も特定できます。例えば、ある部位の筋肉を怪我している場合には、歩行のあるフェーズで必要な、筋力に起因する回転トルクを生み出すことができず、関節が十分に屈曲できないというようなことも起こり得ます。事故や生まれつきの障害が原因で、関節の形や骨の形・長さが通常の範囲からずれていると、関節の可動域自体が狭かったり荷重のバランスが左右で大きく異なったりします。運動学情報に基づく力学計算を行うことで、「物体」としての身体のどの部位が歩行を歪める原因であるかを推定できるわけです。

リハビリテーションという営為

原因がわかると、歩行を健常に近づけるためのリハビリの糸口が得られます。しかし、本節の冒頭に述べたように、原因究明はあくまでも「物体」としての身体に生じている現象分析であって、その結果が得られたからといって、リハビリがすぐできるというものではありません。健常な歩行を行うことは、現象の生成なのですから。もちろん原因の特定は、リハビリの目標を定めることには大いに役立ちます。

障害や怪我が原因で歩行が健常範囲から逸脱している場合には、リハビリを手伝い、支援してくれる理学療法士の存在が大きいことは言うまでもありません。本人の努力だけで健常な範囲に戻すのは並大抵のことではありません。

ここで、理学療法士はリハビリでどのような役割を担っているかを考えましょう[9]。理学療法士は、まず患者の歩行分析の数値を見て原因を特定し、リハビリの目標を設定する役割を担うのだと思います。これが第一の役割です。

障害や怪我の場合は、ある部位の筋力を使いたくても使えないかもしれません。関節の可動域を広くしたくても広くできないかもしれません。したがって、現在の状態から目標状態に到達するための道筋に、健常者ほどの自由度（冗長性）はない場合があります。限られた自由度のなかで、リハビリで健常範囲に近づいていくための方策を考えることが、理学療法士の第二の役割でしょう。第一、第二の役割からすれば、理学療法士は「物体」としての身体の状態を理解する存在であるといえるでしょう。

リハビリの目標を設定し、そこに到達するまでの道筋を考案したら、次に患者にそれを伝え、実践の手伝いをしなければなりません。伝えるときに、どういうことばを使うのか？ 直接原因の部位に言及する場合もあるでしょう。しかし常にそれが正解だとは限りません。他の部位を意識させることを通じて、結果的に原因部位の動きが健常な数値に近づく場合もあります。これが第三の役割です。

第三の役割は、本書で主張する「身体とことばの共創」に深く関連すると考えています。つまり、「物体」としての身体が達成すべき目標範囲はわかったとしても、それを患者の身体で実際に生成するためには、患者自らが自分の身体の動かし方について特別の意図や意志をもたねばなりません。患者にそうしたことばの意識を芽生えさせる役割を理学療法士は担うのです。

4　ことばは身体知の学びの敵なのか？

「自動化」という心理学概念

心理学や認知科学の分野には、身体知の学びにはことばが重要な役割を果たすという本書の主張とは矛盾するようにみえる考え方があります。自動化（automaticity）という概念です。自動化とは、ひとはあるタスクに熟達したとき、自分がそれをどのようにこなしているかを明確には意識できない（ことばで語れない）という概念です。第四章で詳しく解説しますが、マイケル・ポランニーが提唱した「暗黙知」［ポランニー 2003］にも深く関連する概念です。

例えば、車の半クラッチ操作は、教習所時代は意識的に行っていたとしても、上達した暁には無意識的に遂行するようになります。言語的意識がなくなりからだが技を憶え込んで無意識にこなすようになって初めて、身体知が形成されたというわけです。

スポーツ科学の既往研究には、一見、自動化概念を支持するような実験結果が多く報告されています。ベイロックらは、ゴルフのパットを例にして、素人とプロの言語的意識の違いを指摘しました［Beilock 2003］。パットを打った直後に自分が身体部位をどのように操作して打ったかを語らせると、プロゴルファーの言語量は素人に比べてかなり少ないという結果になったのです。

追加実験は更に興味深い結果となりました。シャフト部分を変形させた「奇形パター」を使わせてパットを行うという実験です。奇形パターを使うと、プロの言語量は著しく増加し、その量は素人を遥かにしのぐという結果を得たのです。

これらの実験から彼らは、身体知を言語化することは難しいと結論づけています。奇形パターの使用時はプロでさえも熟達状態ではないため、言語化が行えるのであるというのがベイロックらの説明です。本書の主張と正反対です。

ことばは身体知を学ぶことに対して邪魔なのでしょうか？　多くの研究者がそうした想いを抱いているのは事実です。学会や講演会で「からだメタ認知」理論を発表するたびに、私は、「ことばで表現することは身体知とは相容れないのではないか」という反論に出逢ってきました。その多くは自動化概念を根拠にした反論です。

環境の制御可能性を感じとる

もうひとつ別の研究も挙げましょう。スポーツ科学分野に「環境に潜む制御可能性」(environmental regulatory features) という専門用語があります。身体知を遂行するための各部位の動きに関わる環境の本質的特徴を指します。この概念は、環境と身体の関係を重視するアフォーダンスの考え方とも相通じるものがあります。スポーツ心理学分野で暗黙学習 (implicit learning) という研究をしているマギルは、ひとは環境に潜む制御可能性を暗黙的に獲得するのだと主張しました [Magill 1998]。つまり言語的な意識とは関係なく学習は進むというわけです。

マギルは、キャッチボールを単純化した軌道追跡問題として、コンピュータスクリーン上で波形軌跡を描く物体をマウス操作でキャッチするという実験 [Pew 1974] を典型例として挙げています。一日に数パターンの波形軌跡で練習させ、それを二週間続けます。実は、一日の練習のうち、二番目の軌跡だけは常に同じ波形であるという条件操作を施しておきます。一一日目が終了したときに被験者にインタビューしても、誰一人として意図的に操作された波形の存在には気づきませんでした。しかし、その波形を追跡するパフォーマンスは他の波形に比べて成績がよかった (学習効果が観察できた) という結果になりました。つまり、言語的には意識していなくても身体は環境に潜む制御可能性を学びとっていることを示唆する実験結果であると、マギルは主張したのです。

身体と環境の関係を再構築するためのことば化

これらの一連の実験をどう解釈すべきでしょうか？　私は以下のように説明します。身体知の学びとは、熟達していないフェーズに始まり、一歩ずつ上達の階段を上るという漸進的なプロセスです。生態的心理学の思想（アフォーダンスの考え方）に則っていうならば、身体が環境に順応し、環境と新たな関係を築くことが学びです。マギルの用語を使っていえば、ある特定の環境に潜む制御可能性を学習した状態です。

しかし、学びは、環境との新しい関係をひとつ築くことや、特定の制御可能性を獲得することだけで終わるわけではありません。未だ知覚できていない環境に潜む制御可能性は常に存在します。更にそれを学習するためには、現在までに築き上げた身体と環境の関係を一旦壊して、新たな環境に潜む制御可能性を取り込んで、環境との関係を刷新しなければなりません。つまり、身体と環境の関係を常に再構築し続けることこそ、学びの本質なのです［諏訪 2005, 2006］。

この考え方に基づくと、自動化の概念やベイロックやマギルらの主張は、学びという、時間とともに進化する動的なプロセスを、静的な側面でしか捉えていないと考えられます。学びを素人とプロという単純な二段階に縮退させ、それぞれのフェーズで時間を止めて切り出して、静的に比べているに過ぎません。

現実世界におけるひとの学びは漸進的なプロセスであるという仮説が正しいとするならば、時間とともに進化するダイナミズムを探究する研究方法論が必要です。

プロゴルファーがパット時に身体の動きをことばにしないのは、既に熟達の域に達した後の定常状態にあるからであろうと私は解釈します。生態的心理学風に論じるならば、いつも使っているパターはゴルファーにとっての環境です。身体が既に環境との一定の関係を構築済みであるから、ことばにする必要がないのです。ことばにできないのではなく、ことばにする必要がない。つまり学ぶ必要を感じていないから、ことばにしないのだということです。しかしイチロー選手の例でも論じたように、学びは一段階段を上ったらそれで終了ではありません。

本書の第六章ではボウリングの身体知を一年近くかけて学んだ学生の研究を示しますが、その研究のひとつのポイントは、長期間に亘る学びの漸進的プロセスには、身体動作をことばにすることが難しいフェーズもあれば、ことばにすることが必要なフェーズもあるということです。ベイロックらの実験もピューの実験［Pew 1974］も、本来学びは長期間続く漸進的プロセスであるにもかかわらず、一時的な定常状態（ひとつのスキルを達成した定常状態フェーズ）だけを捉えて、そのフェーズでは言語的意識は必要ないと示したに過ぎないと、私は解釈しています。

現実世界での学びが漸進的にならざるを得ない理由は、環境は常に揺れ動くものであるという点にあります。一方、ベイロックらの実験では、理想的な実験環境としてのグリーンを用意しています。環境要因の変化が少ない実験環境です。

リアルワールドにおけるゴルフでは環境は常に揺れ動きます。グリーンの起伏や芝の目はコースによって大いに異なります。風の状態や湿度も刻々変化します。ゴルフというゲームにおける心理状態や、プレッシャーのかかり方も刻々変化します。体調さえも一日のなかで一定ではありません。環境も自分自身の身体も刻々変化するなかで、身体と環境のより良い関係を再構築し続けることが、プロゴルファーには求められるのです。

別の言い方をするならば、環境が変化するからこそ、身体と環境の関係の再構築を繰り返す漸進的プロセスを歩まざるを得ないのです。日々、学びながらゴルフを続けるというわけです。

ベイロックらの実験で奇形パターが与えられたのは、環境に劇的な変化が生じたことを意味します。「そういう状況下でプロは素人よりも言語量が遥かに多くなる」という実験結果は、学ばなければならない環境では（つまり、身体と環境の関係を再構築する必要が生じた場合には）、実は「ことばが必須である」ことを示唆しているのではないでしょうか？　「プロはすぐ学ぶモードに入ったけれども、素人はそうでもない」ということを示しているのだと解釈できます。

更に言うなら、それまで成立していた身体と環境の関係が、環境の変化で脆くも崩れたときには、自分の身体をことばで表現できるという能力こそが、プロのプロたる所以であると私は解釈しています。

このように考えれば、身体知の学びにおいて実はことばは重要な役割を果たすという考え方と、自動化の概念は矛盾しません。自動化の心理学概念を、ことばは身体知を学ぶことに邪魔であると解釈する考察も過去の研究にはありましたが、それは生産的ではないと思います。

第三章

情報処理モデルから認知カップリングへ

1 情報処理という思想

認知科学の起こり

「物体」としての身体を客観的に計測しただけでは、その身体の動きをどう生成するかを明らかにできない、つまり、ひとが身体知を学んだり生成したりする様は解明できないと第二章で論じました。ひとが身体知を学んだり生成したりする源は〈心の働き〉にあります。これからの身体知研究は〈心の働き〉をデータとして扱って探究しなければなりません。

認知科学は、まさに〈心の働き〉を探究することを主眼に置く学問領域としてはじまりました。二〇世紀初頭の心理学に〈行動主義〉という趨勢がありましたが、認知科学はそれに対するアンチテーゼとして一九四〇年代頃に誕生した、歴史的にはまだ若い学問です。

行動主義は何よりも客観性を重要視しました。心や意識という代物は客観的に観測不可能なので、それをブラックボックスとして扱ったのです。そして、身体にある一定の刺激を入れるとどういう反応が現れるかという、刺激と反応の対のデータを収集し、そこから推定できる因果法則をもって知を語ろうとしました。刺激も反応も客観的に観測できるデータだからです。

行動主義は、ある刺激を入れたときになぜその反応が生み出されるかを問いません。その因果を成り立たせているのが、まさに心の働きです。心の働きを探究の的に据えない限り、知の研究をしていることにはならないのではないか？　認知科学はその思想を基に誕生したのです。この革新的な思想を「認知革命」（cognitive revolution）と呼びます。

情報処理モデル

認知科学は、心の働きを探究する際の主導原理として〈情報処理〉という考え方を用いました。ひとの心は、外界（以降は「環境」と呼びます）から情報を取り込み、それを心のなかで処理（推論）し、新しい情報を心のなかに生成し、それを反映するように行動するのだという考え方です。情報を取り込み、処理し、行動することが〈心の働き〉であると。認知科学では、この心の働きのことを〈認知プロセス〉と呼びます。

情報処理の考え方が勃興した背景には、コンピュータの誕生というできごとがありました。コンピュータのプログラムに情報を入力すると、プログラムが定めるアルゴリズムにしたがって情報が処理され、処理の結果として答えが出力されます。当時生まれつつあったコンピュータのメカニズムのメタファーで、認知科学はひとの心の働きを捉えようとしたのです。情報入力に相当するプロセスが、「環境からの情報の取り込み」、アルゴリズムによる情報処理に相当するのが「思考・推論」、処理結果の出力に相当するのが「行動」です。

入力情報、処理中の情報、そして新しく生み出した情報を保持するコンピュータにおけるメモリーに相当する脳の部位が「短期記憶」です。コンピュータで情報処理（計算）を司るプログラムのアルゴリズムに相当するのが、ひとの心の働きでは「知識」です。ひとは知識を有するから思考・推論が

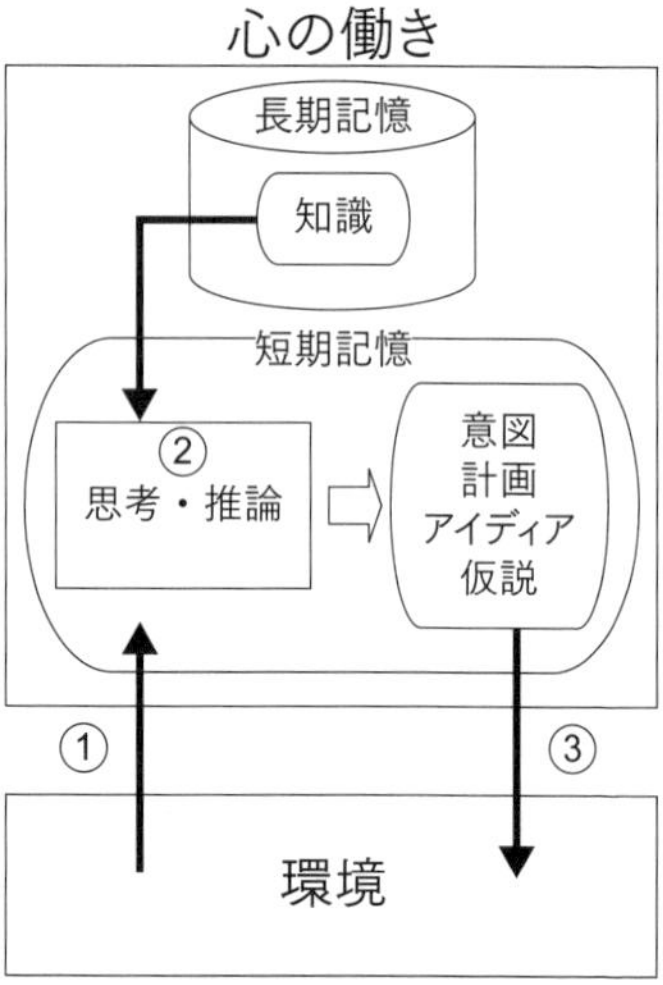

図3－1　情報処理の考え方

できます。思考・推論はコンピュータにおける計算に相当します。プログラムのアルゴリズムはもともとハードディスクに格納されているのですが、情報処理（計算）をする最中はメモリーにコピーしてきます。ハードディスクに相当するものが、「知識」を格納しておく「長期記憶」です。

情報処理の考え方でひとの心の働きを捉えた図が図3－1です。①のプロセスが「環境からの情報の取り込み」、②のプロセスが「思考・推論」です。思考・推論は、環境から取り込まれた情報と、長期記憶から取りだされた知識を基に、計算という形で遂行されます。思考・推論によって新たな「意図・計画・アイディア・仮説」が生成され、それを基にひとは行動します（③）。行動は環境に対する働きかけであり、ときには環境を変容させます。環境が変容すると、環境から取り込まれる情報も変わります。認知科学は、ひとはこのようにして環境のなかで思考し、行動するという考え方に立脚しました。

チューリングマシン

情報処理という思想が誕生する基盤となった研究のひとつが、イギリスの数学者アラン・チューリ

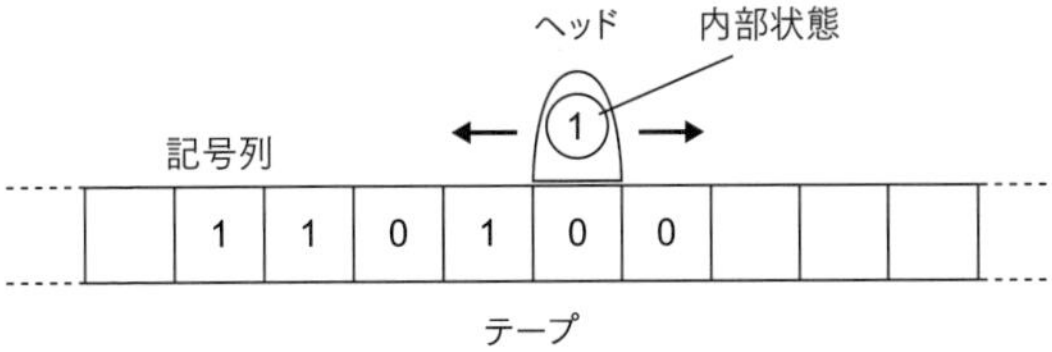

図3－2　チューリングマシン

ングによるチューリングマシンです。記号処理の汎用的な数学モデルを提唱した研究です［高岡 2014］。チューリングマシンは、

1　ある内部状態を有する

2　記号の列が書かれた無限の長さのテープと、テープに書かれた記号をひとつずつ読み取るヘッドから成る

3　読み取った記号とそのときの内部状態に応じて、自らの内部状態とテープ上の記号を書き換える

4　ヘッドを右か左にひとつ動かし、隣の記号を読み取りに行く

という自動機械としてモデル化されました（図3－2）。

自らの内部状態と読み取った記号の状態に応じて、内部状態とテープ上の記号を書き換え（3）、次はどちらの方向にヘッドを動かすか（4）を規定する規則群が、チューリングマシンには与えられています。表

表3－1　チューリングマシンの規則群

現在の内部状態	テープ情報	新しい内部状態	テープ情報書き換え	次のヘッドの動き
0	1	1	0	右
1	1	1	1	左
0	0	0	1	右
:	:	:	:	:

3－1に規則群の一例を書いてみました。表の横一列が、ひとつの規則に対応しています。
第一行目の［0, 1, 1, 0, 右］は、現在の内部状態が0、ヘッドが読み取ったテープ上の記号が1ならば、内部状態を1に変え、テープ上の記号を0に書き換えて、ヘッドを右に動かすという規則を表します。
第二行目の［1, 1, 1, 1, 左］は、現在の内部状態が1、ヘッドが読み取ったテープ上の記号が1ならば、内部状態は1のままにし、テープ上の記号も1のままにして、ヘッドを左に動かすという規則を表します。

情報処理モデルvs.チューリングマシン

情報処理の思想やひとの心の働きが、チューリングマシンにどう対応しているかを説明します。テープから記号を読み取るという行為が、環境からの情報の取り込みに相当します。内部状態は、情報処理の考え方における「メモリー上での処理中の情報」に、ひとの心の働きにおいては、「現在考えているものごと」（短期記憶上の状態）に相当します。内部状態とテープ上の記号を書き換えるという行為は、環境から入ってくる情報とそのとき考えているものごとに応じて、考えているものごとが変化し、環境の情報を新しく書き換えること（行動のひとつ）に相当します。右か左にヘッドを動かすという行為は、環境中のどの情報を次に読み込むのかを決めること（行動のひとつ）に相当します。

チューリングの自動機械の振る舞いを決定するのは予め与えられた規則群です。この規則群に相当するのが、現在のコンピュータではプログラムの「アルゴリズム」であり[1]、ひとの心の働きでは

「知識」です。

表3－1では、簡略化のため、内部状態やテープに書かれた記号は「0」か「1」の二種類に限定した例を示しましたが、内部状態やテープ上の記号の種類数は任意です。内部状態が「ひとがそのとき考えているものごと」に、テープ上の記号が「環境の情報」に相当するならば、その種類数は非常に大きな数になります。

チューリングによる記号処理モデルが基盤となって情報処理の思想が誕生し、ひとの心の働きを記号処理であるとみなす見方が、現在わたしたちが有する「ひとの思考・推論はどういうものかについての考え」を形づくっているのです。[2]特に、現在の内部状態と入力される情報に依存して新しい内部状態が決まり、更には環境情報も書き換えられるという情報処理システムのモデル化が、その後の認知科学や人工知能研究の礎となりました。

サイバネティクス——フィードバックの考え方

サイバネティクスは、二〇世紀前半のアメリカの数学者ノーバート・ウィーナーによって提唱された、制御と通信を統合して扱う学問領域［ウィーナー 2011］です。サイバネティクスの中核を為すのがフィードバックという考え方です。フィードバックの考え方は、情報処理モデルにおける「処理」（図3－1の思考・推論に相当）の重要な戦略のひとつを為しているのです。

フィードバックとは何かを説明します。鼻をかむとか、珈琲がこぼれたとかで、ティッシュペーパーを箱から引き出す行為を考えましょう。たまたま真新しいティッシュ箱を開けたばかりだとします。真新しいときには、たくさんのティッシュペーパーが詰まっているので、最初の数枚はかなりの抵抗（箱とティッシュペーパーのあいだの大きな摩擦）を感じるはずです。摩擦があることを勘案せず、ティッシュペーパーの先を指でつまんで勢いよく引き出したとすると、ペーパーは破れます。奇麗に取り出すという目標は達成されません。

何がいけなかったのかを考えます。引き出す速度が速過ぎて、箱による摩擦力と引っ張る力の関係で破れてしまったのかもしれないと思えば、次はゆっくりと引き出してみます。引き出す速度という数値パラメータを減らしてみるのです。前回ほど激しく破れはしないものの、やはり完全に引き出す前に、指でつまんでいる近傍で破れてしまいました。

ティッシュペーパーの端の方をつまんでいるのがいけないのではないか？　端をつまむと、引っ張る力がティッシュペーパー全体にうまく分散せず、ゆっくりと引き出したとしても、所詮つまんだ近傍で破れるのではないか？　そう思ったあなたは、穴に慎重に指を突っ込み、一枚のティッシュペーパーの中央周辺をつまんで、そろりと引き出すことでしょう。つまむ位置というパラメータを「端」から「中央」に修正したのです。そしてついに一枚のティッシュペーパーを奇麗に引き出すことに成功します。

失敗に終わった試行を反省材料にして、その試行における引き出す速度や、つまむ位置という数値パラメータを、目標に近づけそうな方向に修正して、再度試行を繰り返し、何度目かのトライで目標を達成します。

より一般的にいうと、以下のようになります。ひとは環境に対するモデル（環境はこれこれこういうしくみになっているのではないかという認識）をもっています。この場合、ティッシュペーパーとはどんなものか、それに力が加わるとどうなるかについての認識です。現在のモデルに基づいて、実際に実験（右では「試行」と表現していました）を行います。ティッシュペーパーに力が加わるとこういう現象が生じるというモデルをもっているから、それに基づいて、ティッシュペーパーを引き出す仕方（実験のやり方）を決め、実行するのです。

実験の結果、思い通り目標を達成できなかったとすると、環境のモデルを修正します。「思ったより、このティッシュペーパーは柔らかいぞ」と。そして、引き出し方についてのパラメータ（例えば、引き出す速度やつまむ位置）を修正して、また実験します。

この「修正」こそがフィードバックという考え方です。実験での結果と目標の差異を小さくできそうな方向へ、実験における数値パラメータを修正するのです。実験結果の情報を次の実験にフィードするという意味です。

環境についてのモデル

「差異を小さくできそうな方向」を見極めるためには、環境に対して詳しいモデル（認識）をもっていなければなりません。ティッシュペーパーを引き出す速度を遅くすれば、破れにくくなるのだという認識です。ときには、それまでは意識していなかったような新しい変数（着眼点のことを指します）を思いつくことも必要でしょう。例えば「つまむ位置」がその典型例かもしれません。最初「端」をつまんだのは、意図的に「端」をつまんだのではなくて無自覚にそうしたのであれば、「つまむ位置」

という変数には最初は気づいていなかったかもしれません。つまむ位置という新しい変数を思いついて、その変数に関するパラメータを「端」から「中央」に修正するということは、単に既に意識している変数のパラメータをフィードバック的に修正することを越えて、モデル自体を再構築するということです。モデルのパラメータを修正することと、モデルを再構築することは大きな違いです。この点は重要ですので、後続の節で論じます。

実験結果が目標と一致した暁には、環境についての最新モデルは正しいことが検証されます。そのモデルにしたがっていればその環境に整合する振る舞いができるという認識を得ることができます。

チューリングマシンでは明示されませんでしたが[3]、サイバネティクスで提唱された重要概念は「環境についてのモデル」です。環境についてのモデルを有しているからこそ、再実験を行う際に関与するであろうパラメータは何か、それをどちらの方向に動かせばよいかを推定でき、フィードバック修正を行うことができるのです。

2　情報処理モデルの限界

限界その1——知覚と思考の相互作用

チューリングマシンとサイバネティクスが、ひとの心を「情報処理をする機械」とみなす礎になったと述べましたが、本節では、この情報処理モデルの限界を論じます。

情報処理モデルもサイバネティクスも、環境を、ひとの心身の外側に位置するものと捉えています。図3－1に示すように、ひとの心の働きと環境の接点は、環境から情報を入力するプロセス、及び環境に働きかける行動をするプロセスの二つのみです。その二つのプロセスが、心の働きと環境の相互作用であるという考え方です。サイバネティクスでは心の内側に環境のモデルをもちます。すなわち、環境は外側の存在であることを大前提にしています。

環境をひとの心身の外側にあるものとみなすと、どうしても環境と心身の接点（入口と出口）を図3－1の①と③のようにモデル化することになります。しかし、そうした考え方ではひとの認知と環境のダイナミックな相互作用を捉えられないという思想が、一九八〇年代に芽生えてきました。

その代表例が「状況依存性」(situatedness)、もしくは「状況に埋め込まれた認知」(situated cognition) という思想です [Clancey 1997]。認知プロセスは環境に埋め込まれていて、いわば環境と認知は一体となって働くという考え方です。「埋め込まれている」や「一体となる」という概念が何を示唆するのかを、以下に、ひとつずつ説明したいと思います。

ひとが環境から情報を入手するプロセス（図3－1の①）を心理学や認知科学では知覚と呼びます。知覚は受動的ではなく能動的なプロセスであるという考え方がいまの認知科学では主流です。ダルメシアンを写した有名な画像があります（図3－3）。ダルメシアンが地面の匂いを嗅いでいるような姿勢で写っている画像ですが、画像が粗いために、何が写っているのかすら最初はわかりません。しかし、「犬はどこにいますか？」と問われると、例えば「ああ、ここですね。頭がここでお尻がここ。地面の匂いを嗅いでいるような姿勢をしています」と、犬の存在を認識できます。

図3－3　ダルメシアンの粗い画像［Gregory 1971, p.14］

「犬はどこにいますか？」と問われる前後で、これだけ認識が変わるのです。しかし、画像情報としては同じものが現前しているだけで、前後で何も変化していません。つまり、知覚とは、環境に存在する情報を受け身的に受け入れる行為ではなくて、認知プロセスの主体が能動的に選択する行為なのです。ある情報が物理的に現前していても、見えないものは見えません。「犬」という単語を聞くと、心のなかに「犬」という概念が活性化し、自分が知っている犬のモデルを参考にして、能動的に環境のなかに犬の各パーツを探しにいくのです。知覚内容は、考えているものごと（ことばに明示的になっているものごともあるし、まだ曖昧な思考も含む）に依存して決まるということを如実に表す例です。

チューリングマシンでの情報入力のされ方を思い返してください。無限に長く続くテープに、もともと記号列が、心の働きとは独立に書かれています。つまり、チューリングマシンでモデル化された情報入力は受動的であることになります。全く同じ環境のなかにいても、考えているものごとに応じて知覚できるものごとが変わるというダイナミクスが表現されていません。

内部状態と入力された情報に依存して次の内部状態が変わるというモデルは、内部状態と環境の相互作用をある程度体現してはいますが、情報入力自体が内部状態に依存して決まることまではモデル化していなかったわけです。図３－１の①のプロセスは、環境から心に向けての一方向の矢印で表現されていますが、知覚と思考・推論は互いが他を変容させるという関係にあるということが「状況依存性」の思想です。ひとの知は環境に埋め込まれているからこそ、知覚という行為ひとつとっても、環境とひとの心身にダイナミックな双方向の相互作用があるのだという考え方です。

限界その２──行動－環境モデルの再構築

次に、サイバネティクスにおける実験について考えてみます。情報処理モデルでは、環境に対する働きかけとしての行動、チューリングマシンではテープ上の記号の書き換えとヘッドの移動に相当するプロセスです。環境についてのモデルに基づいてある目標を立て、それを実現すべく実験をしてみて、実験結果と目標の差異を感知して、環境のモデルのパラメータを修正し、新モデルに基づいて差を埋めるべく目標を修正します。

ここでの問題は、環境のモデルがどういう要素から成り立っているかです。情報処理モデルでは、環境への働きかけとしての行動によって環境が変容することは想定しています。チューリングマシンでテープ上の情報が書き換えられるのですから。しかし、現実の世界では、行動がなされるやいなや（リアルタイムに）環境を変容させるが故に、その行動の目標が達成されないということも起こります。例えば、蚊を叩こうとする両手の動きが風を起こし、蚊の飛ぶ軌道を変えてしまい、結局退治できないという現象を、情報処理モデルは捉えないのです。

車輪型の足をもっていて、砂場を走行するロボットを考えましょう。情報処理モデルでは、どのように動くべきか（車輪の回転数）のアルゴリズムを、砂場の環境についてのモデル（車輪がいままさに接地しようとしている地面がどんな傾斜か）に依存して決めます。しかし、車輪が回ることに起因して即座に砂場の形が変容するので、車輪が動いた途端、その動きを決定する際に基準としたモデルが通用しなくなります。

あなたが競馬を見に行って、ある馬の単勝馬券（一着になることを当てる馬券）のオッズが4・5倍であることを知り、清水の舞台から飛び降りる覚悟で一〇万円を賭ける（一〇万円分の馬券を購入する）としましょう。その購入のせいでオッズが3・7倍に下がってしまうなどということも起こり得ます。例えば地方競馬で馬券の購入者の数が極端に少ないような場合には、一〇万円という額がその馬の単勝馬券の全投票額に対して比較的大きな比率になるからです。

この問題を解決するためには、環境のモデルをもつのではなく、行動－環境の関係のモデルをもつ必要があります。車輪の回転数がこれくらいだったら砂場はどれくらい削れて形がどう変わるか、というようなこともモデルに組み込まれている必要があります。中央競馬（ＪＲＡ）のように億単位の馬券が購入されるような環境では、一般の競馬ファンが購入するような額は微々たるものなので、自分の投票行動と環境の関係をモデルに組み込まなくてもなんの問題にもなりません。しかし、投票数が極端に少ないケースには、自分の投票行動が環境を変容させてしまうことを、予めモデルとして想定しておく必要があるのです。株の世界での大口の投資家は常にそういう行動－環境モデルを念頭において投資をしているでしょう。

硬い地面のつもりで砂浜を走ると、足を滑らせたり取られたりして、足腰に思わぬ衝撃や負担がかかることは読者の皆さんも経験したことがあると思います。ひとの場合は、走り方（足の接地の仕方や蹴り方）を様々に変えたときに、砂の形がどのように変容するかについて身体が体得すると、砂の形の変わり方をある程度見込んで接地したり蹴ったりするという走法を編み出せるようになります。ひとの身体のフィードバック制御機構は柔軟です。

サイバネティクスの考え方を基本にして、環境だけのモデルではなく、行動－環境の関係のモデルをもって、実験とモデルのパラメータ修正をリアルタイムに限りなく高速に繰り返せば、砂場をうまく走ったり、蚊を一度でしとめたりするようなリアルタイム制御が可能でしょう。

しかし、行動－環境の関係にそれまでは想定していなかった要素が絡むことを見出したようなケースには、モデルのパラメータ修正ではなく、モデルの再構築が必要になります（本章注3参照）。その場合にはリアルタイム制御は不可能です。行動－環境モデルを組み込んで設計された制御回路自体を再構築する必要があるのですから。

限界その３――フレーム問題

更に難しい問題がここには横たわります。一般に、現実世界でどういう要素が絡むのかを予め想定することは不可能で、その環境で行動してみて初めてそれが見えてくる場合が多いのです。その点において、情報処理モデルには限界があります。予め環境のモデルを（行動－環境の関係のモデルであれば尚更）用意することは原理的には無理だということなのです。ひとが知を発揮する環境は、想定外の要素が絡むことのない理想的な環境ばかりではありません。

人工知能の研究分野ではこれを「フレーム問題」と呼びます。ある問題領域について知的な振る舞いを披露するためには、考える枠（フレーム）を設定し、何が関係あって何が関係ないかを予め決めてプログラムとして記述しておかねばなりません。しかし、それは原理的に無理です。すなわち、想定外のものごとにも対処できるような人工知能システムは未だ実現していません。

チェスや将棋の問題領域では、フレームをコマの種類や動き方という範囲だけに予め決めることができます。「対戦相手は昨日失恋をして弱気になっているから、この局面では、もっとも威圧的なこの手を選ぼう」というようなことを考えられる将棋コンピュータは、いまの世には存在しません。手が威圧的かどうかを評価する指標をもっているとしたら、それは「対戦相手に与える圧力」は将棋の世界で「関係する重要な変数」であると予めリストアップしていることになります。「失恋」を将棋の世界に関係すると予めリストアップすることは難しいでしょう。対戦相手の私生活の感情に影響を与えるかもしれないものごとは「失恋」だけではありません。そのすべてを予めリストアップして、それが自分の指す手にどう影響するかを記述しておくことは、ほぼ不可能でしょう。フレーム問題とは、そういうことを指します。

株を大量に購入したことを、あなたがぽろっとしゃべったとしましょう。誰もそれに影響されないかもしれません。でもあなたが有名人だったり、大口の投資家として名を馳せているひとであれば、それは他の投資家に影響を与えるでしょう。それを契機にして、ある種の風評が巻き起こり、経済動向が大きく揺らぐかもしれません。株を購入することも、それを誰かにしゃべることも、環境に対する働きかけとしての行動です。それが環境をどのように変容させるかを予めモデル化できるかというと、なかなか難しいのではないかと思います。実際に購入してみて、誰かにしゃべってみないと、何人のひとがそれに影響されるか、風評が立つかどうか、株以外の分野にも影響が及ぶかどうかはわからないのです。行動してみて初めて見出せる変数もあるのだということが、状況依存性の考え方です。

最後に、フレーム問題をチューリングマシンの仕様と関連づけて説明します。チューリングマシンの規則群は、現在の内部状態と入力情報に依存して、次なる内部状態と、テープに書き込む新しい情報と、ヘッドを動かす方向を決める規則の集まりでした。チューリングマシンにとってもフレーム問題は深刻な問題です。

本章の第1節では、簡略化のため内部状態は0か1として説明しました。しかし、そもそも内部状態としていくつの種類を用意すればよいかを決めるのは、そう簡単ではありません。それは、ひとの心の働きについて、現在考えているものごとや感情をいくつの状態に分類するのかを問うていることに相当します。環境には様々な情報が存在します。その情報の組み合わせが何種類に分類できるのかを問うていることにも相当します。その両者の分類数を決めることができたとして、その組み合わせの各々に関して、次なる内部状態と、テープに書き込む新しい情報と、ヘッドを動かす方向を決める規則を記述しなければならないのです。現実世界でそれがどれくらい困難なことかは想像に難くありません。情報処理モデルは、原理的にフレーム問題を解決できないのです。

3　認知カップリングと身体知

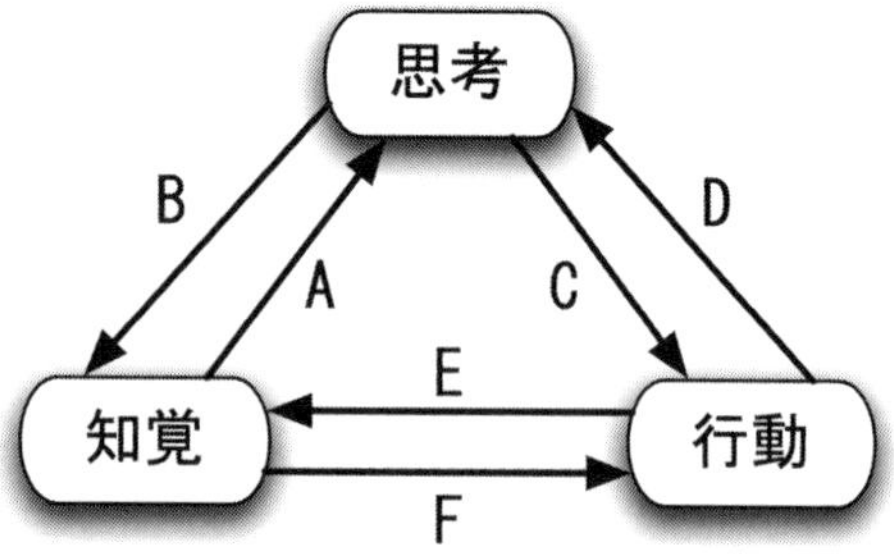

図3－4　認知カップリング

認知カップリングという考え方

状況依存性の考え方とともに、認知科学や生態的心理学の分野では、認知カップリングという考え方が次第に湧き起こってきました［諏訪 2004; 後安 2004］。情報処理モデルの情報入力のプロセス（図3－1の①）は知覚で、計算で生まれた情報を環境に出力するプロセス（同③）は行動です。認知カップリングとは、「知覚と行動と思考（同②）は互いに他を変容させる関係にある」という思想です。図3－4のように、この三つのプロセスのあいだに双方向の（合計六つの）矢印があると考えるのです。

考えているものごとに依存して知覚できる内容が決まるというダルメシアンの画像の例は、矢印Bです。何か行動をしてみたら考えが変わったということがあります。悩んでいることを日記に書いてみたら、文字媒体で表現することによって少し気持ちが楽になったという経験をなさった方もいるでしょう。矢印Dがその関係を表します。情報処理モデルでは矢印が一方向でした。知覚した（環境から情報を取り込んだ）ことによって思考が進み（矢印Aに該当）、思考したことを基に行動する（矢印Cに該当）というモデルでした。認知カップリングの考え方は、その逆方向（BやD）の関係もあるということを主張するのです。

行動が知覚を変える

知覚と行動はともに身体で生じることです。認知カップリングは、この両者にも双方向の関係性があることを説きます。第一章で述べたカフェでのできごとを振り返ってみましょう。ある席に座り眼前に自分だけが（意識の上で）支配できるスペースを確保することによってよい居心地を形成していたのに、すぐ隣の席にひとが座ったが故に私の居心地が壊れたという事例でした。しかし、ひょんなことから、少しだけ身体の向きを回転させた途端、それまでとは異なる居心地が形成されました。身体の向きを変える前後で、カフェの環境は何も変容していません。環境からの知覚が変容したのです。身体の向きを変えるという新しい行動に依存して知覚の変容がもたらされたわけです。これは図3－4の矢印Eに該当する事例です。

情報処理モデルにおける行動と知覚の関係は、行動が環境を変容させた結果、その後知覚も変わるという間接的な関係でした。しかしこのカフェにおける事例では、環境は何も変容していません。行動が知覚を変容させるという直接的でダイナミックな関係なのです。美術館で絵画を観るとき、ある場所に立ち止まって（つまり一定の距離・角度から）観るのと、近づいたり遠ざかったり様々な角度に動いて観るのでは、絵から知覚できることが変わるというような例[4]も、Eの矢印に該当します。

絵画の表面に描かれている様々な色や形の集合は、環境の情報の一部です。ひとは環境中に物理的に存在するすべての情報を等しく知覚するのではないこと（知覚が選択的で能動的である）は先の例で論じました。したがって、行動することによって環境中に存在する情報の選択の仕方が変容し、それによって知覚が変容するという類いのことを論じているのです。ある絵画を遠ざかりながら観ることによって、画板の周辺領域に描かれた色や形に気を留めるようになり、画板の中央付近だけでなく全体的な色の関係性をより知覚するようになるかもしれません。近づきながら観ることによって注意を向ける場所が周辺領域から中央付近に移り、周辺から中央へ使われている色が劇的に変化する様を、自分の身体の移動速度に応じて知覚するかもしれません。

ジェームズ・J・ギブソンを祖とする生態的心理学では、行動が知覚を促す例（矢印Eの事例）は数多く紹介されています。例えば、カーテン越しに杖くらいの長さの棒を渡されたとき、ただ静かに持っているだけでは棒の長さを推量することはできないけれども、左右や上下に振ってみると大体の長さを推測することができます。この現象を生態的心理学者たちは「剛体のダイナミックタッチ」と呼びました［Solomon 1988］。

知覚と運動の協応

逆の関係（矢印F）、つまり知覚に依存して行動が変容するというダイナミックな関係は、普段の認知プロセスでは意識に上らないものごとかもしれません。知覚に依存して思考が変容し、それに基づいて行動が変容するという、思考を介した関係ではありません。思考のループを介さない、知覚から行動への直接的な関係です。多くの場合、矢印EとFの双方向の関係がリアルタイムに形成され、知覚と行動は互いに協応することによって、わたしたちの身体は環境の中でうまく機能しています。これを知覚と行為のコーディネーションとか、知覚－運動協応関係と称したりします。

ロシアの運動生理学者のニコライ・A・ベルンシュタインは身体運動の巧みさについての著者［ベルンシュタイン 2003］のなかで、数多くの知覚－運動協応関係を例として挙げています。ここではそのうちのひとつ、男性にとっては日常的な、ネクタイを結ぶ例を紹介します。毎朝ネクタイを結ぶひとは、鏡で見なくてもネクタイを結ぶ両手の動きを制御できます。ネクタイに触れ引っ張るときに生じる触覚的知覚に応じて、いままさに片方の手で巻き付けている箇所にどのくらいの大きさの穴が形成されているかを推測でき、その推測に応じてその穴にもう片方の手の指を運ぶ軌道を変えたりします。指、手、そして腕の筋－関節感覚と運動が互いに他に影響を与える協応関係の上に、ネクタイを結ぶという熟練の行為が成り立っています。慣れているひとにとっては、鏡を見てネクタイを結ぼうとすると、逆にやりにくくなったりします。それは、普段は知覚（ネクタイに触れる触覚と、筋－関節感覚という自己受容感覚の両者）と、手や指や関節の運動の協応関係だけで成立しているスキルに、視覚的な知覚情報が加わることで、もともと成立している協応関係が乱れるからであるとベルンシュタインは論じています。

以上に論じたように、知覚、思考、行動の三つのプロセスは、互いに他を変容させるというダイナミックな関係を形成しながら、全体として認知プロセスが成立しています。三つのなかの一つでも変容すると、それに応じて他の二つも変容し、認知プロセス全体が新しい状態に遷移するのです。

認知は環境と一体

「物体」と「精神」というデカルトの二元論に照らして論じるならば、知覚や行動は「物体」としての身体が環境のなかで遂行するものごとです。身体は常に環境と直に接しながら、環境から能動的に情報を選択して取り込み（知覚）、環境への働きかけ（行動）を表出します。

そういう観点から考えると、情報処理モデルには、「物体」としての身体という概念が欠落していたということがわかります。心身の「身」がありません。意図をもつ、計画を立てる、仮説を立てる、疑問をもつといった、ことばを媒介とする意識的な思考・推論（「精神」に相当）だけが、外側に位置する環境と相対するというモデル化であったのです。第二章では、スポーツ科学は「物体」としての身体だけを研究対象に据え、心の働きについて扱った研究があまりないことを述べましたが、情報処理モデルはその逆で、心の働きだけを環境に対峙させたのです。環境とのインターフェースの箇所は、そこを流れる情報という側面にだけ注目したわけです。心の働きをコンピュータのメカニズムのアナロジーで捉えたわけですから、そういうモデルになるのは当然でしょう。

一方、認知カップリングの考え方は、身体と環境のインターフェースである知覚と行動に、思考・推論（以下、「思考」と呼びます）と同等の位置づけを与えました。知覚と行動と思考が互いに他を変容させるという三者の関係は完全に対称的です。知覚と行動は物体としての身体と環境のあいだで成り立つものごとなので、認知カップリングの考え方では、環境はもはや心身の外側の存在ではありません。身体と環境が一体になった場で知覚と行動が生じ、その二つと完全に同等の関係で思考も存在するのです。すなわち、知覚・行動・思考の全体が、環境に埋め込まれ、環境と一体となって、共に状態を遷移させるのです。

この点を強調するために、認知カップリングの本質を表現する新しい図を、図3－4に代わるもの

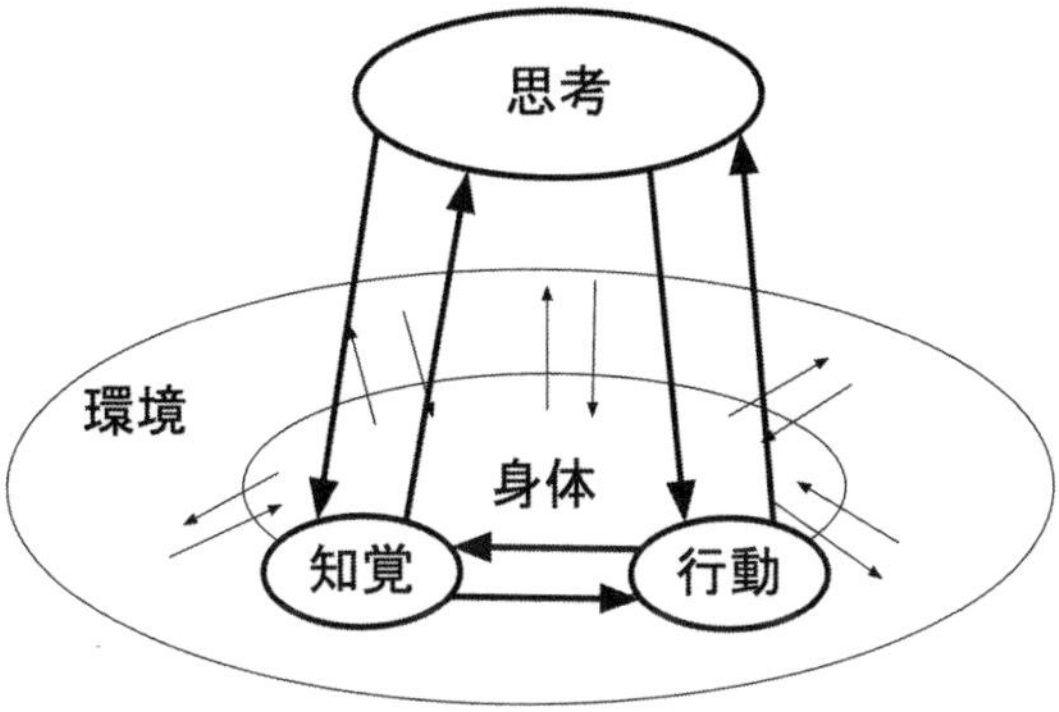

図3－5　認知カップリングにおける身体と環境

として描いてみました。図3－5がそれです。物体としての身体を示す楕円が環境を示す楕円に包含されています。図ではわかりやすさのために外縁も描いていますが、フレーム問題の観点からいえば、環境のどこからどこまでが身体と相互作用をするのかは規定できないため、本来環境の外縁は規定できません。

知覚と行動は身体と環境のあいだで生じる現象なので、身体の外縁の位置に多数描いた両矢印（身体から環境へ、環境から身体への両方向）がすべて、知覚と行動です。そのうちのひとつずつにのみ、「知覚」、「行動」というラベルを付記した楕円を描きました。

上に描いた楕円が「思考」です。ことばを媒介とする意識的な行為で、意図をもつ、計画を立てる、仮説を立てる、疑問をもつといった心の働きです。そして、思考、知覚、行動のあいだには、それぞれ双方向の影響を示す矢印を描いています。各矢印が示す内容は、本節の冒頭で詳しく説明した通りです。

ロボティクス研究 vs. 認知カップリング

図3－5を基盤に、認知カップリングが意味することを更に詳しく論じます。知覚と行動のカップリング（双方向関係が成立していること）は、思考を介さずに身体だけで達成するものごとがあることを意味します。ベルンシュタインが挙げたネクタイの例では、知覚と運動が協応し、ほぼ意識することなく自動的に身体が環境（この場合、ネクタイ）とのあいだで整合するように働きます。

一九九〇年代から盛んになったロボティクス研究でも同様の研究事例は多数あります。例えば、受動歩行機械は、脚部だけから構成される機械で、安定的に坂道を下る歩行を行います（名古屋工業大学の藤本研究室・佐野研究室が多くの動画や写真を公開しています［藤本］）。受動歩行機械に情報処理メカニズムは実装されていません。地面と接する部位からの床反力と重力が物体としての身体（脚部）に作用して、単に物理現象として、自然に運動が生み出されているのです。[6] このフィードバック機構が、ベルンシュタインの説いたひとの知覚－運動協応関係とどういう関係にあるのかは、今後の研究を待たねばなりません。

ロボティクス研究の分野で先見的な研究を生み出してきたファイファー（Pfeifer, R.）が製作したDidabotという車型ロボット［Pfeifer 2006］は創発的な動きを生み出すことで一躍注目されました。車は左右両側に一式の車輪と、先頭部分の左右にセンサーをもっています。左側のセンサーが左前方に物体を検知すると、左側の車輪群が回転速度を増し、右方向に曲がるようにプログラミングされています。つまりその物体を避けるように動くのです。同様に、右側のセンサーが右前方に物体を検知すると、右側の車輪群が回転速度を増し、物体を避けるように左方向に曲がります。物体がたくさん散らかっている場でこの車を動かすと、なんと、物体を一ヵ所に集める「お掃除ロボット」のように機能することがあるようです。

物体をひょいひょいと避けながら動き回るのではないかと想像する読者が多いと思いますが、なぜものを集めるという現象が起きるのでしょうか？　車が物体を避けながら動いている途中で、物体がちょうど車の真正面に現れることがあります。その場合には、左右どちらのセンサーも働かず、上記の定められた動きをしないのです。その場合には特別な動作をプログラミングされていないのですから、車は物体に衝突します。そして、物体の重量が軽い場合には、物体（物体Aとします）を押しながら進みます。

その途中で別の物体（物体Bとします）が右前方、もしくは左前方に現れたらどうなるでしょうか？　上記のプログラミングにより、車は左に、もしくは右に進路を変更します。そのときに、それまで押してきた物体Aは物体Bのそばに置き去りにされるのです。そうやって、物体を押す局面が出現したあとには、その物体を別の物体（もしくは物体群）のそばに置き去りにします。したがって、物体が何ヵ所かに集められるというわけです。

受動歩行機械やDidabotを本節で紹介したのは、それが図3－5の知覚－行動のカップリングに相当する（もしくは深く関連する）現象だからです。身体と環境のあいだで、知覚と行動が互いに他を変容させる相互関係が自然に成り立ち、ある振る舞いが創発されるのです。受動歩行機械の物理的機構自体には、知覚－行動のカップリング現象と同等の働きを起こす何らかのしくみが潜在しています。

Didabot の場合、物体が真正面に来るとセンサーが働かないこと、そして Didabot がその場にあった大抵の物体よりも遥かに重いという、「場の偶発的な状況」に依存して、「物体を押して進んでしまう」という現象が創発します。プログラミングされたわけではない、Didabot の重量、物体の重量、床の摩擦力が、この創発現象に効いているのです。つまり、センサー込みの Didabot の身体と場の状況の関係のなかに、創発的な振る舞いのしくみが潜在しているということです。ファイファーらは、これを「形態自体が知を有している」と論じました。

認知カップリングの考え方は、知覚および行動だけではなく、思考もその両者とそれぞれカップリング状態にあることを説きます。したがって現在のロボティクス研究は、認知カップリング全体の現象を生み出すことはできていません。しかし、これまでのロボティクス研究の意義は、形態（身体）のみで生成できる知が存在することを示したこと、そしてそういう知と、思考が絡んで認知カップリング全体で初めて達成できる知を区別したことにあると私は考えています。前者は図３－５の思考を介さない下側だけのループで生成されます。

本書の目的は、第一章に挙げた様々な身体知のなかで、とくに学びといわれるような高次認知にまつわる身体知のメカニズムを論じることにあります。図３－５を使っていうならば、ことばを媒介とする思考プロセスと、身体－環境系の物理的な協応プロセスを合わせた、全体性で成り立つ身体知を論じることです。それを、身体とことばの共創と称しています。第四章ではいよいよ、身体とことばの共創を論じるための準備（理論的道具立て）に入ります。身体とことばの根本にあるのは、本章で紹介した認知カップリングの考え方なのです。

第四章

身体知研究のあり方

1　暗黙知と身体知

身体知は、情報や知識とは異なる

身体知はからだの感覚や生活の実体に根ざして体得されたものごとであるとすると、単なる「情報」とは異なります。情報は客観的に観測可能な事象です。「あの店のラーメンはとても美味しいという噂で、行列ができるらしい」は情報です。自分の舌で味わい、自分なりの感想を抱き、例えばラーメンを食べたくなった日に、その日の状況で、果たして並んでまで食べたいかどうかを意思決定するようになって初めて、そのひとがそのラーメン屋について知っているものごとは、単なる情報を超えて身体知になったと言えるでしょう。その店で体験できるものごとがある種の意味を帯びる、生活の一部になるのです。

では、知識は身体知とは異なるのでしょうか？　数学の知識、例えば因数分解の数式変形という知識をとりあげましょう。x^2+4x+3という二次式が$(x+1)(x+3)$に因数分解できることを、ただ公式の丸暗記や機械的な数式処理ルールとして知っているだけではただの知識であって、身体知とは言えません。因数分解とは、元の複雑な数式が有する隠れた性質をあぶり出す操作であること、つまり、この二次式の場合は、$x+1$や$x+3$という因子をもつということを理解していて初めて、因数分解とはどういう操作かが身体知になるのかもしれません。$y=x^2+4x+3$というグラフは放物線になりますが、それが x 軸と交わる点が -1 と -3 であることもそこから導き出されます。ということは、その放物線の軸は $x=-1$ と $x=-3$ という二つの直線のちょうど真ん中に位置すると、したがって $x=-2$ が軸であるということも、元の二次式を $(x+2)^2-1$ と公式を使って変形しなくてもわかります。何もかも公式に基づいて数式処理をしているだけでは、身体知を得ているとは言えません。二次式の実体は放物線であり、それは左右対称であることをグラフという目に見える実体に照らして理解できていたり、放物線とは例えばボールを投げあげたときの軌跡であることを生活の例題として理解できていたりすれば、身体知でしょう。

「数」もひとが生み出した概念（意味）です。1という数と2という数に、ひとはそれぞれ独自の意味を見出しているはずです。「あるものが一個ある」という場合には、多くの人が「片手で持てる」というからだを伴う理解をしているのかもしれません。「二個」の場合は「両手が塞がる」という意味を感じているはずです。「一番」ということばからは、集団の先頭にいる様子を思い浮かべ、「二番」はその次のことかなと思います。小さい子どもは、おやつを何人かで分けるという生活上の文脈で、数の足し算、引き算、掛け算、割り算を理解することでしょう。数や四則演算という概念も、生活での文脈に照らして、からだで理解しているのであれば、身体知です。

昨今のコンピュータ技術の進展は凄まじいものがあります。また人工知能研究も、新しい機械学習のアルゴリズムの開発で再びブームを巻き起こしています。しかし、これほどまでにコンピュータ技術が発展していても、賢さにおいてはまだコンピュータはひとに敵いません。ひととコンピュータを分ける能力のひとつは身体知でしょう。コンピュータが扱っているものは「情報」であって、コンピュータは身体知を有していないのです。コンピュータは、入力された情報のなかの特定の情報に着眼するわけでも、一台一台自分なりの意味づけをするわけでもありませんから。人工知能は、昔も今も、基本的には第三章で説明した情報処理モデルに基づいて、研究者が与えたアルゴリズムにしたがって「情報を処理」しているに過ぎません。

そもそも、コンピュータは自分で身の周りの環境のなかを動き回る身体をもっていないので、環境に遭遇したり相互作用したりすることがありません。更には、その相互作用に自分なりの意味・解釈を付与するための心も人格も人生背景ももっていません。当然のこととして、思考と知覚と行動の認知カップリングのような事象はコンピュータには生じません。

ひととコンピュータを比較してみることで、身体知という現象において本質的なのは、身体の存在、身体と環境の相互作用、そして自分なりの意味づけであることがわかります。つまり、身体知を探究する研究は、物体としての身体の働きと心（精神）の働きの両面から知を観察する必要があるのです。

暗黙知という概念

身体知の問題を考えるときに避けて通れないのが、「暗黙知」という概念です。この概念を初めに提唱したのは、医学、化学の分野でキャリアをスタートし、後には社会科学に転じたマイケル・ポランニーです。

私たちは言葉にできるより多くのことを知ることができる。(中略) 例をあげよう。ある人の顔を知っているとき、私たちはその顔を千人、いや百万人の中からでも見分けることができる。しかし、通常、私たちは、どのようにして自分が知っている顔を見分けるのか分からない。だからこうした認知の多くは言葉に置き換えられないのだ。[ポランニー 2003, p.18]

と彼は指摘しています。知ってはいるのだけれど、どのようにして知っているかを語れない知のことを「暗黙知」と呼びました。

第二章の第4節で挙げた例を思い出してください。車の運転に熟達すると、半クラッチというタスクをきちんと遂行していても、自分がどのように身体各部位を操作しているかは意識しない。コンピュータスクリーン上の様々な波形軌跡をマウス操作でキャッチするというゲームを二週間練習させ、練習軌跡のなかに毎日必ず二番目に登場する軌跡を同じものにして埋め込ませていると、その軌跡のキャッチ成功率だけが非常に高いのにもかかわらず、本人はそれが毎日登場した軌跡であることは意識できないという例もありました。

ポランニーは、暗黙知は必然的に二種類の事態(それぞれ近位項、遠位項)から成立すると説いています。「あ、あれはAさんの顔だ」という認識が遠位項で、人の顔を見分けるために観察している様々な特徴が近位項です。半クラッチというタスク全体が遠位項で、そのための身体各部位の動きが近位項です。波形軌跡をキャッチするというタスク全体が遠位項で、リアルタイムに軌跡が描かれる最中に知覚している特徴が近位項です。近位、遠位とは、からだからの近さです。からだに近いものごとほど言葉にはならないとポランニーは述べています。

暗黙知が機能しているとき、私たちは何か別なものに向かって注意を払うために、あるものから注意を向ける（attend from）のだ。［Ibid., p.27］

それに向かって注意を払う対象が遠位項、そのものから他に注意を向ける（そのものから注意をそらす）対象が近位項であるということです。

遠位項―近位項という構造は、身体知が精神と物体の両方にまたがるものごとなのだと説いたことに対応しています。身体知はまさにこの二重構造で成り立っているのです。「毎朝駅までのこの坂道を上ると、寝ぼけているからだにスイッチが入るのだよな」という認識（精神の働き）が遠位項で、そのとき足腰にどのような負担がかかりどのように体重を移動したり足腰の筋肉を使ったりしているかについての知覚（物体としての身体が為していること）が近位項です。後者には意識は及ばず、暗黙的になりがちです。

本節冒頭で提示した身体知の定義にもこの二重構造が潜んでいます。「身体が物理的な環境に遭遇することによって生じる関係や相互作用の一部に対して、わたしたちは心の働きによって自分なりの意味を生み出す」という定義でした。自分の身体と物理的な環境のあいだに成り立つ関係や相互作用は、まさに近位項であるが故に注意が向かず、代わりに「自分なりに生み出した意味」（これが遠位項）に注意を向けるのです。

2　ことばのシステムと身体のシステム

ことばは世界を分節化する

身体知がまさに暗黙知の二重構造により成り立つということを別の表現でいうならば、身体とことばの二重構造です。自分なりに意味を見出したとき、暗黙知の近位項がことばで表現され、意識されているのですから。哲学者の井筒俊彦氏は、現象学者サルトルの一節を引用しながら、ことばの役割を以下のように述べています。

「ついさっき私は公園にいた」とサルトルは語り出す。「マロニエの根はちょうどベンチの下のところで深く大地につき刺さっていた。それが根というものだということは、もはや私の意識には全然なかった。あらゆる語《ことば》は消え失せていた。そしてそれと同時に、事物の意義も、その使い方も、またそれらの事物の表面に人間が引いた弱い符牒《めじるし》の線も。背を丸め気味に、頭を垂れ、たった独りで私は、全く生《なま》のままのその黒々と節くれ立った、恐ろしい塊りに面と向って坐っていた。」

絶対無分節の「存在」と、それの表面に、コトバの意味を手がかりにして、か細い分節線を縦横に引いて事物、つまり存在者、を作り出して行く人間意識の働きとの関係をこれほど見事に形象化した文章を私は他に知らない。コトバはここではその本源的意味作用、すなわち「本質」喚起的な分節作用において捉えられている。コトバの意味作用とは、本来的には全然分節のない「黒々として薄気味悪い塊り」でしかない「存在」にいろいろな符牒を付けて事物を作り出し、それらを個々別々のものとして指示するということだ。［井筒 1991, p.11］

ことばにすることなしに、ある「存在」に身体で相対するとき、それは「黒々として薄気味悪い塊り」でしかないのです。物理的存在である身体が相対する近位項は、ことば以前のそうした存在としてわたしたちの前に立ち現れています。「根」ということばでその存在を表現するとき、それは、「根ではない他の何か」と区別され認識されます。つまり、ことばの意味作用とは、事物を分節化することであると井筒氏は論じています。

身体知について論じるとき、「身体」がこの絶対無分節の「存在」です。それに対して、「首」、「肘」、「股関節」、「膝」などということばを用いて身体動作を表現するとき、わたしたちは、それまで「黒々として薄気味悪い塊り」に過ぎなかった身体全体をいくつかの部位に分節化して、各分節の特定の特徴や互いの関係性について明確に意識するのです。ことばには事物を分節化して捉える側面があるのが第一のポイントです。

身体は世界と一体化し交信する

そして即座に第二のポイントも導かれます。それは、身体をことばで表現したといっても、身体のある特定の側面について分節化し語ったというに過ぎないのであって、未だ分節化されない「黒々とした塊り」としての身体も並行して「存在」しているという点です。つまり、「黒々とした塊り」をどんなにことばで語っても、常にまだ語り尽くせぬ何かは残存しているという点が重要なのです。

　つまり人間のからだには、ことばのシステムと身体のシステムが共存しているということができます。ことばになる以前の身体は、ただ黒々とした無分節の存在です。分節化されていないので全体で存立しています。身体が相対する環境も、ことばで表現する以前には無分節の「存在」です。池のほとりに佇むサルトルの身体は、「根」ということばを吐く以前には、ただ黒々として不気味な塊りに相対しているのです。更にいえば、サルトルの身体と環境の境界すらもなく、身体と環境が一体となった連続的な「存在」であるのかもしれません。例えば、里山を黙々と歩いて自然と一体になっているとき、ひとはそうした体感に浸っているのでしょう。無分節であるが故に、本人の意識が及ばぬ状態で、身体の内と外のあいだに何らかの交信を有することが、身体のシステム[1]の為していることなのかもしれません。

　一方、ことばのシステムは、身体の内と外を分節化し、更に内も外もそれぞれ、ある特定の側面や構造を（それ以外の側面と）分節化して、意識に上らせ、各々の側面や構造を互いに関係づけます。里山で森の香りに清々しさを感じ、足腰に心地よい疲れを覚えて、幸せだなと感じるとき、普段過ごしている都市部の「清々しくない」雑踏や、仕事を終えて電車に揺られているときの「疲労感」や、お得意先に苦情を言われて「失敗したなと思っている感情」とは、完全に区別したものごとを味わっているのです。つまり、ことばに表現せず、身体が無意識のうちに環境と交信している状態とは明らかに違います。「清々しい」、「心地よい疲れ」、「幸せ」と表現することで、そうではない状態との差異を認識しているのです。

風邪で高熱が出てベッドに伏しているときのことを思い浮かべてください。全身がだるく、熱にうかされて、身体が自分のものではないような意識になります。家族が食器を洗う水道の音が襲いかかり、鳴り響きます。自分の身体と環境が分節化できず、嵐の海に放り出された小舟のように、揺れ動く外界に弄ばれる。病気になると、ことばのシステムの働きが弱くなり、身体のシステムだけで外界に放り出されるために、こうした心地になってしまうのかもしれません。

身体システムでドラマと交信

もうひとつ別の例として、私がテレビドラマを観ていたときの体験を語ります。それは、救急隊・消防隊の現場で繰り広げられる人間模様を描いた、大阪が舞台の『ボーダーライン』というＮＨＫのドラマです。事故や火事が起こるたびに昼夜を問わず救急隊・消防隊は出動し、被害にあっている住民を救い出すべく、生死の境界を彷徨い、闘います。救出できずに失敗することの方が多く、そのたびに彼らは「救出できる別の方法はなかったのか」と悩みます。彼らの心にはその一つひとつの悩みが蓄積し、何かの拍子に爆発しそうになります。救出する側の存在ではあるものの、彼ら自身もひとりのか弱い人間である。そんなぎりぎりのラインで奮起し、苦しむ隊員たちの姿を描いたドラマでした。

何話目かの放映の際に、私はふと自分が涙を流していることに気づきました。悲しいとか、切ないとか、そんな感情がことばとして意識に上っていたわけではありません。客観的にみれば涙を流すようなシーンでもないとも思いました。それは、救出現場との格闘が終わった後の静かなシーンでした。それだけに、涙を流していることに私自身が驚きました。登場人物たちの悩みの蓄積が、私の身体にも降り積もっていたのだと思います。その蓄積が、ことばとして意識に上る前に、私の身体を（「情動を」と言った方がよいかもしれません）「涙という形で」反応させたのでしょう。

悲しいから、切ないから涙を流したのではありません。出演者が全員嘘のない関西弁[2]で、ぎりぎりの感情を表現してきた数々のシーンの蓄積が大阪出身の私の琴線に触れたことも一因かもしれません。そのときの私にはことばのシステムが働かず、身体のシステムだけでドラマの世界に感情移入していたに違いありません。

「腑に落ちる」

本章の冒頭で論じた「からだでわかること」の別の表現として、「腑に落ちる」という文言があります。このことばは、わたしたちが身体とことばという二つの別個のシステムを有し、身体知は身体とことばの二重構造で成り立っているということを如実に示しています。「腑」とは身体のシステムです。そこに「落ちる」のですから、落ちる前は、身体のシステムではなく、ことばのシステムでわかろうとしていたのです。「腑に落ちる」とは、現在わかろうとしている対象や概念に対して、ことばのシステムだけではなく、身体のシステムも関与させてわかろうとする認知行為だと言えるでしょう。本書の主張である「身体とことばの共創」とは、まさに「身体とことばの二重構造でわかる」ということを指しています。

3　個人固有性

4スタンス理論

トレーナーの廣戸聡一氏は4スタンス理論［廣戸 2006］で有名です。4スタンス理論は、普段の生活での身体の使い方によって、例えば野球の打者も、少なくとも四つのタイプに分類できるという廣戸氏のオリジナルな理論です。立つときにつま先側に体重をかけるか、踵《かかと》側に体重をかけるかで、まず二タイプに分かれます。更に、足裏の内側に重心を置くか、外側に重心を置くかで二タイプに分かれます。即ち2×2で四つのタイプに分かれるというのです。

例えば、イチロー選手と松井秀喜選手はタイプが違います。イチロー選手は単打をたくさん打ち、打率ランキングを賑わす選手です。一方、松井選手は長打を狙うホームランバッターです。廣戸氏は、イチロー選手はつま先・内側加重、松井選手は踵・外側加重であると説明しました。

4スタンス理論のポイントは、身体知は個人固有性を色濃く孕むことを示唆したことです。打者は投手とは反対側の（捕手寄りの）足腰に重心を残してバックスイングを行いますが、バットで球を捉えるインパクトの直前には、捕手寄りの足腰に乗っていた重心を投手側の足腰に乗せ替えます。いわゆる「（投手側の足腰に）踏み込む」作業です。

野球界では、インパクトの直前まで重心移動を待つことがベストであるという考え方が支配的です。俗に「捕手側の足腰に体重をぎりぎりまで残す」と表現されている動作です。重心移動が早過ぎると、「身体が投手側に早く流れ」て球を力強く捉えられないと考えられています。この考え方が「どんな選手にも当てはまる普遍性を有する」と信じられてきました。

身体とことばの個人固有性

4スタンス理論はこのことに一石を投じました。いまや世界のスーパースターであるイチロー選手の打ち方は、プロに入った当初は、身体が投手側に流れながら球を捉える打撃法であると批判されたこともあったと私は解釈しています。大リーグに渡った当初、「一塁方向へ走り出しながら打つ打法である」と評されたこともあります。いずれにせよ、「捕手側の足腰に体重をぎりぎりまで残す」という打ち方とは異なる打撃法だったわけです。

要は、投手側の足腰への重心移動を行うタイミングの問題です。ぎりぎりまで捕手側の足腰に残すのか、少し早いタイミングで投手側に踏み込み、踏み込んだ投手側の足腰で溜めを設けてインパクトを迎えるのかの違いです。4スタンス理論は、「ぎりぎりまで捕手側の足腰に残す」ことがすべての選手に適用できる普遍的な身体の使い方ではないと示唆したのです。理想の打撃法はひとつであるという定説に物申し、身体知には個人固有性があることを主張したのです。

重心移動のタイミングが早いか遅いかということは、身体の回転軸がどこにあるかということに密接に結びついています。廣戸氏は、イチロータイプの選手は投手側の股関節の鉛直上に回転軸をもつのがよい、松井タイプの選手は捕手側の股関節の鉛直上に回転軸をもつのがよいと述べています。だからこそイチロー選手は松井タイプの選手よりも早いタイミングで投手側に重心移動をし、投手側の足腰に乗ったうえでその位置で回転するのです。それが「走りながら打つ」打法と映る原因だと思います。私は、バットで球を捉えたインパクトの瞬間に体重が投手側の足、捕手側の足にどのくらいの比率で分配されているか、もしくは、そのとき頭の位置が両足のあいだの中央に比べてやや投手側にあるか、捕手側にあるかによって、タイプの違いが判別できると理解しています。

回転軸のつくり方や体重移動のタイミングは打撃において本質的です。本質的な要素であるにもかかわらず、イチロー選手と松井選手は全く異なるということが興味深い点であり、身体知の奥深さを物語っています。

身体知には個人固有性があるという主張は、身体知の学びは身体とことばの二重構造の上に成り立つという前節の言説とも相容れます。ことばが世界を分節化する仕方は個人に委ねられているからです。着目できるものごとは身体の周りの世界に無数に存在します。まち歩きをしていて、坂道の幅に着目するひともいれば、坂道の上に覆いかぶさり静けさをもたらす木々に着目するひともいます。幅に着目したひとは、幅に関連することばで坂道体験を表現するでしょう。そのことばは坂道と環境に無数に存在する要素のなかから、道幅という性質を分節化したのです。木々に着目したひとも同様です。したがって、身体知の学びが身体とことばの二重構造の上に成り立っているということは、当然、身体知は個人固有性を色濃く孕むことになります。

4　コト研究と身体知

モノとコト

わたしたちは「ものごと」ということばをよく使います。いつも使っているだけに深く意味を考えたことはないかもしれませんが、身体知を論じるときに重要な意味をもちます。身体知は身体とことばの二重構造で成立していると述べたことを現象学の用語でリフレーズするならば、身体知はモノとコトから成り立つと言うこともできます。身体がモノで、ことばがコトです。デカルトが言うところの物体がモノ、精神がコトです。

精神医学・臨床哲学の研究者、木村敏氏は、著書『時間と自己』のなかで、モノとコトの区別を以下のように論じています。

「木から落ちるリンゴ」という名詞的な言いかたをする場合、それを見ている人は、自分がそこに立ち会っているという事実を消去している。自分以外のだれが見ても、「木から落ちるリンゴ」は「木から落ちるリンゴ」なのであって、それは見ている人の主観にはなんの関係もなく、その人から何メートルか前方のある場所に定位可能な客観的なものなのである。（中略）

これに対して、「リンゴが木から落ちる」のほうは、木から落ちるリンゴと、それを見て「リンゴが木から落ちる」ということを経験している主観との両方をはっきり含んだ命題である。つまり、それをなんらかの形で経験している主観なり自己なりというものがなかったならば、木から落ちるリンゴというものはありえても、リンゴが木から落ちるということは叙述されえない。

［木村 1982, pp.9-10］

「木から落ちるリンゴ」というモノは、現実世界でそういう動きをした物体としての「リンゴ」であって、その物体もその動きも客観的に観察可能です。しかし、コトは、モノに遭遇する人の主観的な経験です。「木から落ちるリンゴ」を見ているひとが複数いたとすると、それぞれの人にとって、「リンゴが木から落ちる」というコトは異なります。万有引力を想起して物理の世界に想いを馳せるひともいるかもしれないし、段ボールを橇《そり》にしてリンゴ林の斜面を滑った小学校時代の経験を懐かしむひともいるかもしれません。同じモノを観察しても、それに付与する意味（感じるコト）がひとによって異なるのです。

木村氏の主張の根幹は、世界はモノだけから成り立っているのではなく、コトも世界の重要な現れであるということにあります。

しかし、もしわれわれが世界を客観的に見ることをやめるなら、あるいはすくなくとも、客観的に見ることをやめた場合のことを想像してみさえするなら、この世界はものだけによって成り立っているのでないことがわかってくる。客観的・対象的なものとして現れるのではないような、それとは全く別種の世界の現れかたがあることがわかってくる。そしてそういった世界の現れかたのことを、日本語では「こと」と呼んでいる。（中略）ことは、どうしてもののように客観的に固定することができない。色も形も大きさもないし、第一、場所を指定してやることができない。私が景色を見て美しいと思っていること、このことは私の側で起っていることのようでもあるし、景色の側で起っていることのようでもある。［Ibid., pp.7-8］

木村氏が繰り広げる論述は哲学者ならではの明快さと説得力に満ちていますが、実は、わたしたちも、モノ、コトということばを日常生活で混同せずに使い分けています。例えば「わたしというモノが何者であるか」と言うとき、わたしはわたしを客観的に対象化して観察しようと試みています。それに対して、「わたしがわたしであるというコト」と言うとき、これまでのわたしが相対してきたモノゴト[3]の総体を指しています。

そして、「わたしというコトが何者であるか」とか、「わたしがわたしであるというモノ」というような言い間違いは、わたしたちは決してしてしまいません。こうした物言いには圧倒的な違和感があるからです。モノは対象化でき、コトとは経験であるということをきちんと把握しているから、違和感を覚えるのです。

モノ研究からコト研究へ

第二章で解説した運動学研究や運動力学研究を振り返りましょう。ネイマールのキックは足の甲とサッカーボールの接地面積や接地時間が長いこと、その結果としてキックされたボールは減速しにくいことが明らかになりました。どの研究者が研究しても同じ計測機器を使って調査すれば同じ結果が出ます。つまり、この研究はネイマールのキックを客観的に対象化した「モノ研究」です。モノ研究は身体知のモノ的な側面を解明する研究です。

しかし、身体知は身体とことばの二重構造で成り立っています。身体と環境とのあいだで生じているインタラクションそれ自体はモノ世界にあります。そして、ひとはモノ世界に対して自分なりの意味を与え、ことばが生まれます。その意味やことばはコト世界を形成します。そのモノ世界とコト世界の総体が経験であり、その経験のなかでひとは身体知を学びます。客観的に把握がほぼ可能なモノ世界と、一人ひとりの心の働きとしてのコト世界の二重構造で成り立つからこそ、身体知は個人固有性を孕むのです。

身体知の探究においてはモノ研究も重要ですが、コト研究をも積極的に行わないと不十分であることは明白です。情報や知識を受け取り、解釈し、からだで咀嚼《そしやく》して初めて、身体知になることからしても、主体の主観（与える意味や解釈）を扱わずして身体知を論じることはできません。木村氏も論じているように、コトとは、対象となるモノとそれを経験している主観の両方があって初めて成り立ちます。

第一章で述べた身体知の定義に照らして言えば、身体知についてのコト研究とは、身体と環境のあいだに生じる物理的関係や相互作用（これがモノ世界に該当）に対して、主体が自分なりの意味を紡ぎ出し、その意味と相容れるような、もしくはその意味を実現するための、身体での立ち居振る舞いを試行する認知プロセスの様を探究することであると言えるでしょう。

第三章で紹介した「認知カップリング」の考え方に照らして言えば、ことばとして表出する思考は心の働きなのでコト世界に、行動は客観的に観測可能なのでモノ世界に属します。知覚はその接点にあります。なぜならば、五感という身体の感覚受容機能が環境の様々な信号を取り入れるプロセスはモノ世界に属しますが、選択的注意（selective attention）はそのときの意図や目的に影響されるという点で、コト世界に属するからです。認知カップリング現象こそが認知プロセスであるという昨今の認知科学の考え方に基づくならば、コト研究に乗り出さずして身体知研究（特に身体知の学びの研究）は成り立ちません。

自分らしさとコト研究

身体知研究はコト研究であるべきだということを、更に具体的研究事例を挙げながら論じましょう。本書が焦点を当てる身体知の学びは、「歩行の研究」がその目的の一つに掲げる怪我や障害による健常逸脱からのリハビリというよりも、むしろ、モノとしての身体は健常な範囲にあるなかでの微細な差異を追い求めるというスキルの獲得です。

第二章に挙げたような歩行についての研究では、まずはモノ研究になるのが自然でしょう。身体がモノとしての機能を十全に果たすことができていないときに、健常範囲からどの程度逸脱しているのかを客観的に計測し、目標値に近づけるためにはどうすればよいのかを考えます。理学療法士が支援するリハビリの目標は、個人固有性の問題も検討する必要はありますが、まずは患者を健常範囲内に戻すことです。

一方、アスリートの学びは健常範囲内での微妙な差異の追求です。身体知は個人固有性があるからこそ、微妙な差異の追求が求められるのです。イチロー選手や松井選手のようなトッププロ選手も、二軍選手も、アマチュア選手も、皆、健常範囲には入っています。その範囲のなかで、イチロー選手と松井選手には、投手側の足腰への体重移動を行うタイミング、回転軸の位置など、厳然たる差があります。「厳然たる差」といっても、野球をプレーしたことがない方から見れば微妙な差に映るかもしれませんが、その微妙な差異がパフォーマンスに大きな違いを生み出すのです。例えば、陸上選手の短距離走において、客観的には些細に見える身体の動きの差が走破タイムに違いをもたらすこと、そして、アスリート本人は「ああでもない、こうでもない」と日々問題意識を更新しながら試行錯誤して初めてその差が体得できることを示す研究もあります［堀内 2016］。アスリートの学びは、健常範囲のなかでの「巧みさ」の学びなのです。

居心地の微妙な差異を感じ自分なりの居心地のよい空間をつくりあげることや、まちを観る感性を育むことも同じです。たとえそうした学びに乗り出さなくても「生きる」上で困りはしません。野球選手は皆、歩いたり走ったりすることは苦もなくできます。身体スキルの学びや感性を育むといった事例は、怪我からのリハビリに比べると、いわば高尚な求道かもしれません。プロ野球選手は皆、身体の能力は一般人より遥かに抜きん出ています。そのなかでパフォーマンスの優劣を競うわけですから、微細な差を求めて自らの身体の動きを調節することができないと、「プロ選手として生きる」上では困ることになります。しかしそれは、歩くこと、服を着ることといった日常生活の支障から回復する学びとは、次元の異なる学びです。

そうした身体知の学びにおいてはモノ研究だけでは足らないというのが、本書での主張のひとつです。なぜモノ研究だけでは足らないか？　それは微妙な差異の追求は、最も自分らしさを発揮できる理想型を探し求めるという行為だからです。ある身体の動かし方が理想型であるのは、そう動かしたときに最も体感がしっくりくるとか、その分野において自分が追い求める像に合致するからでしょう。健常な範囲にいても、ひとは、そういう自分らしさ、自分にとっての理想型を追い求めるものなのです。

更に、学ぶ者の立場に立つならば、自分にとっての理想型はどのあたりにあるのかは必ずしも判然としていません。自分はイチロータイプなのか松井タイプなのかさえわからない可能性もあります。そもそも理想型が幾つ存在するのかも判明していません。感性を育むという学びにおいても同様です。自分らしさとは何か、自分が目指すべき領域はどこかを知らないところから学びをスタートするのです。

それに比べると、歩行のリハビリは、筋肉を働かせたくても働かせることができないとか、関節の可動域を広くとれないといった制限のなかで、健常な歩行を取り戻すという難行に挑むとはいえ、健常領域は客観的に解明されていて、達成すべき目標領域は明確です。

本書が扱う学びは、歩行のリハビリのようにモノ世界での健常さを手に入れようとする問題領域ではなく、個人固有性の問題も孕み、学び手が試行錯誤しながら自分らしさを学ぶという問題領域です。学び手は、試行錯誤するときに、様々な「問題意識」を紡ぎます。問題意識とは、違和感や疑問を抱くこと、問題点を見出すこと、仮説や目標を立てることなどの総称です。問題意識はことばとして表出します。外的に表出されなくても、本人の意識の中では少なくともことばになっていることも多いはずです。身体知の研究は、学び手の身体だけではなく、ことばとして意識もしくは表出される問題意識を扱う必要があります。まさにコト研究が必要な所以です。

第五章

身体とことばの共創を生む学びのメソッド

1　からだメタ認知

モノ世界への眼差しを自覚し、ことばで表現する

身体知を学ぶには「メソッド」があります。ひとつの方法として、私は、「からだメタ認知」という認知科学的メソッドを提唱してきました。そのメソッドでは、身体による学びなのですがことばが重要な役割を果たします。からだメタ認知を実践することによって、身体とことばが共創され、結果として身体知の学びが達成されます。本章ではこのメソッドの考え方を詳細に解説します。

からだメタ認知とは何かを述べる前にこれまでの議論を思い出しましょう。身体知は身体とことばの二重構造から成り立つこと、そしてその二重構造は、現象学の用語で言えばモノとコトであることを第四章で論じました。わたしたちが有する物理的な身体は、身体を取り巻く環境と同様に、〈モノの世界〉に属し、わたしたちが駆使することばは〈モノの世界〉を基に〈コトの世界〉をつくりだしています。

身体知がモノとコトから成り立つのであれば、身体が属する〈モノ世界〉と、ことばを駆使してつくりあげる〈コト世界〉を繋ぐことが、身体知を学ぶための必要条件であるということになります。したがって、からだメタ認知メソッドの根底に流れる考え方は、「〈モノ世界〉への眼差しを自覚して、それを丹念にことばで表現する」ということです。

〈モノ世界〉とは何かを、まち歩きの例で説明します。あなたがある坂道を歩いていて、「なんだか風情があって落ち着くなあ」と感じたとしましょう。この感想はあなたの〈コト世界〉の一部ですが、あなたの心でこのコトが生じたのは、身体が〈モノ世界〉に属していることに起因します。

第一章の第4節では、坂道や周りのランドスケープに存在するモノ（木々、建物、太陽、電線、まちの音、栖息する生き物など）、モノの性質（道幅、斜度、形状、角度など）、モノとモノの位置関係（距離、高低など）などから成る〈モノ世界〉が、まちを歩くわたしたちの身の周りに広がっていることを論じました。

身体は、これらの〈モノ世界〉に直に接し、知覚を通してその存在、性質、位置関係を感じとります。同時に、例えば、「上り切った場所がまだ見えない程度にカーブを描き、両側の木々が生い茂って、道に覆いかぶさっているので、ここはエアポケットのようにひとつの静かな空間を築いている。でも、物音一つしない静謐な空間なのではなくて、坂を上り切った駅に近い商業地域の喧噪が微かに聞こえることが、都会と隔絶されているわけではなく、都会の中のオアシス感を醸し出してくれる。これが毎日この坂を上って仕事にでかけるわたしのほんの二、三分の贅沢なのだ」と考えています。〈モノの世界〉に眼差しを向け、それをことばで表現して、自分なりの意味や解釈という〈コト世界〉を紡いでいるのです。

〈モノの世界〉は、環境に存在する要素だけから成るのではありません。身体も世界のなかの物理的存在なので、身体は自分の〈モノ世界〉を構成する重要な要素です。

「坂を上るときには、ふくらはぎや腿にずしんと負担がかかるけれど、しっかりとそれを受け止めるために、重心をしっかりと落として一歩一歩堅実に足を運ぶのが好きだ」。そんなことを考えながら毎朝駅までの道を歩くと、見える景色が変わるかもしれません。そんなことを考えているひとは、上り坂を歩くときに、ふくらはぎ、腿、丹田付近（重心に関わる部位）などの身体部位をどのように使っているのかに意識を向けているのです。身体部位は〈モノ世界〉を構成する要素です。坂道の斜度と身体部位の関係に対して、右のような意味付けをして「一歩一歩堅実に足を運ぶのが好きだ」という〈コト世界〉をつくりあげています。

モノ世界は近位項になりがち

「身体を取り巻く〈モノ世界〉への眼差しを自覚してことばにする」ことなど可能なのかと疑問を抱く読者の方もいることでしょう。その疑問は的を射ています。モノ世界への眼差しを自覚することは、慣れるまでは難しく感じます。なぜならば、モノ世界はわたしたちの身体に直に接している、つまり「身体との距離が近い」からです。暗黙知構造の近位項であるからです。モノ世界の重要な一部である自分の身体は、「身体からの距離が近い」というよりも、身体そのものなので近位項です。

普段道を歩いているときには、道幅はどれくらいか、真っすぐか、曲線を描いているか、などと気には留めないでしょう。太陽光を浴びながら歩いていても、どの角度から光が降り注いでいるかも意識しません。周りでどんな音がしているかにも気を留めることは少ないでしょう。第一章の注9で述べたように、東京のまちは車とカラスの声だらけなのですが、わたしたちは全く気に留めずに歩いているのです。道の周りに存在する様々なモノについての視覚的情報、聴覚的情報をはじめ、五感で感じとることのできる様々なモノ世界は、近位項であるが故に、つい無自覚になってしまうのです。

一方、〈コト世界〉は暗黙知構造の遠位項です。「心地よい」、「やる気が湧いてくる」、「この坂、なんだか風情があって落ち着く」といった意味や解釈は、自覚的にことばで表現したものです。

意識次第で近位項を遠位項にできる

さて、〈モノ世界〉は暗黙性が高いにもかかわらず、それに眼差しを向けてことばで表現するなんて可能なのでしょうか？　私は、近位－遠位は相対的であると考えています。〈モノ世界〉のなかでも、より近位的なモノもあれば、遠位的になり得るモノもあると思います。そこで、「そもそもこの坂道にはどんなモノが存在しているのだろう？」と自問自答して、一つひとつのモノを観察する意識をもつと、坂道に存在するモノを遠位に置くことも可能だと思うのです。


「あ、この道の幅は、結構不規則に変化しているな」

「そういえば、道幅方向に少し傾斜もしているぞ」

「今まで気づかなかったけれど、マンホールだらけだ」

「あれ？　この辺りから舗装がなんだか軟らかくなるなあ。歩いているとほっこりした気分になるぞ」


一つひとつのモノに意図的に意識を向けてみると、道を構成する様々な性質を観察対象として遠位に置くことができます。いままで近位項で、灯台下暗しだった道の〈モノ世界〉が、無自覚の海からひょっこり顔を現します。

ある道やその性質を観察対象にしていても、その道にまつわる〈モノ世界〉のすべてに留意できるわけではありません。例えば、その道幅は自分の歩幅に対して何倍くらいかとか、その道はどの方角に延びているか、朝、太陽の光はどの辺りから降り注ぐかなど、意識が向かないかもしれない〈モノ世界〉はたくさんあります。それは近位項として残ったままです。〈モノ世界〉への眼差しを自覚する努力を行っても、どこかに必ず近位項は残ります。暗黙知の二重構造は依然存在しています。

「身体を取り巻く〈モノ世界〉への眼差しを自覚してことばにする」のは、ことばで表現し尽くすことではなく、普段気に留めずやり過ごしてしまっている〈モノ世界〉のなかにも、意識次第で自覚できるモノはたくさんあるので、「できる限り」ことばで表現してみましょうという考え方です。

近位－遠位の区別が相対的であるということは、自分の身体にも当てはまります。身体のなかでも、身体部位は比較的遠位に置きやすい対象かもしれません。身体がどんな骨や筋肉から構成されているかについては、長い研究の歴史のなかで、そのほとんどが解明されています。スポーツ科学や医学の書物には、必ず骨や筋肉の構成が掲載され、分析や処置の対象になっています。分析や処置を行う対象は遠位項です。スポーツ科学や医学の専門家でなくても、わたしたちは、ある程度、骨や筋肉の名称や構成を知っています。したがって、わたしたちが身体を使っているときに、身体各部位（骨や筋肉）を遠位に置いて、その動作をことばで表現することは、比較的容易かもしれません。

体感は遠位項になりにくい

では、身体各部位に比べて、ことばで表現することがより難しい身体領域、つまり「身体により近位な身体」とは何でしょうか？　いわゆる「体感」はその典型でしょう。専門用語でいうと体性感覚といったり、自己受容感覚と称したりします［中村 2000］。体感とは、身体を動かすことで筋肉や関節や腱、関節を構成する靭帯などが連動して動き、それに伴い身体を流れる信号の総体としてひとが感じることのできる自己身体感覚です。どっしりと重心が落ちている。バランスが取れている。不安定に身体が揺らいでいる。軸がすっと貫くように決まっている。これらはすべて体感です。

身体各部位は位置を明確に特定できますが、体感はからだ全体で成立していて、位置を特定できません。重心が落ちているのは、なんとなく上半身よりは下半身でのできごとでしょうが、上半身が全く関与しないわけでもない。バランスは全身のできごとです。体感は全体性で成立する事象だけに捉えどころがなく、遠位に置いて分析したり、ことばで表現したりすることが難しいのです。坂道の例では、坂を上るときに足首にかかる「くわっ」とした感覚や、ふくらはぎや腿の筋肉を使うことで感じる「ずしんとした緊張感」などは体感の典型例です。

ここで疑問をもたれる読者も多いかもしれません。「くわっ」や「ずしん」は、体感であるというけれども、オノマトペ[1]という種類のことばではないかと。その疑問を解消するために、本書では、体感それ自体と、体感を表現したことばを、明確に区別します。

「くわっ」ということばで表現できる体感それ自体を《くわっ》と表記します。とりあえずそう表記しないと文章で説明ができませんので、紙面上では《くわっ》と書きます。厳密にいえば、体感を「くわっ」と表現したからこそ、《くわっ》という体感があると表記しているのです。ことばで表現する前には、《〇＃＆％！＃》という何らかの体感だけがあって、それをことばで表現しようと頑張ってみたところ「くわっ」になったということだと思ってください。一応オノマトペという形であっても、ことばになった暁には、体感《くわっ》とことば「くわっ」は対になっています。

ことばにすると体感への留意を保つことができる

この節で述べたいことは、そもそも自分の身体にまさにいま、《○#&%!#》という何らかの体感があることに気を留めること、そしてそれを「くわっ」というオノマトペで表現することが、（慣れるまでは簡単ではないが）重要なのだということです。「くわっ」と表現してみたからこそ、《くわっ》という体感それ自体への留意が高まるのだと考えています。

《くわっ》と「くわっ」が対であり、《ずしん》と「ずしん」が対です。そして、「くわっ」と「ずしん」が異なるオノマトペで表現されたということは、二つの体感《くわっ》と《ずしん》は、身体では異なる体感として感じとっているということにもなります。

二つの体感が全く似ても似つかない場合もあれば、似ている場合もあるでしょう。ここで重要なポイントは、二つの体感を比べて似ているとか全く異なるという感覚を自覚できるのは、体感をことばで表現するからであると私は考えています。ことばで表現したからこそ、《くわっ》と《ずしん》に気を留めることができ、類似や相違を身体で感じとって比較できる。ことばにせずに《○#&%!#》のままやり過ごしていたら、気に留めることも難しく、比較などは到底できません。からだメタ認知理論の重要なポイントなので、憶えておいてください。

ことばと体感を結びつけること

「この坂はなんだか風情があって落ち着くなあ」ということば（これは遠位項です）から、どんどん近位の方向に眼差しを向ける領域を拡げ、個々のモノ、モノの性質や位置関係、自分の身体の各部位、そして体感へと、より身体に近い領域を丹念にことばで表現してみるというメソッドを、私は〈からだメタ認知〉と呼んでいます。なぜこういう名称で呼ぶのか、そして従来の心理学概念である〈メタ認知〉とは何が違うのかについては、第六章で詳しく解説します。

モノをことばで表現してみようとするから、そのモノへの意識を保持できるのです。ことばで表現しなかったら、モノに接したことは時間とともに記憶の彼方に流れ去ります。したがって、からだメタ認知は、身体の動きや体感、そして身体を取り巻くモノ世界に留意し、それらをことばと結びつけるためのメソッドと言えます。ことばは〈コト世界〉を表現するものですから、結果的に、自分の身体も含めて身の回りに存在する〈モノ世界〉と、自分なりの意味・解釈から成る〈コト世界〉が綿密につながることになります。

第四章で論じたように、ひとはことばのシステムと身体のシステムという異なる二つのシステムを共存させて生きています。そして、ことばシステムの役割は世界を分節することです。身体システムは自分の身体も含めた世界をその全体性で捉えます。からだメタ認知メソッドは、この両システムに橋をかける作業だということもできます。

図5－1を見てください。下の楕円が身体システムで、上の楕円がことばシステムです。身体システムの定義をきちんと述べておきます。身体と環境のあいだで生じているモノゴトのうち、そのモノ

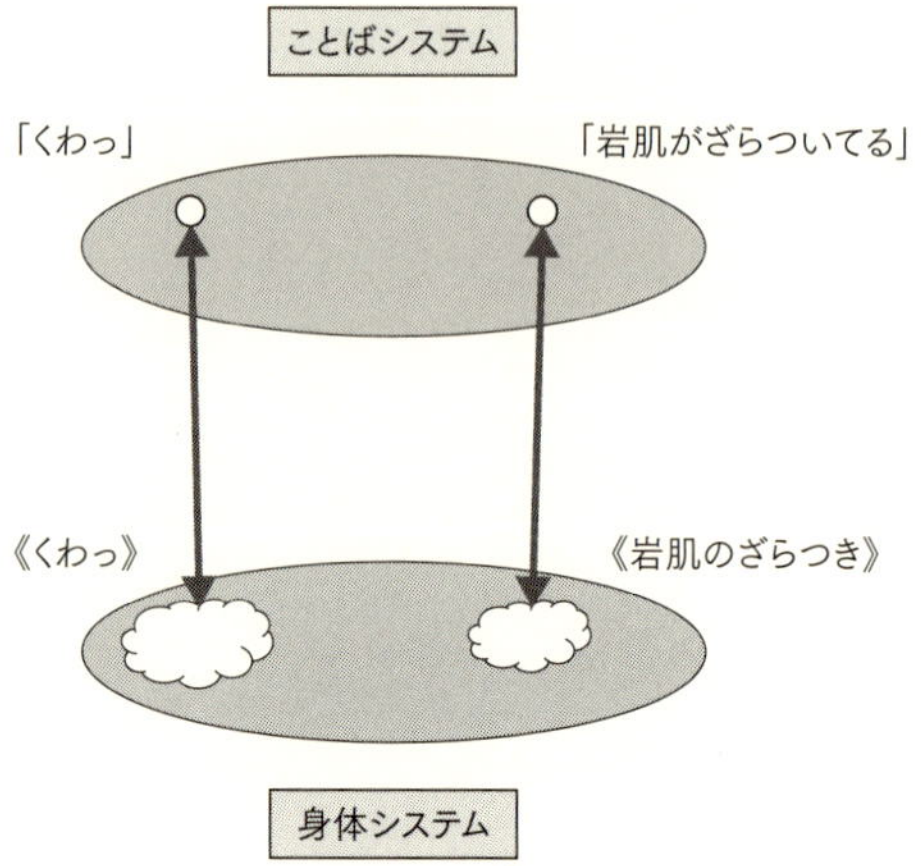

図5－1　ことばシステムと身体システム

ゴトの要素であるモノ、モノの動きや属性、そして物理的関係性などの実体を、簡略化のため、身体システムと呼んでいます。したがって、身体だけではなく、身体と関わりのある環境の要素や、身体と環境の物理的関係も含みます。体感も、身体の動きに応じて生じている生の知覚なので、身体システムの要素とします。ただし、本節の以下の議論では、簡略化のため、身体システムのなかに、身体の動きや環境との関係は描いていません。

坂道を歩いているときに足首にかかる体感《くわっ》を下の楕円のなかに雲形ノードで、それをことばで表現した「くわっ」を上の楕円のなかに丸ノードで表しています。坂道を上るときの足首の体感をことばで「くわっ」と表現したからこそ、体感《くわっ》の存在に留意することができ、したがって雲形ノードが下の楕円に登場します。本書では、ことばにする以前の《○#&%!#》の段階では、下の楕円にノードは描かないことにします。

そして、《くわっ》と「くわっ」が対になっている状態、つまり本人が体感それ自体とそれを表現したことばを結びつけている状態であることを、両ノード間に矢印を引くことで表しています。

歩いているときに、道の両脇にある岩肌のざらざらしたテクスチャを「岩肌がざらついている」と表現できたなら、上の楕円には、「岩肌がざらついている」という丸ノードが登場します。そして、そういう岩の様子を見て／もしくは岩に触れて、身体が感じとっている生の体感の雲形ノード《岩肌のざらつき》が下の楕円に登場し、両者が対になります。

これが、〈モノ世界〉をことばで表現して、〈モノ世界〉への留意を保持するというからだメタ認知の基本行為です。

2　何をことばで表現するか

ことばで表現したいモノゴト

からだメタ認知メソッドではどのようなことをことばで表現すればよいのかを、より具体的にリストアップし、説明します。

(1)自分は環境を構成するどういうモノの存在に気を留めているか
(2)自分はモノのどういう性質や関係（いわゆる知覚情報）を認識しているのか
(3)自分の身体は（もし身体各部位に分けて意識できるなら、各部位は）どう動いているか
(4)自分はどのような体感（自己受容感覚）を得ているのか
(5)自分は知覚したモノ世界にどのような意味を与え、解釈しているのか

(6)自分はどんな問題意識や目的をもっているか

が、ことばで表現すべきことの一覧です。

(1)について説明します。環境に存在するモノの何に自分が意識を向けているかについて、ことばにしましょう。例えば、坂道では、道端の石垣、道のアスファルト、木々、太陽の光、風に揺れる電線の音、風、カラスの声、遠くの電車の音、木々の葉の匂いなどが(1)に該当します。これらのモノに無自覚のまま坂道を歩くのと、その存在を自覚してことばで表現するのでは、まち歩きの体験は大きく異なるでしょう。但し、ひとの認知容量[2]には上限があるため、身の周りに存在するすべてのモノに留意することはできません。そのときの身体や心の状態や問題意識に応じて、何か特定のモノだけに留意することで構わないのです。

(2)はモノの性質やモノどうしの関係性です。道幅は、道というモノの（幅という）性質です。道がまっすぐか曲がっているかは、道の曲率という性質です。「震えているような電線の音」とことばで表現したとすると、それは電線の音というモノの性質が「震える」という性質をもつことを示しています。

「木々が道に覆いかぶさっている」は、路面と木々という二つのモノのあいだの上下の位置関係です。「太陽の光が左後ろの角度から差し込んでいる」は、道と太陽光のなす角度という、広い意味での空間的関係です。「この坂道は南向きの斜面になっている」は、道の方向と地軸との位置関係です。「遠くの電車の音」と表現したとすると、それは、電車の音というモノと、わたしの身体というモノのあいだに、「距離が遠い」という位置関係があることを表しています。「坂道の上から遠くの公園の緑を見下ろす」のだとすると、坂道と公園、わたしと公園がそれぞれ「遠い」という位置関係と、「上から見下ろす」という高低についての位置関係が同時に表現されています。

関係は位置関係だけではなくて、性質の比較関係もあり得ます。「遠くの電車の音と電線の音が同じくらいの大きさで聞こえる」とすると、それは、電車の音というモノの音量という性質と、電線の音というモノの音量という性質が、同じくらいの程度であるという比較関係です。「電車の音と電線の音が交互に聞こえる」のだとすると、それは両方の音の時間的関係を表しています。

経験的には、モノ世界をことばで表現するときには、何が性質で、何が関係性かということをあまり意識しなくても構いません。モノの存在(1)に留意するだけで、(2)に該当する性質や関係性は、同時にことばで表現しているものです。

(3)は、環境に働きかける自分の身体と、その動きに対する留意です。まちを歩くときに、どのように身体各部位を使って歩んでいるのかをことばで表現するのです。ゆっくりと歩いていることを自覚したとすると、身体というモノの、速度という性質を表しています。

先に登場した「坂を上るときには、ふくらはぎや腿にずしんと負担がかかるけれど、しっかりとそれを受け止めるために、重心をしっかりと落として一歩一歩堅実に足を運ぶのが好きだ」という例を考えてみましょう。ふくらはぎ、腿、重心（丹田付近）、足という身体部位について言及しています。

平坦な道を歩くときに比べると、坂道の方が身体に負担がかかるからこそ、身体部位への意識を自覚しやすいかもしれません。平坦な道でもそういう意識をもってみると、まち歩き体験は確実に変わります。あなたは、ある道では重心を後に残しつつ、上を向いてゆっくり歩いているかもしれません。別の道では、少し前のめりになって、前に踏み出した足にぐっと体重を乗せながら歩いてしまうかもしれません。自分の歩き方や身体部位の使い方に留意すれば、その道に存在するモノ世界の何があなたにそうさせるのかを探るきっかけになるでしょう。
(4)は、既に論じたことなので、簡単な説明に留めます。坂を上るときのことを示した先の文章の中で「ずしん」や「しっかり」は体感を表現した文言です。
(5)は、意識を向けることができた(1)~(4)の)モノ世界の存在、性質、関係性に、自分なりの解釈を施したり意味を与えたりして、ことばで表現するということです。《ずしん》という脚への負担に対して、身体で(《しっかり》という体感が生じるように)受け止めることによって、「堅実」に歩んでいるのだという解釈を施しているのです。そしてそういう行為が「好きである」のも自分なりの評価です。評価も、意味・解釈の一種です。
本章第1節で挙げた、「カーブを描き、木々が覆いかぶさるエアポケットのような坂道にも、上り切った地域の音が聞こえる」という例も解説してみます。「エアポケットのように」は、この場所からは「上り切った場所が見えないこと」、「木々が覆いかぶさっていること」から、周りから一種守られているような印象を受けるという解釈です。しかし「(見えないけれども)遠くの喧噪が微かに聞こえる」ことで、「隔絶はされていない」、「都会のオアシス感」という解釈も生まれています。

神社はどちらを向いていたか

私は、まち歩きや野球の打撃スキルを自らのからだで学ぶことを生業にしているので、からだメタ認知の経験は豊富です。また諏訪研究室のゼミや私の授業では、身をもって理論を学ぶために、からだメタ認知の課題を頻繁に出します。私のことばや学生のことばをたくさん見てきた経験からいえば、自分なりの意味や解釈を生成するための鍵は、(1)〜(4)の「モノ世界への留意」にあります。特に、(2)に属するモノの関係性（位置関係や比較関係）は、モノの性質に比べると、慣れないうちは意識を留めることが難しいようです。岩肌のテクスチャという性質には言及しても、それが路面のざらという性質と同じであるという比較関係にはなかなか気づけません。坂道を下っているときに、確実に眼下のまちを眺めているにもかかわらず、「よい眺めだ」と言うことはできても、眼下のまちに存在するモノと、いまこの坂道にいる自分の身体の位置関係（距離や高低の関係）を自覚してことばに表現することは、難しいようです。

その典型例を紹介します。まち歩きの研究の一環として、学生がわれわれと一緒にまちを歩いてまち歩きの感性を育むためのワークショップを開催しました。そこでのできごとです。旧渋谷川（現在の裏原宿）の低地の脇に、神社の高台が岬のように張り出している場所があります。まだビルが少なかった昔は、渋谷川の流れから見ると、この高台は目立つ存在だったことが窺えます。

その様子を、ライオンキングが崖の上から眼下に咆哮する様子に例えて絵に表現した学生がいました。つまり、その絵では神社は川の方を向いているのです。しかし、実際には、神社は昔も今も、川に背を向け、台地の上を旧渋谷川と平行に走る一本の道に鳥居を設けて、そちらに向いて建っているのです。

「モノの向き」とは、そのモノと、大局的な方角との空間関係の一種です。ワークショップのあいだに何度もその神社を訪れているにもかかわらず、「向き」という空間関係を明確に自覚できていなかったのです[3]［加藤 2012］。

自分なりの問題意識をもつ

自分なりの意味や解釈を生成することは、新しい問題意識や目的(6)が生まれる土台になります。私と加藤氏は、最初は「まちの境界ってどういうところに存在しているのだろう」という漠とした問題意識をもってまちを歩きはじめました。しかし、武蔵小山の近くで面白い交差点と出逢い、交差点を形成するひとつの道がかつての品川用水だったと知ったことをきっかけにして、私たちは、水辺とその周りのコミュニティのでき方に想いを馳せる楽しみを覚えてしまったのでした。低地を流れる水辺と、(旧渋谷川がある裏原宿のように)水辺に隣接する台地の高低関係に着目していたことも、台地と対比して水辺に興味を抱いた理由でした。

右の例には、われわれが自分なりの問題意識を醸成したという重要な事例が含まれています。「水辺のコミュニティの広がり方は如何に？」はひとつの問題意識です。境界が途切れるところは、ひとつのコミュニティが終わるところであるという意味で、当初の「まちの境界」という問題意識とも関連しています。

「台地と水辺はどのように雰囲気が異なり、またコミュニティのでき方が違うのか」も、関連する新たな問題意識です。「台地は空が広くて乾いていて、川が流れる低地に比べるとひっそりとして、ときには寂しくもある」。「それに比べて、かつて川や用水があった場所は、いまでも店が多く集まり、したがって人も集まり、ごみごみしているけれど活気がある」というわれわれの発見は、この問題意識ゆえの発見だったといえるでしょう。

まち歩きについてのテレビ番組はたくさんあり、また書物も数多、出版されています。テレビや書物で登場した問題意識をひょいと流用してまち歩きをしても、それはただの受け売りです。自分なりのまち体験はできません。やはり、問題意識や目的は、自分自身でモノ世界に留意し、自分なりの体感を抱き、自分の生活上の実感に照らして紡ぎ出す必要があります。

新たな問題意識や目的が生まれれば、同じまちが違って見えてきます。問題意識や目的に応じて、留意するモノ世界が変わるからです。それまでは留意することのなかった、モノの存在、性質、関係性に眼を向けるようになるのです。つまり、(1)〜(3)が刷新され、新たな(4)〜(6)を生むことにつながります。

このようにして、からだメタ認知の試みはサイクルを形成し、次から次へ、新しいモノ世界への留意と、新たなコト世界の誕生をもたらします。「たかがまち歩き」が、「されどまち歩き」に発展するでしょう。まち歩きの何が楽しいのか、その楽しさは自分の生き方とどう関わっているのかについて考え、「生きるということ」を考えるようになると思います。そうなったとき、あなたはもう「哲学している」のです。からだメタ認知の試みはひとつの成功体験となり、その習慣付けが楽しくなります。まち歩きについての身体知を学ぶとはそういうことです。

3　創作オノマトペで体感をことばにする

味覚を語りあうワークショップ

本章をここまで読み、体感をことばで表現するのはとても難しいのではないかと尻込みする方も多いかもしれません。体感の存在は誰も疑わないでしょうが、曖昧でつかみどころのない代物をことばで表現することの可能性について訝しがるのは当然かもしれません。味覚の体感を例に、本節は論じてみます。

ワインの味をことばで表現して、どのワインをどの料理とともに食すと相性がよいのかについてアドバイスする職業、いわゆるソムリエがあります。味はまさにからだで感じるものです。やはり、味覚の体感を語るのは、プロフェッショナルにしかできないことではないのかと思うかもしれません。

しかし、「体感を語るなんて到底できない」と思ってしまうのは、ただ慣れていないからであると私は思います。食べることは毎日経験していることなので、味覚を語るための素地は誰でももっています。全国各地の厳選された日本酒を揃えているような居酒屋に行くと、ほとんどのお客さんが、「この日本酒は○○△という感じだよな。あっちの酒は……」と、皆、熱く味覚を語り、自分の好みと仲間の好みを比較する光景に出くわします。皆、日本酒が好きなんだなあと感心します。

食べることが好きならば味覚の体感を語ることは可能です。味覚の体感を語るための必要条件は、食べることが好きであること、そして、味がもたらす体感に向きあって語ることに慣れることです。[4]

本節では、私が大学の授業に取り入れている、味覚を語るワークショップを紹介します。授業で使う素材はペットボトルの緑茶です。食品メーカーがこぞって様々な緑茶を販売していますから、緑茶だけで数種類を揃えることは簡単です。からだメタ認知の概念を、頭で学ぶのではなくからだで学ばせるために、ペットボトルの緑茶を数種類用意し、それぞれの味を分別するというお題を出すのです。「利き酒」ならぬ「利き茶」です。

学生には以下のことをやってもらいます。

・三、四名でグループを組む
・全員が異なるメーカーから販売されているペットボトル、全種類を少しずつ飲み、その味の体感をことばで表現する
・互いのことばを共有する
・最後にひとりずつ、他のメンバーからブラインドで渡された緑茶を飲み、先に自分が表現したことばと照らし合わせて、どのメーカーの緑茶かを当てる。この作業を、すべてのメンバーが数回こなすまで繰り返す。

味覚も暗黙性が高く、ことばで表現することは決して簡単ではありません。ソムリエがプロの職業であることは、味覚が暗黙知であることの証です。二つの緑茶の味が異なることは感じても、それぞれがどういう味なのかをことばで語るのは、慣れないうちは難しさを感じます。

そこで、このワークショップでは〈創作オノマトペ〉という概念を導入しています。オノマトペとは、「さらさら」、「じわじわ」というように、音素を組み合わせて表現することばです。これらの例のように、普通は同じ音素列を二回繰り返すことが多いようです。幼児がしゃべることばはオノマト

ぺ的です。発達心理学の知見が進まないと定かではありませんが、オノマトペは体感を表現するための原初的な媒体なのかもしれません。

さて、私が提案する〈創作オノマトペ〉は、「さらさら」「じわじわ」のように、多くのひとが類似した感覚を想起できるオノマトペではありません。創作オノマトペとは、音を自由に組み合わせて並べたものです。ある緑茶の味を、例えば「すとろふん」と表現してみるのです。ふざけているわけではありませんよ。一笑に付さないでください。

そして、「すとろふん」と表現したなら、次に、それがいくつの音から成り立っているか、例えば、「す」「とろ」「ふん」から成るという風に、宣言するのです。なぜ宣言するかというと、それぞれの音には、自分が体感した味覚の側面が表現されているものだからです。

創作オノマトペは質問を誘発する

そして、ここからが重要です。グループの仲間に、「なぜ「す」なの？　「し」とか「ず」では駄目なの？」と、似た音・近い音との比較について質問してもらうと、自分がなぜ「す」と表現したのかがより鮮明になってきます。私が授業で実践を繰り返した経験では、「なぜ「す」なの？　「し」や「ず」では駄目なの？」と質問されると、多くの学生が「いやいや「し」とか「ず」は絶対違うって！」と違和感を表明できるのです。

この瞬間がことばで表現する絶好機です。「し」や「ず」では違和感があって、自分は「す」と表現したのだと強く自覚することになります。「「し」だと、もっと○△&%という感覚のはずだけど、この緑茶はそうではなくて△△△という体感だから、それが「す」なのです」と、体感を自然にことばで表現できます。

自分が使用したすべての音素（右の例では「す」「とろ」「ふん」）について、この作業を行い、紙に自分のことばを書き残します。からだで感じている味覚をいきなりことばで表現するのではなく、まずは創作オノマトペで表現してみて、そのオノマトペを構成する音素に自分がどういう意味を込めているのかを表現してみるのです。そうしてから仲間と語りあいます。[5] すると、いつのまにか味覚の体感を滔々と語れるものです。

原初音韻論遊び

創作オノマトペというアイディアの根底には、ひとは音素に自分なりの意味を込めるものであるという考え方があります。野口体操で有名な野口三千三氏は、著書『原初生命体としての人間』のなかで、原初音韻論遊びという試みを紹介しています。

いろいろな音《オン》をひとつひとつ取り出して、何回でもくり返し発声してみる。そのとき、まるごと全体の自分のからだの中身の微妙な変化が、その音をどのように感じとるか（中略）片っ端からメモする。それを改めて新しく検討して、自分の実感の方向を直感する。このような遊びを「原初音韻論遊び」と名づける。［野口 2003, p.241］

つまり、各々の音がからだにとってどのような体感とマッチするのか、どのような体感を表現することに適しているのかを、ひとは判別できるという考え方です。「す」と、「し」や「ず」が意味することは異なるので、どのような体感を表現するのにそれぞれが適しているのかも異なるというわけです。

野口氏は続けます。

いくつかの例をあげてみよう。

「か」——開放的。明るい。歯切れがいい。すみきっている。均質。湿度・粘度は低い。温度は適温（時に低く時に高いこともある）。明度・純度は高い。空間的位置はやや高い。時間的には短いが、忙しくはない。

（中略）

「こ」——形は球で小さく、よくまとまっている。中心が明瞭。界面はなめらかで明瞭。求心的だが閉鎖的ではない。可愛らしく品がいい。少し硬いが不快ではなく、存在感はきわめて明瞭。時間的には短く歯切れがいい。粘度は低く、純度は最も高い。［Ibid., pp.241-242］

これは野口氏がそれぞれの音に込めた意味であり、万人に成り立つものではないという点が重要なポイントです。からだはひとそれぞれ異なり、人生背景も異なりますから、一つひとつの音に込める意味も異なって当然です。

しかし、経験上、他者の意味表現に共感できることが多いのも事実であり、それは実際にやってみるとわかります。「か」は開放的で明るいとか、「こ」はよくまとまっていて中心が明瞭であるという表現には、私は大いに共感できます。「か」や「こ」という音を発音するときの口の形や、口腔内のどのあたりに声を響かせているかという発声時のからだのあり方が、文化を共有するひとのあいだではほぼ同じであるからではないかと思います。

創作オノマトペ――ことばにするためのツール

音一つひとつに込める独自の意味があるのであれば、ある創作オノマトペ（例えば「す」「とろ」「ふん」）を構成するそれぞれの音が、その緑茶の何を表現したものなのかについて、複数人で質問しあうことによって、味覚の体感をことばで表現できるようになるのは不思議ではありません。創作オノマトペは、本来ことばで表現するのが難しい体感というモノゴトを、なんとかことばで表現するためのお助けツールになり得るのです。

「す」「とろ」「ふん」がこの順番に並んでいるわけも重要です。私の場合は、この順番に口腔内で感じる味の時間変化という意味を込めることが多いです。その緑茶を口に含むと、一瞬「す」の体感（例えば「なにかすーっと鼻腔をくぐりぬける」感覚）が得られ、次の瞬間には「とろ」の体感（例えば、「舌先に甘いとろみを感じる」という感覚）が登場し、それがしばらく続いたあとに「ふん」という体感（例えば「軽くまとまるような余韻が口から鼻にかけて残る」感覚）が最後に残るという、時間変化がこの順番に体現されるのです。

右記の例では、「すとろふん」を「す」「とろ」「ふん」の三つに分けましたが、どこでどう区切るかも自由です。要は、体感がどのように分節化されているかということですから、感じるままに自由に音素の切れ目を決めてよい[6]のです。「とろ」でひとつかもしれないし、「と」と「ろ」に分かれるかもしれない。

　創作オノマトペは、あくまでも体感をことばで表現するための「自分用の」お助けツールなので、創作オノマトペで他者と完全なコミュニケーションができるわけではありません。創作オノマトペを各自が手段として駆使して、他者と語りあうことのできることばを絞り出せばよいのです。創作オノマトペでコミュニケーションをするのではなく、それによって生まれたことばで他者とコミュニケーションするということです。

　複数人で行うこの試みは非常に楽しいもので、授業は大盛り上がりです。学生のなかには普段自ら進んでは緑茶を飲まないというひとも多いようです。しかし、授業のなかで創作オノマトペを駆使して味覚をことばで表現し、利き茶をやってみると、「お茶の微妙な味の差異を感じることができて楽しかった」という感想を抱き、お茶に興味が湧いてきたというひとも現れます。

　これぞからだメタ認知が目指すところです。体感をことばで表現する試みは、微妙な体感を差別化する感性（身体知）を育む方法論なのです。かつて「違いがわかる男の、ゴールドブレンド[7]」というネスカフェのキャッチコピーが一世を風靡したことがあります。微妙な味の差異を感じ、自分らしい珈琲時間を楽しむという生活像を描いたＣＭですが、からだメタ認知を生活のなかで継続していると、まさにそういう感性が育まれると考えています。

からだメタ認知メソッドにより日常的に味覚を語る習慣をつければ、ことばと体感が結びついた状態（図５－１）が常態化します。創作オノマトペを駆使してことばにしてみると意外に楽しく、やがて体感と向きあってことばで表現することに慣れてくるでしょう。味覚の体感を語ることが習慣になると、食生活も大きく変わります。ソムリエとはそういう職業なのだと思います。

からだメタ認知の思想は「体感を語ることで、体感が研ぎすまされる」ということです。読者の方々も、一度利き茶に（もちろん飲むことが大好きな方は、日本酒やワインで）トライしてみてください。

4　身体とことばの共創

シーン1――ことばがことばを生む

からだメタ認知の基本がことばと体感を結びつけることにあるとすると、からだメタ認知メソッドはどのようなプロセスを経て身体とことばの共創をもたらすのでしょうか。本節以降でそれを解説します。

「できる範囲でよいから、とりあえず」ことばで表現してみることが重要な理由は、少量でもことばにすることで、ことばがことばを生むという連鎖が期待できるからです。

認知科学には外的表象化という概念があります。頭のなかで考えていることを、頭のなかだけに留めず、メモしたり、文章にしたり、絵や落書きとしてスケッチしたりすること、つまり外に表象することです。自分の身体の動きや体感をことばで表現することは、外的表象化の一種です。ただ考えているよりも、ことばで表現したモノゴトは意識に残りやすくなります。しゃべるだけではなくて[9]、紙にことばを書くと痕跡が残るのでその効果は高まります。意識に強く残ったことばは別のことばを生みます。わたしたちはことばを駆使して考える生きものなので、ことばがことばを生むという現象はことばの本質と言えるかもしれません。

連想

ことばがことばを生み出すひとつのメカニズムは、連想でしょう。散歩中に犬に出逢うと、「犬」ということばだけではなく、様々なことばや概念を連想します。「ワン」と「吠える」とか、ひとに対して「人懐っこい」とか、「散歩」しようと飼い主が「首輪」と「リード」を持ってくると、庭中を「駆けまわり」、「喜び」を全身で表現するとか、「舌」を出しながら呼吸するとか、どこかで休憩するときには、「段差」に顎を乗っけて、気分よさそうに目をつぶるとか、「犬」から様々な連想が可能です。「　」で囲った一つひとつのことばや概念が、「犬」から連想できたことばです[10]。連想によって、ことばがことばを生むのです。

ことばがことばを生む現象を、記号論と関係づけて論じてみます。ことばは記号のひとつです。記号は意味作用をもちます［池上 1984］。「犬」という記号が〈意味するもの〉であり、「犬」という記号によって〈意味されるモノゴト〉があるわけです。〈意味されるモノゴト〉とは、「犬」にまつわる過去に経験したモノゴトと、それがもたらした想いや感情の総体です。「散歩しようと飼い主が首輪とリードを持ってくると、庭中を駆けまわり喜びを全身で表現する」シーンや、「どこかで休憩するときには、段差に顎を乗っけて、気分よさそうに目をつぶる」シーンを経験したことのあるひとにとって、その経験を構成する実体（そのときの情景やそのときに得た体感や感情）が、「犬」という記号によって〈意味されるモノゴト〉です。

「実体」とは、身体が環境のなかにあるときに、身体と環境のあいだに起こった事象そのもの（吠える、散歩する、駆け回る、喜びを表現する、呼吸する、顎を段差に乗っける、目をつぶるなどが該当）、その事象を構成する様々なモノ（首輪、リード、庭、舌、段差、顎、目などが該当）、そして環境のなかで身体が感じとった様々なコトの総体です。

図５－１に描いた身体システムの楕円は、そのひとの経験の実体の一部でしょう。身体システムの楕円の外には本来、環境を指す楕円があり、身体と環境は相互作用をしています。「実体」を図で表現するならば、その相互作用の総体が実体です。

ことばがことばを生むのは、あることば（記号）を意識したときに、その記号が意味するモノゴトの実体（身体システムと環境の相互作用全体）が想起されることを通して、その実体に含まれている事象や、事象を構成するモノや関係性に〈対応する記号〉が想起されるからでしょう。つまり、ことばがことばを生むプロセスで生じていることは、ことばシステムのなかだけで起こっているのではない。身体システムを含む実体の世界を介して、他の記号が想起され、想起された記号がことばシステム内で新たなノードとして出現するということなのであると私は考えています。ことばは身体システムに根ざしている、つまり身体知であるからこそ、ことばがことばを生むのです。

身体と状況の相互作用

ことばがことばを生む現象には、もうひとつ別のメカニズムがあると思います。例えば、ある坂道を歩いているとき、斜度や道幅に意識を向けて、「傾斜」、「道幅」ということばを表出したとしましょう。すると、その幅方向にある石垣に意識が向き、「石垣」ということばが生まれるかもしれません。斜度のきつい坂道の先に見える「空《そら》」ということばも生まれるかもしれません。

これは連想ではありません。あることば（「道幅」や「斜度」）と、あなたの身体と、そのときの現場状況の関係から、別のことば（「石垣」や「空《そら》」）が生まれたのです。身体と現場状況の総体がそのときの経験の実体です。「道幅」を意識したからこそ、身体が道幅方向に意識を向け、その先の石垣に意識が移ったのです。たまたま左右に石垣がある道だったからこそ、現場状況と身体の関係で「石垣」ということばが生まれたのです。

「空」も同じです。斜度のきつい坂道を歩くとき、歩みは遅くなります。足腰にかかる負担を感じながら首をぐっと下げて足元に視線を落としたり、到達地点を眺めたりして、気持ちを奮い立たせます。傾斜がきつい坂道だからこそ、到達地点の延長線上に向こうの空が見えます。坂道の状況と、身体の振る舞い方（ときどき到達地点を眺めるという振る舞い）の関係で、「空」が意識に上るのです。

これらの例は、現在の経験における身体と現場状況の相互作用から、状況依存的に「ことばがことばを生む」というメカニズムです。

知識に基づく推論

「ことばがことばを生む」現象の第三のメカニズムは知識に基づく推論です。「水は高いところから低いところに流れる」という知識から、「低地には水が集まる」や「低地は湿気が多く、台地はカラッと乾いている」ということが推量できます。

まちを歩いているときに、周りの地形に気づいたとしましょう。例えば、その場所に向かって降りてくる坂道がたくさんある[11]というような気づきです。「ここは台地に囲まれた低地なのだ」とことばで表現した途端、「ということは、雨が降ると水はここに集まるのか」、「ここって湿気が多いかもしれない」と、考えが巡ります。「台地に囲まれた低地」ということばから「雨」、「水」、「湿気」ということばを想起するのです。「湿気が多いと植物が育つ」という知識をもっていると、「湿気」や「水」から「植物」ということばも想起するかもしれません。

別の例も挙げましょう。アスリートが自分のフォームについてからだメタ認知をしているときに、例えば、「胸を張る」ことを意識したとしましょう。「胸を張る」とはどういう状態を指すのでしょうか？　「両肩の位置が首よりも背面側にあること」が一般的な考え方かもしれません。そういう知識だけを有するアスリートならば、「胸を張る」ということばから、「首」や「肩先」とその位置関係についてのことばを考えるでしょう。

「胸を張るとは、両側の肩甲骨の距離が近くなっている状態である」と、肩甲骨の状態で胸を張る現象を捉えているアスリートは、「肩甲骨」ということばも想起するでしょう。

「肩甲骨は肩関節で鎖骨につながり、鎖骨は胸鎖関節で胸骨につながっている」という知識をもつアスリートは、胸を張るという現象を両側の胸鎖関節の距離[12]で捉えるかもしれません。そして、「胸を張る」ということばから「胸鎖関節」を想起するでしょう。

このように、暗黙性が高いモノゴト（例えば、現在の自分の身体が置かれた場所や状況での体感や、身体部位の動き）であっても、少しずつでもよいからことばで表現する意識をもてば、少なくとも上記の三つのメカニズムにより「ことばがことばを生み」、少量のことばが種となり、ことばが増えるのです。ことばとことばの関係への気づきも頻繁になるでしょう。

シーン2――着眼点／変数を見出す

ことばが増えるとは、つまり、着眼点を得るということです。着眼点とは、「目のつけどころ」です。よい着眼点は成功につながることを、わたしたちは仕事の上でも経験しています。からだメタ認知もその例外ではありません。自分が対象にしているモノゴトを学ぶに際して、よい着眼点[13]を得ることが勝負の分かれ目です。自分にとってよい着眼点を得るために、「ことばがことばを生む」という現象を積極的に利用することが学び手にとって肝要です。

生態的心理学の分野では、着眼点のことを変数と呼びます。生態的心理学の祖であるジェームズ・J・ギブソンは、これまでに感知したことのない変数を環境に見出すことこそ学習であると説きました［Gibson 1955］。味覚の例でいえば、ソムリエは、素人には感知できないようなワインの味の様々な変数を感じとり、ことばで表現することができます。甘み、酸味、渋みなどは、味覚を語る上で欠かせない変数です。ソムリエは、葡萄の産地の土のミネラル分を感じるといいます。ミネラル感も重要な変数でしょう。

それぞれの味を口腔のどの部位で感じ、それが口腔で、もしくは鼻へどう広がるかも、味の重要な側面です。味を感じる口腔内での部位、味の広がり方も重要な変数[14]なのです。

私は日本酒が好きなのですが、日本酒の酸味にも好きなものと嫌いなものがあることが最近わかってきました。舌の奥の方で左右に広がりながら喉に延びる酸味を感じさせる日本酒はあまり好きではありません。一方、舌先から中央に延びるけれども喉までは到達せずに、舌の中央に留まるような酸味もあり、そういった日本酒の甘さと酸味の兼ね合いはとても好きです。

着眼点／変数は、自分の身体部位や動かし方に関するものもあれば、身体が相対している環境に関するものもあります。ワインや日本酒の味を感じる口腔内部位や、胸を張る場合に胸鎖関節を意識したとすれば、それらは身体についての変数です。ワインの産地の土のミネラル感は環境の変数です。打者がバッターボックスで、投手が球を投げる際に利き腕（右投手なら右腕）の肘が曲がりながら耳付近に上がってくるタイミングを意識して見ていたとすれば、「投手の右肘」、「投手の耳」は、打者から見れば環境についての変数です。

ワインのソムリエは、身体や環境に存在する様々な変数と、変数の入る値の微妙な差異に気づく能力を、最初から身につけていたわけではなく、いろいろな産地のワインを飲み、葡萄や葡萄畑の土や気候について知識を得ることを通して、様々な変数に気づき、変数に入る値の微妙な差異を選り分け、変数と変数の関係に気づくという敏感な感受性を身につけるのです。ワインの味覚についての感性を育んだのです。

シーン3――自分なりの問いの醸成

ことばがことばを生む現象によって着眼点／変数が増え、その相互関係に意識が及ぶと、自分ならではの「問い」が芽生えます。身体知の学びとは、誰かに与えられた正解への道筋をそのまま実現することではありません。自分の学びには何が必要か、現在の自分には何が足らないか、自分の身体の特質は何か、特質を活かすにはどうすればよいのか。様々な問いを立てることを通して、自分の身体のうえに自分で知を組み立てるのです。

「問い」とはなんでしょうか？　実は、問いにも様々な種類があります。ある学生が修士研究の一環として、問いの種類を定義し、からだメタ認知のことばを分析する新しい手法を提案しました［浦上 2015］。問いの種類として、**感触**、**違和感**、**疑問**、**解釈**、**分析**、**仮説**、**問題点**、**問題意識**、**目標**という分類を挙げています。

感触や**違和感**は、身体で感じている体感をことばで表現したものです。「彼としゃべっていると、なんだか落ち着く」は感触の例です。「膝を意識しながら走ろうとすると、足が着地するときに違和感を感じる」は違和感の例でしょう。いずれも、全体的にそういう印象があるというレベルのことば表現です。一切ことばで表現しないことに比べると、全体的にせよ、モノゴトのある側面に意識を向けています。

環境で生じている現象、自分の身体で生じているモノゴト、身体と環境の相互作用のあり様《よう》について、**疑問**を感じたり、**解釈**したり、**分析**したり、**仮説**を立てたりすることも問いの一種です。「彼の何がわたしを落ち着かせてくれるのだろう?」という疑問を感じているとしましょう。感触を通り越して疑問というレベルに持ち上がったということは、興味が増したことを示唆しています。

解釈、分析、仮説は、感触、違和感、疑問に比べて、その現象のなかで意識を向ける変数がより明確です。「彼がわたしを落ち着かせてくれる」という現象のメカニズムにまで考察が入り込んでいます。「スピードがゆっくりで、同じリズムで一つひとつことばを紡いで語りかけるという彼のしゃべり方の特質が、わたしがモノゴトを考える速度とマッチして、色々なことに想いを馳せられるからではないか?」という仮説を立てることができたとすると、彼の話す速度、リズム、わたしの考えるペース、想いを馳せる範囲といった変数に着眼して、それらのあいだに関係性を見出した仮説を立てています。

問題点を挙げるということは、複数の変数とそのあいだの関係性に気づき、その現象に対して自分なりの評価を行うことになります。陸上選手が「膝を意識しながら走ると、着地のときに足の裏全体が安定して地面を捉えることができない」という問題点を語ったとしましょう。これは、いまの走り方は好ましくないことへの気づき、そしてそれを改善したいという意識を示しています。膝を意識することと足裏全体で地面を捉えられないことの因果関係に気づき、足裏全体で地面を捉えられないことはマイナスであるという評価を下しているのです。

問題意識は、個々の問題点をより抽象的に高めた、未来志向的なことばを指します。例えば、「足の裏全体で安定して地面を捉えることによって、自分の体重の反力（体重に対して、地面から返ってくる反作用の力）をうまく上体の動きにつなげる走りを探究したい」は、問題意識の例でしょう。**目標**と問題意識の境界はあまり明確ではありませんが、目標とは、問題意識が指し示す方向性に沿って、様々なことを身体で試す際のより具体的な行動のやり方であると捉えています。例えば「次回は、一歩一歩踏みしめるように、足裏の感覚を感じながら走ってみよう」は、先の問題意識を達成するための実践行動のアイディアですから、目標です。

問い立ては自己構築

このように問いにも様々なレベルがあります。最初から、様々な着眼点に気づくのは難しいことでしょう。コーチに教わったり、ものの本を読んだりすれば、そこに書かれた知識や理論には着眼点が数多く含まれていますから、そうやって、着眼点を得ることはあります。しかし、まずは、自分の身体の声に耳を傾けることから始めて、感触や違和感をことばにしてみることも肝要なのです［堀内2016］。

着眼点を数多く得て、それらの関係に気づいて初めて、解釈、分析、仮説、問題点がことばになります。ただ、その解釈、分析、仮説、そして問題点に含まれる自分なりの評価が正しいかどうかは、まだわかりません。正しさは一旦保留して、まずは自分なりに考えてみることが必要です。

問題意識や具体的な目標は、解釈、分析、仮説、問題点があって初めて、それを基に立てることができるものです。問題意識や目標を他者から与えてもらっているあいだは、よい学びは得られません。自分なりの問いを醸成することが身体知の学びには必要なのです。身体知は個人固有性を色濃く孕むものであるという第四章の議論とも呼応する主張です。

言語学者のJ・ブルナーは、「物語ることはセルフを構築することである」と主張していますBruner 2002]。これは、ことばにすると（環境とは区別された存在としての）自己の認識につながる可能性を示唆します。ことばがことばを生むからといって、身体と環境のあいだに生じているモノゴトの実体を、客観的に観察し、そして網羅的に列挙するわけではありません。ひとは、そこで生じているモノゴトの何かに選択的に意識を向け、ことばで表現するのです。

その選択はまさに主観的です。つまり、自分の身体や生き様にとって、相性のよい、何かしらのひっかかりを覚える着眼点／変数だけが選択され、ことばになります。先に論じた、ことばがことばを生み、様々な問いが醸成されるプロセスで生じていることは、身体や環境に潜在する無数の着眼点／変数から、自分の身体知に関与する着眼点／変数とそうでないものを分別する作業なのでしょう。感触、違和感は、五感的知覚による分別です。それを基に、疑問、解釈、分析、仮説、問題点を組み立てるときには、どういう知識や理論に基づいて、変数どうしの関係性を仮定するかを分別していきます。問題意識や目標を選ぶときには、それこそ、ひととしてどう生きるかという人生の問題が関わるはずです。

このように、ことばという外的表象化を行う前には漠としていたのに、語ることを通して、そのときどきの選択／分別に自己が現れ、それを自覚し、次第に自己が確立するのです。

シーン4――新しいことばは身体を変容させる

体感を常にことばと結びつけておくというからだメタ認知を活発に行っている限り、ことばが増える（ことばシステムの内容が変わる）と身体システムの内容も変容します。

ことばシステムに問題意識や目標を表すようなことばが新しく生まれた場合、学び手は、それに応じて身体の御し方を変えるでしょう。つまり、身体システム内には新たな身体動作の実体が生じます。新たな身体動作は、それまで成り立っていた身体と環境の関係を刷新します。[15]

他者からのアドバイスで、もしくはものの本やインターネットの記事を読んで着眼点／変数を得た場合にも、その着眼点や変数は、ことばシステムに入ります。着眼点／変数を表すことばが単体で入るというよりも、この場合にはいくつかのことばが関係づいたネットワーク（着眼点／変数を表す複数個のノードのあいだにリンクが形成された状態）として、ことばシステムの内容が増えるのだと考えられます。

からだメタ認知の意識的習慣があれば、ことばシステムに入力された新しいネットワークをそのまま放置するのではなく、各々の丸ノードのことばや概念を、「自分の体感として、もしくは、自分の生活上の実感として」感じてみようとします。つまり、ことばシステムに新しく生成されたネットワークと対になるようなネットワークを身体システムにも生成するのです（図5－2の下向き矢印）。もし、ことばシステムのネットワークのノード間にリンクがあるのであれば、対となる（身体システムの）雲形ノードのあいだにも、自分の体感として、もしくは自分の生活上の実感として類似性があるかどうか、からだの声を聴いてみようとします。図5－2の下の楕円の点線が、その試行を示してい

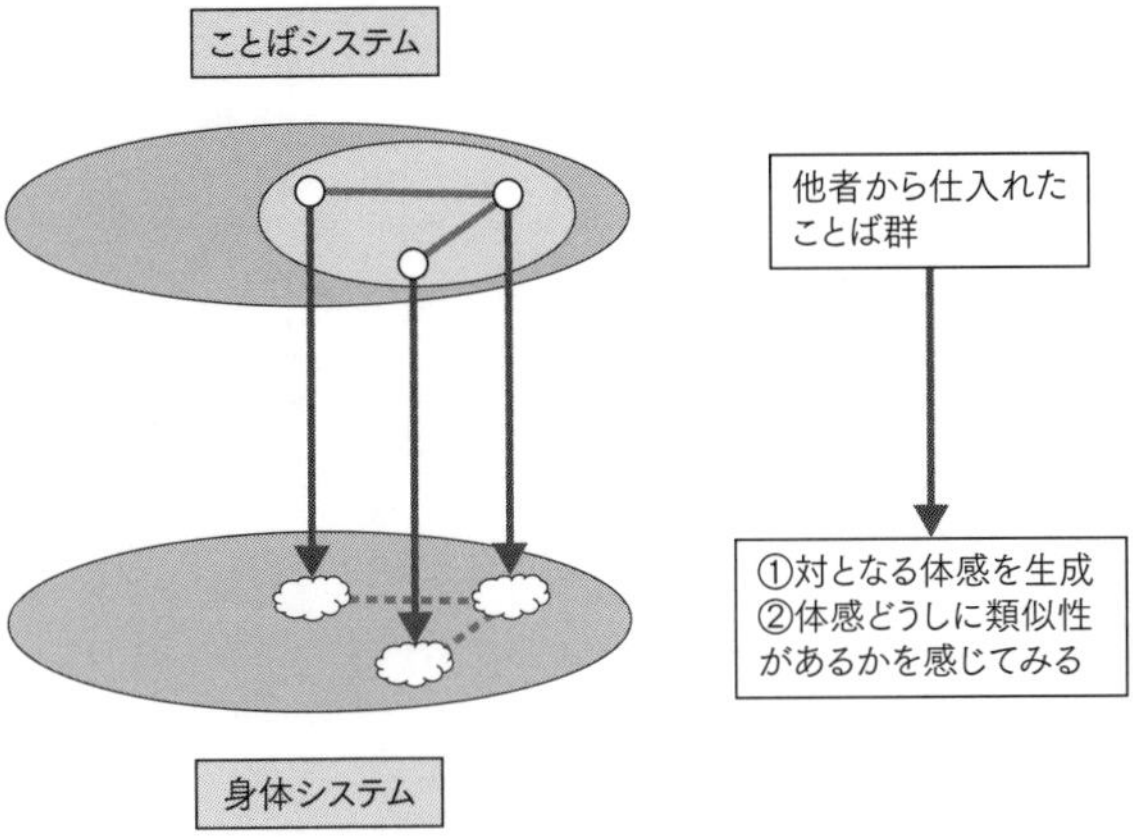

図5－2　他者から仕入れたことば群を体感として感じてみる

ます。

俗に言う、「からだで理解する」という行為がこれに該当します。たとえ他者やインターネットから情報を仕入れたケースでも、その情報を鵜呑みにせず、情報を構成することばに体感（雲形ノード）を生成し、それらのあいだにも類似性があるかどうかを確かめるのが、「からだで理解する」という行為なのです。一方、他者から情報を仕入れてことばシステムをリッチにしただけの状態が、俗に言う「受け売り」です。情報と知の違いについて、「情報は、あるひとがからだで理解して初めて、そのひとの知になるのだ」と第四章で論じたことを思い出してください。ことばシステムに入った情報を身体システムに落として自分なりに検証して初めて知になります。

シーン5――体感の類似性からことばの関係を見出す

逆に、身体システムで得たことをことばシステムの変化につなげるという連鎖もあり得ます。これが、からだメタ認知をうまく機能させるための鍵なのではないかと私は考えています。

からだメタ認知の実践において、体感に必ずことばを貼り付け、様々な体感に留意していると、以下のことが可能になります。それは、「体感の類似性や連動性に気づく」という現象です。

この現象を直感的におわかりいただくために、まず味覚の事例を挙げます。上質の日本酒を置いてある居酒屋に行くと、私はつい料理（素材）との相性に思いを馳せてしまいます。「この日本酒は、趣味にばっちり合うわけではないけれど、納豆を食べた直後にクッとやると合いそうだな。より美味しくなるかも」などと考えます。突拍子もない組み合わせのように思えても、試してみると合うことも少なくありません。自己満足でもなくて、何人かの方から、「確かに合うねえ。なぜそんな組み合わせを思いつくの?」と言われたこともあります。

私がお酒と料理（素材）の相性をどう考えているのかを考えてみました。どうやら、体感のレベルで考えているようです。ある料理や素材（例えば、納豆）は塩気があって、粘り気があって……と、その料理の特質をことばで表現し、日本酒の特質も同様に、辛くて、すきっと切れて……と表現した後に、ことばのレベルで合うかどうかを考えているのではありません。

むしろ、日本酒を実際に飲んだときの体感に留意し、そのときパッと思いつく料理（素材）を口に入れたときの体感を想像し、二つの体感が類似しているかどうかで相性を判断しているように思えます。類似していれば合うと判断し、メニューにあれば注文します。メニューを見て味を想像し、そのなかで現在の日本酒の体感に近そうな料理を注文することもあります。

一般に味覚を語ることばは乏しいので、ことばでマッチングすると、ありきたりな組み合わせしか得られない可能性があります。また、例えば「後口がすっきり切れるお酒には、塩気のあるものが合う」という知識を聞きかじったことがあるとすると、既存知識に縛られてしまい、それも面白くありません。そもそも、ことばのマッチングだけで相性が決められるほど、味覚の世界は単純ではないのでしょう。したがって、体感のレベルでまずは相性を判断し、実際に合ったり／合わなかったりしたときに、それぞれの味をことばで表現して、なぜ合うか／合わないかを考える方が、より面白い知見が得られそうだと思います。体感の類似性や連動性を感じてみるという行為は、こういうことだと考えています。

インコースを捌くスキルを学べた訳

第一章第1節で、私が野球選手としてインコースを捌いて打つ「こつ」をつかんだことに言及し、「右肘を体側に近い位置を通してぐっと入れ込むことが、実は、静かだけれども力強い左足の踏み込みを生む（つまり右肘が身体全体をピッチャー方向に鋭く押し込む）のだ」という気づきがキーポイントであったと述べました。結論からいえば、右肘を入れ込む体感と、左足でぐっと踏み込む体感に類似性があることをふと発見したというできごとだったのです。

背景からすこし詳しく説明します。インパクトで球を捉えて強い打球を打つために必要なのは、腕力ではなく、投手側の足にしっかり踏み込むことです。バックスイング[16]では、私は左膝を曲げて高く上げます。そして上げた左足を下ろしながら、右足に預けた体重を左足に移して踏み込みます。[17]左足を開かず地面に食い込ませて止める必要があります。

長年の悩みは、左足を大きく上げてタイミングをとる打者だけに、「強く踏み込もう」と足を意識すると目がぶれることでした。目がぶれると球道を的確に見ることができないので、「足で踏み込もうとしてはいけない。右足に預けた体重を、静かに、でも素早く左足に移す」という問題意識で踏み込みをやってきました。

しかし、「静かに、でも素早く」が難しいのです。重心が下りて左足でしっかりと止まる体感をことばで表現するなら、「どっしりと重いのだけど、その直後からどんな動きだしにも対応できるだけの自由な滑らかさがある」というものです。

さて、「右肘を体側に近い位置で押し込む」体感と、「しっかりと左足で踏み込む」体感が似ていること、そして両体感が連動する感覚をふと覚えたのは、ある日、諏訪研究室で元々大学野球部に所属していたI君と一緒にバッティングセンターに行き、アドバイスをしてもらっているときでした。これは大発見でした。両体感が連動するのであれば、「右肘を体側に近い位置で押し込む」ことだけに意識を注げば、しっかりとした踏み込みは自然に達成されると気づけたのです。それ以降、踏み込みに意識を注力する必要がなくなりました。

「右肘の押し込み」は、つまり、腕周りの話だけではなかったということです。右肘を押し込むと身体全体が自然にピッチャー側に押し込まれ、しっかりと踏み込むことになるのです。腕は体幹を通じて足につながっているので、考えてみると当然なのですが、意外にこういう単純なことには気づかないものです。「体側に近い位置」で押し込むことをよしとする野球界の常識は、もし右肘が身体から離れていたら、右手だけが遊離して肘の押し込みが身体全体の押し込みにつながらないということだ

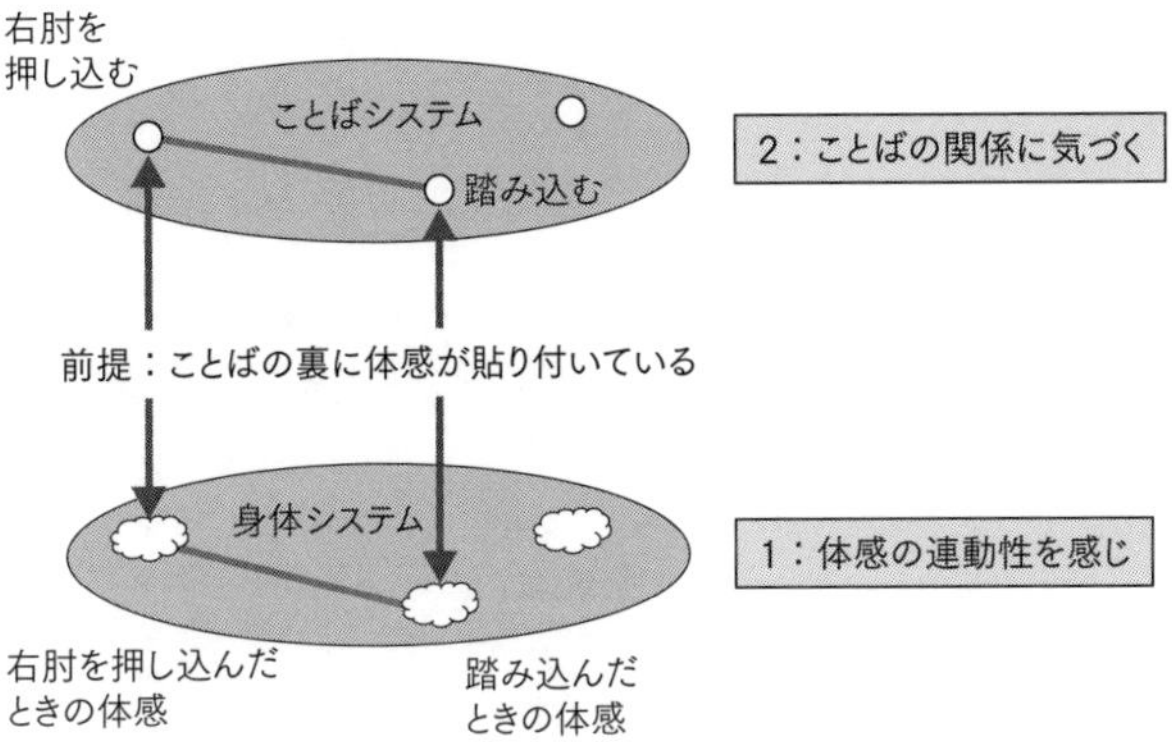

図5－3　体感の類似性・連動性から、ことばの関係に気づく

ったのかと、私はからだの実感をもって理解したというわけです。

体感への留意が身体とことばの共創を促す

　では、体感の類似性や連動性に気づくことは、からだメタ認知においてどのような意味があるのでしょうか？　様々なことばを、身体で実践する体感に紐付けている状態（図5－1や図5－2）を常に保持していることを前提とします。その状態で、異なる二つの体感の類似や連動に気づくと、各々の体感に紐付けられたことばどうしにも関係を見出せることになります。「右肘を押し込む」ということばと、「しっかり踏み込む」ということば（両者とも、ことばシステム内に存在する）に、実は関係があるのだという気づきを促すのです。

　それを表したのが図5－3です。身体システム（下の楕円）に存在する異なる体感どうしの類似性や連動性を感じる（図では二つの雲形ノードのあいだにリンクを描きました）ことによって、それぞれに対応することば（上の楕円のなかの丸ノード）にもリンクを見出すことができます。

からだメタ認知を実践すると、シーン1〜5に論じてきたように、ことばと身体が互いに促しあい（上下のシステム相互に連鎖が生じることによって）、両者とも増えるのです。その結果として、ことばシステム内には着眼点／変数を表すことばのネットワークが、身体システム内には各々のことばの対となる体感のネットワークが生成されます。

ことばシステム内のネットワークは、身体や環境に存在する無数の変数のなかから本人が選別した着眼点／変数のネットワークです。つまり、身体は環境のなかでどう振る舞うべきかを示すモデルであり、本書では〈身体－環境モデル〉と称することにします。

シーン6──包括的シンボルと体感の創成

最後にひとつ重要なことが残っています。それが、包括的なシンボルと体感の創成というプロセスです。

その理由は、〈身体－環境モデル〉を得ただけでは、現場で身体知を発揮することはできないからです。〈身体－環境モデル〉には、これまでのプロセスで選別したすべての着眼点／変数とそれらの関係性が内包されていますが、そのすべてに逐一留意して身体を御するなどということは、現場では不可能です。例えば、投手の動作開始から球が到達するまでの短時間にすべての着眼点／変数に意識を向けてバットを振るなどということには、無理があります。

右肘の押し込みと踏み込みの体感の類似性・連動性についての大発見をしてからは、私は「右肘を体側に近い位置を通して、身体を投手側に押し込んで球と勝負する」ということばだけを主導原理に

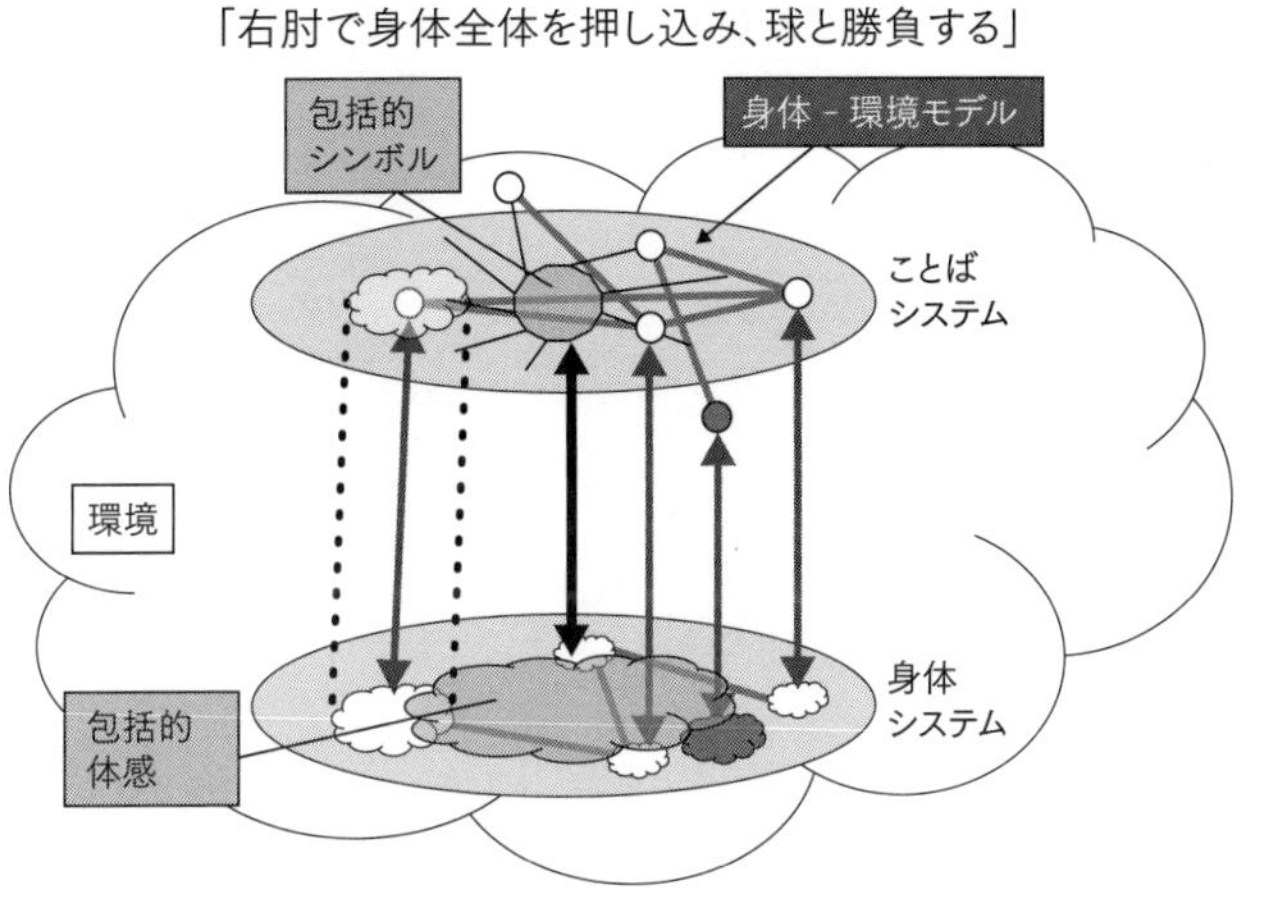

図5－4　包括的シンボルと包括的体感

してインコースの球を打っています。「だけを」というのが重要なのです。身体知を発揮するためには、リアルタイムに意識することばや体感の量を少なくする必要があります。だからこそ「だけを」なのです。〈包括的シンボル〉とは、からだメタ認知によって獲得した〈身体－環境モデル〉に含まれるすべての着眼点／変数と、そのあいだの関係性を含意するような、数少ないことば（シンボル）のことを意味します。すべてを含意するシンボルだからこそ、身体を御するためのシンプルな主導原理になれるのです。

ことばシステム内のすべてのノードとリンクを含意するような包括的シンボルが形成された状態を描くと、図5－4のようになります。包括的シンボルはある種の記号ですから、ことばシステム内に大きな楕円ノードを描いてあります。

からだメタ認知は、常にことばとそれに対応する体感を結びつける行為ですから、ことばシステム内に包括的シンボルが生まれれば、それに対応する形で、身体システム内にも〈包括的体感〉なる状態も生まれているのではないかと想像しています。〈包括的体感〉は、下に存在する多数の雲形の体感と結びついています。身体知を体得した暁には、ひとは、包括的シンボルと包括的体感のペアの形成によって身体を御しているのだと考えられます。

身体とことばの共創のメカニズムについて、これまで論じてきたことをまとめます。ことばと身体が互いに促しあって増え、ことばシステム内には着眼点／変数を表すことばのネットワークが、身体システム内には各々のことばの対となる体感のネットワークが生成され、更には身体を御するための主導原理としての包括的シンボルと、その対になる包括的体感が創成されるにいたって、学び手はひとつの身体知を学びとったと言えるのだと考えます。これが本書でいうところの、〈身体とことばの共創〉です。包括的なシンボルと体感も含め、身体とことばのどちらが主でもない平等な関係を形成しながら、共に創り、創られるのです。

第六章　スランプを乗り越え、こつを体得する

1　ボウリングの身体知

身体知の学びの事例

これは、ボウリングの身体知の体得を目指し、長期間からだメタ認知のメソッドを継続した学生の学びです。結論からいうならば、ノートに書き綴ったことばと（身体のパフォーマンスの結果としての）ボウリングのスコアに、興味深い相関が生じたのです［伊東 2006; 諏訪 2006］。身体知の学びは身体とことばの共創プロセスであるという本書の主張を裏付ける貴重な研究事例です。

この学生は、卒業論文のテーマとして、自分を被験者にして[1]ボウリングのスキルを学ぶプロセスを観察・分析するという研究を行いました。二〇〇五年三月から一二月までの約九ヵ月のあいだに二〇四日ボウリング場に通い、九九九ゲームもこなしたのです。平均すると週に五日強ボウリング場に通い、行った日には約五ゲームをこなすというハイペースでボウリングをやった計算になります。その継続力は敬服に値します。

ボウリングをやった日には必ず、またそれ以外の日にも何か気づいたことがあればその都度、ノートにことばを書き残しました。ことばを残した日は二一〇日、書き残したことばの分量は大学ノート七冊に及びました。こなしたゲーム数も凄いですが、からだメタ認知のことばをこれだけの分量書き綴ったのも凄いことです。

「これだけボウリングを集中的にやれば、そりゃ、上手くなるだろう！」。そう単純に片付けられる事例ではありません。研究の観点からすれば、どう上手くなったのかを問うことが重要です。学ぶ過程で何を意識しているのかを日々書き綴り、そこで生まれた問題意識、仮説、目標をボウリング場で試してみて、思い通りにことが運ばなかったこともあったでしょう。身体での実践を通して、体感をことばで表現し、自己の問題意識を紡いでは、また身体で実践する。そういうサイクルを通して実際に（後述するように）上手くなりました。スコアとことばに相関がみられたという事実は、身体知は身体とことばの二重構造で成り立っていることを、そして、身体知研究は身体の客観的観察だけではなく、本人の意識を反映する主観的なことばも扱うべきであることを示唆しています。

パフォーマンスの推移

まずは彼の上達ぶり[2]、約九ヵ月のスコアの変遷を見てみましょう。図6－1がボウリングをやった各日の平均スコアの変遷です。横軸はことばを書き残した日（最初から数えて何日目か）を示します。そして、その日にボウリング場に行った場合は縦軸にスコアをプロットしています。

最初は一二〇点付近を中心にスコアが激しく上下しています。二〇日目付近で一旦一六〇点付近まで急上昇するものの、再び四〇日目にかけて一〇〇点付近まで下降します。そして七〇日目付近で再び一五〇点まで急上昇し、それ以降はずっと一五〇〜一六〇点を中心に比較的安定したスコアが続きます。この推移からみると、七〇日目付近（図の点線）で彼はひとつの壁を乗り越えて、こつをつかんだ（身体知を体得できた）と言えそうです。

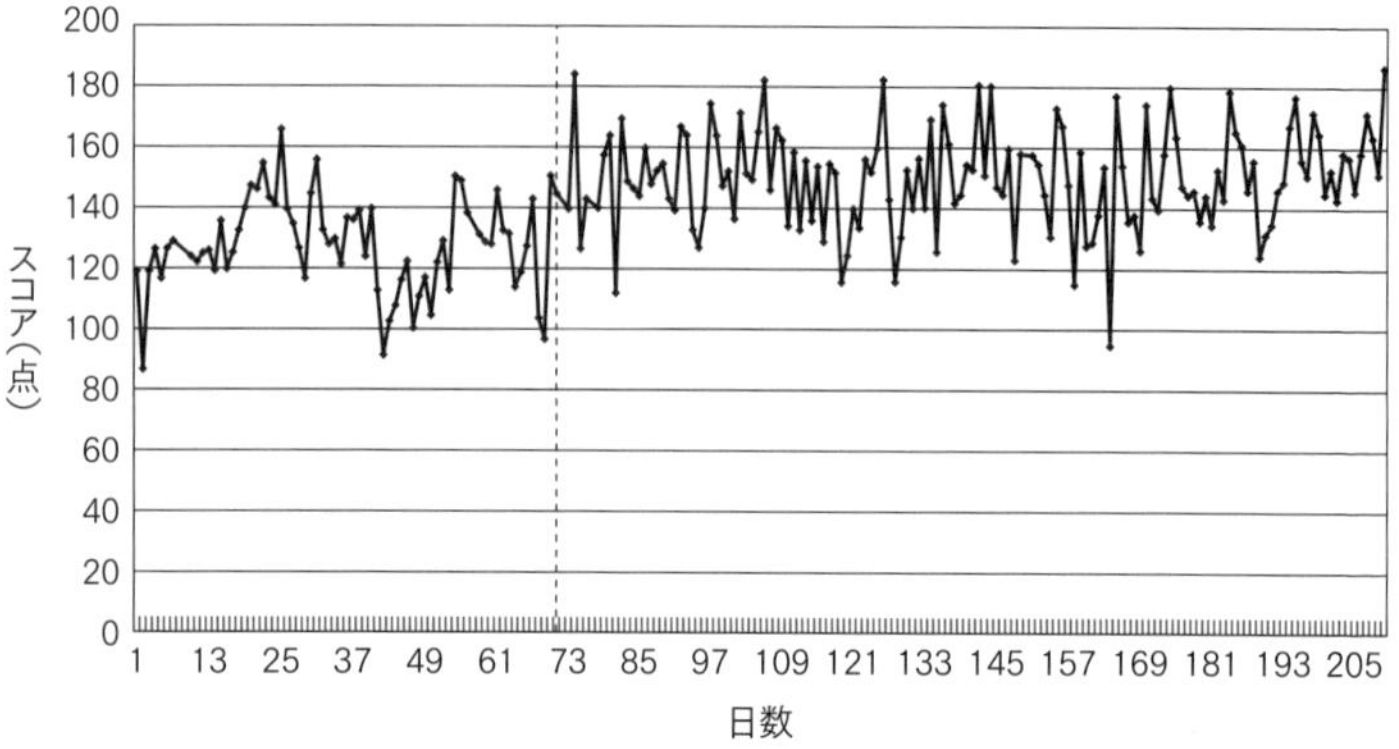

図6－1　一日あたりの平均スコアの変遷

身体各部位への意識に関する分析

彼がノートに書き残したことばは、身体各部位をどのように動かしているか、ボール、レーン、ピンについて何を感じたか（環境についての知覚）[3]、環境と身体にはどのような関係があるか、など多岐に亘ります。基本的には、第五章第2節に示した様々な種類のモノゴトにできるだけ留意して、ことばで表現するよう、私は彼を指導していました。本節では、「身体各部位への意識を示すことば」だけをとりあげた分析を紹介します。

ノートに書き残したことばに身体各部位を表す単語があれば、そのときその部位を意識していたと言ってよいでしょう。「身体全体」や「上半身（または下半身）」ということばは、身体を大雑把に（もしくは包括的に）捉えていることを示します。一方、「指」や「指先の腹の部分」のように、非常に詳細な部位を語ることもあります。学びの対象がボウリングですから、球を投げる瞬間に指の腹で感じている体感が重要であることは想像に難くありません。そういった体感を

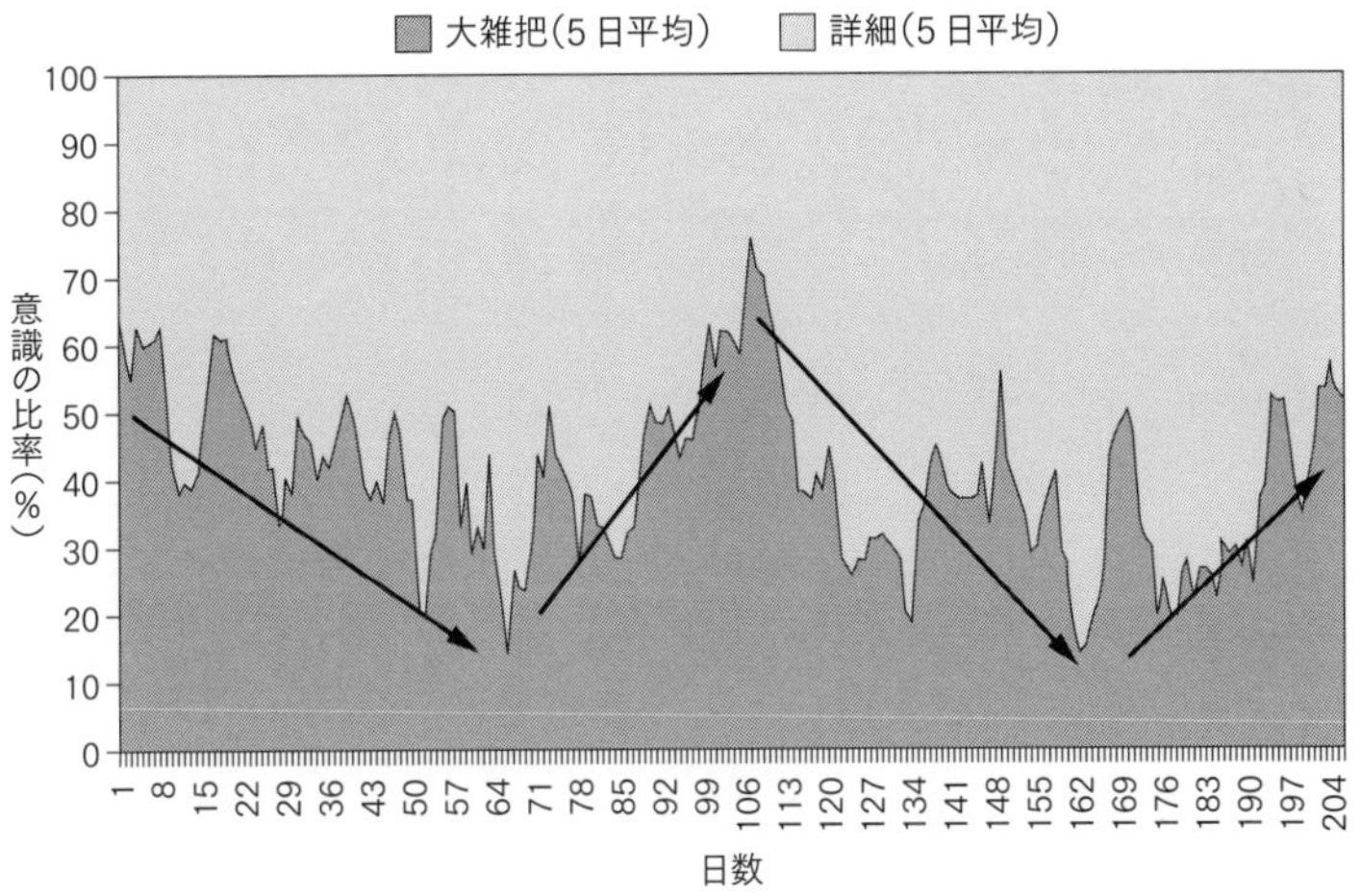

図6－2　身体の詳細部位への意識と、大雑把な意識の比率の変遷

ことばにすることは、第五章第2節の(4)の記述に相当します。

そこで彼は、身体各部位に関する単語を、どれくらい詳細度が高いかという観点で、以下の六段階に分類しました。「身体全体」(詳細度1)、「上半身、下半身」(詳細度2)、「腕、脚、腰」(詳細度3)、「手のひら、手首、肘、肩、太もも、膝」(詳細度4)、「手の指、脚の指」(詳細度5)、それ以上詳細な部位(詳細度6)という基準での分類です。

あまり多くの分類があっても分析が難しくなるので、彼の研究では、詳細度1〜3を「身体を大雑把に捉える意識」、詳細度4〜6を「身体の詳細な部位への意識」と定義して、それぞれの日における大雑把および詳細な意識の個数を集計しました。

身体を大雑把に捉える意識と、詳細な部位に向けた意識の比率が面白い結果を生みました。二一〇日の期間にその比率がどう変遷したかを分析した結果が図6－2です。一日単位の変動は激しいので、大雑把な意識と詳細な意識の個数を各々五日の幅で移動平均をとり、二〇六日分[4]の比率を算出しています。図の下側の領域が大雑把な意識、上側が詳細な意識を表します。

まず、からだメタ認知を始めてから七〇日目付近にかけて、詳細な部位への意識の比率が次第に増加している傾向が観察できます。図の左に描いた、右下がりの矢印がそれです。

面白いことに、その傾向は七〇日目付近を境に逆転します。一一〇日目付近まで身体全体もしくは大局的な部位への大雑把な意識が急激に増加するのです。図の中ほどの右上がりの矢印がそれです。

そして、それ以降は、詳細な部位への意識が再び増加するフェーズ（一六五日目付近までの右下がりの矢印）と、大雑把な意識が増加するフェーズ（一番右の、右上がりの矢印）が繰り返されます。

ことば（意識）の変遷とパフォーマンスの相関

ことば（意識）の変遷（図6－2）とスコアの変遷を関係づけると面白い相関がみえます。当初、次第に詳細な意識が増加していたのに七〇日目付近で大雑把な意識が増加するフェーズにパタッと移行したのと時期を同じくして、図6－1に示したように（点線の日付辺りで）スコアの急上昇が起こっているように観察できます。

そこで、

・詳細意識の比率が（七〇日目付近で）最高値を示した六六日目までを第一期、
・（一一〇日目付近で）最低値を記録した一〇七日目までを第二期、
・（一六五日目付近で）最高値を記録した一六二日目までを第三期、

表6－1　各期のボウリングスコアの統計値

	第一期	第二期	第三期	第四期
ゲーム数	447	161	213	178
平均スコア（点）	126.9	151.3	145.7	153.1
標準偏差（点）	25.4	25.6	25.8	25.0

表6－2　各期の有意差検定

	第二期	第三期	第四期
第一期	10.4** （$p=6.19e-12$）	8.79** （$p=2.02e-17$）	11.8** （$p=3.02e-27$）
第二期		2.09* （$p=0.018$）	0.656 （$p=0.256$）
第三期			2.88** （$p=0.002$）

各セルには、二つの時期の差を検定した t 値と、（ ）内に棄却確率 p を示している。
**印は有意水準0.01よりも、*印は0.05よりも小さいことを示す。

・それ以降を第四期

とし、各期におけるスコアの統計値[5]を算出してみました（表6－1）。

各期の標準偏差の値はほぼ変わりませんが、平均スコアは第一期だけが著しく低いことがわかります。図6－1にみられるように、やはり、七〇日目あたりで一気に上達したことが示されました。

各期のスコアの有意差検定[6]を行った結果を表6－2に示します。第一期に比べて、第二～四期のすべてにおいて、平均値は統計上有意に高い傾向にあります。つまり、七〇日目あたりで彼はスキルを獲得し、上達したことが統計的にも検証されました。

他に有意な差があるのは第二期と第三期、第三期と第四期です。第三期の平均値が第二期、第四期よりも少しだけ低い（5～8点）ことは表6－1の値が示していますが、この差は誤差範囲ではなく統計的に有意な差であるようです。

彼の約九ヵ月の軌跡をまとめると以下のようになりま

す。七〇日目付近で急に上手になり、その後一一〇日から一六〇日の期間（第三期）に少し軽いスランプに陥り、その後は再びスコアが上がります。つまりスコアが悪い時期が第一期と第三期、スコアの良い時期が第二期と第四期です。悪い時期と良い時期が交互に出現したのです。

結果として面白いのは、それが図6－2に示した意識の詳細－大雑把分析と完全に相関するということです。身体の詳細部位への意識が増加した第一期と第三期にはスコアが悪く、身体全体への大雑把な意識が増加した第二期と第四期にはスコアが良いのです。

からだメタ認知の主観的なことばのデータと、身体によるパフォーマンスの客観的な数値データにこのような相関がみられるのはなぜでしょうか？　次節でその解釈について論じます。

2　スランプはなぜ必要か

ことばが詳細になる訳

身体の詳細な部位に意識を向けていた第一期と第三期のスコアが悪いことから、「身体の詳細な部位に意識を向けるとスキルの上達にマイナスの影響がある。詳細ではなく大雑把に身体を考えることができるようになるとスキルが獲得される」と、読者の方は解釈したくなるかもしれません。

私の解釈は異なります。第五章で論じたように、からだメタ認知メソッドによって身体各部位の動きや体感をことばで表現していると、ことばがことばを生み、身体や環境に潜在する様々な着眼点／

変数を見出し、それを基に、自分ならではの違和感、疑問、問題意識、仮説、目標などが芽生えます。詳細な部位に意識を向けてことばにするからこそ、着眼点／変数を見出せるのです。つまり、からだメタ認知の初期に、身体の詳細部位に意識を向けるようなことばが増えるのはごく自然な傾向だというわけです。別の言い方をすると、初期に詳細部位に意識を向けるようなことばが増えるのは、からだメタ認知を活発に実践した証でしょう。この観点から考えれば、詳細な部位に意識を向けることが身体知の学びにマイナスであるという解釈は納得がいきません。

この事例研究の結果をいまいちど正確に考察しましょう。過大評価でも過小評価でもなく正当に表現すると、「スコアが悪いという現象と、身体の詳細な部位を示すことばが多いという現象が同時に起こった」となります。一方、「身体の詳細な部位に意識を向けると、スキルの上達にマイナスの影響がある」という仮説は、後者を原因とし前者を結果とする因果関係です。同時に起こることが観察された二つの現象のあいだの因果関係を推測しているのです。しかし、果たしてそんな因果関係があるのかどうかは保証の限りではありません。相関は一般に、因果関係を意味するとは限らないのです。

私の解釈は、身体の詳細な部位を示すことばが多いという現象も「原因」ではなく「結果」であるというものです。先に論じたように、からだメタ認知という実践を通して身体の御し方について問うという行為は、自然に、身体の詳細な部位に意識を向けることを促すのではないかと考えるのです。生活のなかでスポーツを楽しむ場合には、からだメタ認知というような意図的な言語化によって自分の身体をみつめることはあまりやらないでしょう。それまでは突き詰めて考えることなくボウリングをしていた学生が、からだメタ認知メソッドを習慣化し、次第に身体や環境に新たな着眼点／変数を見出し、その結果、詳細なことばが増えたのだと解釈しています。

なぜスコアが悪くなるか――必要悪としてのスランプ

からだメタ認知を開始すると詳細なことばが増加する傾向は、他の事例研究でも同様に観察できています［諏訪 2007; 高尾 2007; 庄司 2008］。詳細を論じることはここでは控えますが、詳細な部位への気づきが増加する時期には、複数の着眼点／変数の関係性の模索、留意が増加することも、これらの研究から判明しています。この時期は、身体や環境に様々な着眼点／変数を見出し、身体の各部位が全体としてどう連動し、環境のなかで整合をとるべきかを模索しているのだと解釈できます。第五章の第4節以降で論じた〈身体－環境モデル〉を構築しようとしている時期なのです。

この時期にスコアが悪くなる理由は以下のように考えられます。身体－環境モデルの模索とは、すなわち、様々な着眼点／変数のなかで、自分の身体知に関与する着眼点／変数とそうでないものを「ああでもない、こうでもない」と分別する作業だからです。最終的には留意する必要がなかったような着眼点／変数にまで意識が及ぶこともあります。それによって、それまで維持していたパフォーマンスが一時的に崩れることさえあり得ます。

図6－1を再度見てください。この時期（第一期）には、スコアが瞬間的に一六〇まで跳ね上がったと思いきや再び一〇〇を切るという乱高下の傾向を示しています。色々なことを模索している時期だからこその乱高下でしょう。平均的に高いパフォーマンスを披露することは無理です。

いわゆるスランプとはこういう状態を示すのだと考えられます。自分で立てた目標にしたがってとりあえず身体で実行してみて、そのときの感触や違和感をきっかけにして色々な着眼点／変数に気づき、疑問、解釈、分析、仮説、問題点を抱き、また問題意識や目標を立てるといった模索を繰り返すからこそスランプに陥るのです。その後上達するための準備期間なのです。必要悪としてのスランプと言ってもよいと思います。

ことばが大雑把に転じる訳

その後、ことばが大雑把に転じるとともに身体のパフォーマンスがよくなった（ボウリングのスコアが劇的に向上した）のはなぜでしょうか？

身体－環境モデルを構築し終わると、ことばが次第に詳細になっていくフェーズも終わるのです。なぜでしょうか？　身体－環境モデルを構築し終わったということは、身体は環境のなかでどう振舞うべきかが頭で（理論的に）わかった状態です。自分の身体知に関与する着眼点／変数のリストは有限個に整理できていて、それらのあいだにどのような関係があるかをことばで理解しています。もし図で描くならば、関与する着眼点／変数をノードとして、その間の関係性をリンクや矢印で表現したネットワーク図になるでしょう。第五章第４節で示したことばシステム内のネットワークです。

身体知を語りなさいと言われれば、からだメタ認知によって自分が築き上げた身体－環境モデルのネットワーク構成をつらつら語れるでしょう。それだけ整理して語れるということは、もはや、模索の必要はありません。したがって、詳細なことばが増えないのです。

そして、今度は、頭で整理した身体－環境モデルを身体で実践する主導原理を得るために、包括的なシンボルと体感をつくりだすことに乗り出します。「右肘を体側に近い位置を通して、身体を投手側に押し込んで球と勝負する」という私の主導原理をみても、そこに含まれている着眼点／変数は限られています。右肘、右肘と体側の距離、肘の押し込みと身体全体の押し込みの関係、球の捉え方（勝負するという感覚）といった着眼点のみです。

身体－環境モデルのネットワークに含まれる多岐に亘る着眼点／変数から、これらを選別することに模索は必要ですが、これは発散的な模索というよりは、収束的な模索です。そして、主導原理になるような包括的シンボルが誕生すると、それについて語ることばしか出現しなくなります。その少量の着眼点と関係性だけですべてが含意されているのですから、詳細なことばが登場する必要がありません。だからこそ、大雑把に身体を語ることばが支配的になっていくのです。

まとめると、第二期は、包括的なことばを紡ぎだすことに成功し、詳細に身体の各部位を語る必要がなくなった時期であったのです。

再び詳細なことばが出現する訳

再び詳細なことばの比率が高まる時期（図6－1の第三期）が到来するのはなぜでしょうか？

ある身体知を体得しパフォーマンスも良くなると、学び手はそれまでとは異次元の世界に立ちます。高いレベルに到達したが故に新たな世界が見えます。ゴルフをされる方で、ご自分のスイングをビデオに撮って見てみた経験がある方は多いと思います。プロゴルファーの映像も巷には出回っているので、自分のフォームと比べてみます。力強くない、ダイナミックさが足らないという全体印象を感じることはできても、どこが悪いのだと特定の身体部位に着眼できないことも多々あると思います。しかし、レッスンプロが見れば一目瞭然、「あなたのフォームは、○○の部位が△△なのがよろしくない」と着眼点を列挙してくれます。

ビデオには身体各部位の動きが映っていて、客観的に観察できる対象であったとしても、あるレベル以上のプレーヤーでないと気づけない着眼点があるということなのです。つまり、学び手は、ある身体知を体得してそれまでとは異なる次元に立ったが故に、それまでには気づけなかった着眼点に気づけるのです。

新たに気づいた着眼点をどう扱うかは難しい問題です。現在の身体知を支える身体－環境モデルには含まれないものだけに、それを取り入れたいと思うのならば、それを含む形で身体－環境モデルを再構築しなければなりません。

別のケースもあり得ます。もし指導してくれるコーチ（ゴルフの場合、例えば、レッスンプロ）がいたら、コーチは、少し高い次元に至るまでは言わずに温めていた着眼点について考えてみなさいとアドバイスしてくれるかもしれません。

更に別のケースもあり得ます。プレーヤーの周りの環境はいつまでも同じではありません。身体－環境モデルも包括的シンボルも、環境の変化が原因で成立しなくなることは多々あります。野球選手の場合、出逢ったことがない球速のピッチャーに相対すると急に打てなくなります。ボウリングの場合、レーンの油の引き方が変わると、カーブボウルが曲がってくれなくなります。

対戦型のスポーツでは、相手プレーヤーは環境の一種です。ある学び手のレベルが上がったのなら、相手もそれに気づき、分析し、よいパフォーマンスをさせまいと対処してきます。相手プレーヤーという環境が変わると、やはり、身体‐環境モデルを再構築しなければなりません。

再構築は、単なるマイナーチェンジでは済みません。マイナーチェンジとは、現在の身体‐環境モデルに含まれる多くの関係性は保持したまま、新しく見出した（もしくは教わった）着眼点をうまく入れ込むことでしょう。新しい着眼点が、更に向上するために本質的なものであればあるほど、マイナーチェンジでは事足りず、現在の身体‐環境モデルを壊して、一から再構築することが必要になります。まさに、第一期と同じような模索的探究フェーズに突入することになるのです。

だからこそ、ことばは再び詳細の方向に転じるのです。そして、身体のパフォーマンスは再びスランプに陥ります。それまで遂行できていたスキルができなくなることもあるでしょう。ボウリングの学生のスコアも、第三期では第二期に比べて低くなりました。しかし、このスランプは更にレベルアップするための準備期間であることは言うまでもありません。

このように身体‐環境モデルの構築、破壊、再構築を繰り返すことによって、ひとは身体知を体得してては新たな壁にぶつかり（スランプに陥り）、それを破るような身体‐環境モデルの構築を成し遂げると、一段レベルの高い身体知を体得します。即ち「こつ」を体得するのです。こうして学びの階段を一歩一歩上るのです。そして、その都度、模索的な探究フェーズでは詳細なことばが増え、包括的シンボルが誕生すると大雑把なことばしか出現しなくなるというサイクルが生じるのです。

入力変数は個人固有

ことばが詳細になっていくフェーズを、個人固有性の観点から論じます。ここでは入力変数と出力変数という概念を導入します（以降は、着眼点／変数を、簡略化のため「変数」と称します）。「入力変数」、「出力変数」は私の造語です。入力変数とは、学び手が意識を注入すべき（留意すべき）変数のことを指します。意識を注入するので「入力」と名づけました。

私の「右肘を体側に近い位置を通して、身体を投手側に押し込んで球と勝負する」という主導原理を例にすると、このときの入力変数は、「右肘と体側の距離」と「右肘と身体全体の関係」です。[7]

インコースの打ち方の教えとして、野球界には様々なことばがあります。例えば、「両腕を畳んでスイングをする」、「バットをインサイドアウトの軌道でスイングする」、「構えた位置からインパクト位置まで最短経路でバットを通す」、「両脇を締めたままコンパクトにスイングする」などです。コーチによってどの表現で指導するかは様々です。

各々の表現の差異は入力変数の差異であるということが、本節の主張です。「両腕を畳む」という表現は、「両方の肘が屈曲している角度」、及び、「手首と肩の距離」といった変数に留意する表現です。「構えた位置からインパクト位置まで最短経路でバットを通す」という表現は、「バットのヘッドが通る経路」という変数に留意する表現です。

私は、「両腕を畳む」という入力変数でもってスイングすると、どうしても上半身が萎縮し、体重がつま先ではなく踵にかかり、重心が浮き上がってしまう体感をからだメタ認知の実践で感じました。

つまり入力すべき変数は選手によって異なるのです。「両腕を畳む」ことを入力変数に据えた方が適正な身体動作を生み出せる選手もいるでしょう。自分にとっての入力変数は何か（自分はどの変数に留意すべきなのか）を見出すことが、身体–環境モデルを模索するフェーズにおける最大の目標であると言っても過言ではありません。

入力／出力変数を区別しよう

さて、出力変数とは、本人が必ずしも留意する変数ではありません。自分の入力変数を見出し、身体が適正な状態で動いているとき、意識を注入しなくても、結果としてある値をとってしまう（ある状態になってしまう）変数のことを出力変数[8]と呼ぶことにします。

私が「右肘と体側の距離」と「右肘と身体全体の関係」を入力変数に据えてスイングするとき、腕は結果として「畳まれた」状態になっているはずです。「両方の肘が屈曲している角度」と「手首と肩の距離」という変数は、出力変数なのです。バットも「構えた位置からインパクト位置までの最短経路」を通っていることでしょう。

客観的にみて、ある変数が適正な値をとっていたとしても、その変数がその選手にとって入力変数であるとは限らないというのが、重要なポイントです。

身体知を学ぶものにとって最大の関心事は、身体部位や、身体と環境の関係の何に意識を注入すれば、うまく身体を御せるのかを発見することです。しかし、自分にとっての入力変数は、本人にもわかっていないことが多いのです。入力変数を探すことがからだメタ認知の本質的作業であると言ってもよいでしょう。

当該分野の理論も何が入力変数かは教えてくれません。理論が教えてくれるのは、主な変数群が出力変数としてとるべき値です。第二章で論じたエキスパート・ノービス・ディファレンスの研究成果は、(当事者ではない)研究者が着目した変数群のプロと素人での違いです。その知見は、からだメタ認知を実践する学び手にとって有用な情報ではありますが、理論や研究成果が示す変数が、即、自分にとっての入力変数であるとは限りません。

コーチも教えてはくれません。より正確に言うならば、身体には個人固有性があるので、その選手の入力変数はコーチにもわからないのです。実践で試しながら自分で模索する以外に方策はありません。だからこそ、身体知の学びは難しいのです。

学びはスランプと「こつ」の体得の繰り返し

身体知の学びは個人固有性について自問自答しながら歩む旅路ですが、からだメタ認知メソッドの習慣は、その険しい道のりをなんとか乗り越える手段であると考えています。

学びの研究において、横軸に時間をとり、縦軸にパフォーマンスの良し悪しの指標をとって、時間とともに学びがどの程度進んだのかを示す曲線を描くことがあります。これを「学習曲線」と呼びます。ボウリングの研究に登場した図6－1はその典型例です。

学びは、一般に、単調な右上がりの曲線を描いたりはしません。なかなかパフォーマンスが好転せず、現状維持の時期が長く続き、ボウリングの学生の第一期、第三期のようにスランプに陥ることも多々あります。スランプになると、それまでは巧くこなせていた身体知を発揮することさえできなくなります。そして、スランプの時期は本節冒頭に述べたような模索をしているので往々にして長く続きます。結構辛いものです。

しかし、模索を辛抱強く続けていると、ふと気づくと急に上達していることもあるものです。ボウリングの学生の研究では、約七〇日目にそういう現象が生じました。

そして、パフォーマンスのよい時期がしばらく続いたかと思いきや、上達したが故の新しい着眼点が生まれ、再びスランプに陥ることもあります。

このように学びはスランプとこつの体得（パフォーマンスの急激な向上）の繰り返しです。発達心理学者のカーミロフ－スミスは子どもの学びを題材にして、行動レベルのパフォーマンスは、内面的な（もしくはことばに現れる外面的な）表象とは異なり、とかく上がったり下がったりのU字曲線を描くものであると述べています［Karmiloff-Smith 1992］。ボウリングの研究の第一期では、ことばの表象のレベルでは新しい詳細なことばが増えていても、行動レベルのパフォーマンスは必ずしも単調に良化はしませんでした。

からだメタ認知メソッドは、長く辛いスランプ時期を乗り切る手段であると私は考えています。辛くても、ことばで身体動作や体感や知覚を表現し、様々な着眼点に気づき、着眼点どうしの関係を模索し、ことばを体感と結びつける努力を払うことが、スランプを乗り越え、新たなこつを体得する秘訣なのです。

反復練習には「やり方」がある

スポーツの世界では、いわゆる「スポ根」的な考え方が流行っていた時期もありました。からだに憶え込ませて、意識しなくても理想的な動き方を体得できるように、反復練習こそが大事であると説かれてきました。要は身体がコトを為すのだから「なまじ、ことばになどしない方がよい／ことばは邪魔になる」、「ことばよりも身体の感覚が重要」という考え方であると推察できます。

からだメタ認知は、ことばシステムと身体システムの、「どちらが主でもない平等な関係を築くこと（つまり共創関係をつくりあげる）」を目指すものです。図5－4に示すような状態です。一方、スポ根的な考え方は「身体が主」の考え方です。「ことばが主」になることを恐れるあまり、ことばを軽視して「身体が主」という思想になったのだと思います。

しかし、体感だけでからだを御せるほど、身体知の学びは易しくはありません。反復練習が必要ないとは言いません。ボウリングの学生がこなしたゲーム数やその頻度を考えれば、反復練習が必須なのは明らかです。

ただし、反復練習には「やり方」があるのです。からだメタ認知のメソッドは、模索や工夫をしながら反復練習を継続する手法なのです。

これは経験則なので証明はできませんが、からだメタ認知メソッドを習慣づけると、自分がそろそろ上達しそうな予感が働くことがあります。様々な着眼点の関係がわかりはじめ、関与するものと関与しないものを分別しはじめていることを自覚できるからです。この自覚は、スランプを乗り越えるための道標となります。

また、学び手がからだメタ認知を習慣づけていれば、コーチは彼／彼女が語ることばをウォッチするのがよいでしょう。身体各部位を詳細に語るフェーズがひとしきり続いた後に、そういうことば群が影を潜め、身体全体を大雑把に語ることばが増えはじめると、そろそろスランプ脱出のサインかもしれません。

これも経験則ですが、もうひとつ、からだメタ認知のメリットらしきことを述べておきます。この習慣を継続していると、スランプとはいかないまでも、少し悪いパフォーマンスが続いたときに、それを修正する能力も身につきます。野球の例でいえば、第一、第二打席で凡退をしたときに、自分の身体の動きや体感を振り返ることで、次は○○に意識を置いて試してみようと、自分なりの問題意識や目標を立てることができます。そうすることで、試合後半の打席で良いヒットを打つことも可能です。

ある試合で数本のヒットを固め打ちしたかと思えば、次の日の試合では全打席凡退するという選手に比べて、一日の試合の前半は凡退しても後半には修正してヒットを放つ選手の方が、よりからだメタ認知的な習慣が身についている選手なのではないかと思います。「その日の最終打席にどのような結果を残すかが非常に重要である」という趣旨のことをテレビの野球解説者が語るのを聞いたことがある方も多いと思います。第一章で紹介したイチロー選手の例でもそうですが、優れた打者はからだメタ認知のような習慣を身につけているのだと思います。

3　学びの既存理論vs.からだメタ認知

他者のことばがからだメタ認知を促す

認知科学の分野から生まれた学びの研究に、学習科学という分野があります。学習科学研究の主要概念は協調学習です。ひとはひとりで学ぶのではありません。例えば、学校の教室でも、学ぶ仲間はたくさんいて、生徒一人ひとりが先生と単独の関係を結んでいるのではなく、生徒同士の横の関係が学びにおいては重要であるというのが、協調学習の考え方です。

しかし、従来の学校教育では、小・中学校においても、また大学の高等教育においても、先生が教壇に立って、教えたいことを一方的に投げかけるスタイルの学習環境が主流でした。現在もまだ、このスタイルで教育が為されている学校は多いと推察します。

学習科学の研究者たちは、生徒同士が協調して問題解決にあたること、先生は生徒同士の協調がうまく働くようにファシリテーションをする存在であることを基本理念として、実際の教育現場に入り込み、授業の環境をデザインすることに執心してきました。

からだメタ認知と協調学習の考え方は基本的に相性がよいと考えています。ただし扱うモノゴトの違いから少々考え方が異なる点もあるので、ここで解説します。

からだメタ認知メソッドは、一人ひとりが、他者から聞いてきたことば、概念、理論、そして自分で見出した着眼点を、体感や生活上の実感に照らして考え、ことばと体感を結びつけることに主眼があると論じてきました。体感は、自分にしか感じとることのできないものです。したがって、協調学習的に学んでいても、仲間の体感を垣間みることはできませんし、自分の体感を開示することもできません。

学習科学者の白水始氏は、自分の考えを声にし、それに対する相手の反応（ときには異論）に耳を傾けることを繰り返して、建設的に思考を醸成するマルチボーカルな環境こそが、協調学習の本質であると説いています［白水 2012］。学習科学という研究分野の創設者のひとりである三宅なほみ氏は、協調的に学ぼうとしているグループでは、課題遂行にあたる役割、広い視野から問題解決プロセスを眺める役割など、役割分担が自然に発生すると論じています［Miyake 1986］。役割分担の自然発生こそが、課題遂行や飛躍的な提案を生むような建設的な相互作用をもたらすと論じています。

彼らの主張を、図5－1〜図5－4に照らして考えると、それは、各々の生徒のことばシステムに、自分だけでは気づけない新たなことば・概念、そしてときには理論が（他者から）入力されることに相当します。ひとりで学んでいるよりも、協調的な環境デザインの方がそういうチャンスが多いのだと。

からだメタ認知メソッドも同じ思想です。他者からことばや概念をもらって、もしくは他者に質問してもらうことによって、自分のことばシステムを活性化させる、つまり、他者のことばが自分のからだメタ認知を促すのです。

協調学習の成否の鍵はからだメタ認知

ただし、ここで重要なのは、他者のことばや概念や理論がことばシステムに入力されたときに、自分の体感や生活上の実感に照らして、そのことばや概念や理論を考えるということです。それを怠ると、その生徒は無自覚に他者のことばや概念にしたがうことになり、真の学びは得られません。ひとりの生徒の学びがうまくいかなくなると、グループを組む他の生徒の学びの足を引っ張ります。協調学習チームは一種の運命共同体ですから。協調学習がうまく成立するためには、学習に参加しているすべての生徒が、からだメタ認知的な学びを自ら遂行する意図をもっている必要があります。

現在の協調学習研究には「自分の体感や生活上の実感に照らして」という考え方は、明確には見受けられないように思います。学習科学で主に扱っている学校の教室における学びも身体知の学習であるはずです。白水氏の例題は、折り紙や図を用いて算術の問題解決をするというものです。折り紙という物理的な媒体を折るというタスクには、身体を伴います。図は物理的な媒体ではありませんが、紙の上に描くという行為に身体を伴います。身体性が暗に入り込んでいるトピックであるだけに、生徒一人ひとりの思考過程を深く分析すれば、からだメタ認知でいうところの、体感や知覚や身体動作に該当するデータも存在するのではないかと私は推測しています。

学習科学の研究者たちが集めるデータが、生徒の思考データ（第五章第2節の(5)、(6)に該当すること ば）に限定されているのかもしれません。からだメタ認知の思想に基づいて協調学習の研究をすることは、学習環境デザインの新しい扉を開くことにつながると確信しています。

心理学概念〈メタ認知〉との相違

心理学には古くから〈メタ認知〉という専門用語があります。自分の思考を振り返って言語化することを指し、学びを促進する行為であると説かれてきました。そう聞くと、からだメタ認知と同じではないかと思われる方も多いと思いますが、私は従来の〈メタ認知〉には身体知を学ぶ手段としては重要な欠落があると考えています。

メタ認知は、英語では meta-cognitive reflection という言い方をすることもあります。〈メタ認知〉も〈リフレクション〉もほぼ同じ意味で使う研究者が多いようです。いずれも学びを促進する認知的な手段として、学校の教室で学ぶシーンや社会的行動規範を学ぶという問題領域を対象に研究されてきました（例えば［Brown 1978; Flavell 1979; Mazzoni et al. 1998］）。思考を頭のなかだけに留めないで敢えてことばとして外に出し、自分の思考を客観的にモニタリングすることによって、明確に自己分析をして行動を制御するというのが〈メタ認知〉の考え方です。

〈メタ認知〉と〈からだメタ認知〉の違いを説明する前に、「メタ」という用語について説明します。「メタ」はそれに続くことばの再帰を表します。公式風に言えば、メタXは「XのX」[9]です。つまりメタ認知とは「認知の認知」です。

環境は認知の内か外か

心理学者のブラウン（Brown, A. L.）やフラベル（Flavell, J. H.）らが〈メタ認知〉を提唱した時代には、研究対象である「認知」は、頭のなかで言語的に考えていること、つまり思考を指しました。したがって、認知の認知であるメタ認知とは、自分が「何を考えているか」をことばにして明確に捉える行為であると定義されたのも不思議ではありません。また〈メタ認知〉という概念が登場した当時は、第三章で述べたように逐次的な情報処理モデル（知覚→思考→行動）で知能が理解され、環境は認知の外側に位置するものでした。したがって、認知＝頭のなかで言語的に考えていること、という図式だったのです。しかし、〈認知カップリング〉の考え方や〈状況依存性（situatedness）〉の考え方［Clancey 1997］が生まれました。認知とは、単に頭のなかで生起している思考だけではなく、環境からの知覚、環境に対する働きかけとしての身体動作も含む、主体のからだと環境のインタラクションの総体を意味すると。

したがって、身体知研究では、主体のからだと環境のインタラクションの総体というモデルで、からだと環境の関係を捉える必要があります。認知を単なる思考ではなく、主体のからだと環境のインタラクション全体を指すと考えたうえで、メタ認知を「認知の認知」であると考えるべきなのです。

モニタリングという思想

〈メタ認知〉は、自分の思考をことばで表現して、自分を客観的にモニタリングする行為です。つまり、ことばにする対象は「思考」です。しかし、ことばにする対象が「思考」に（暗に）限定されているのは、メタ認知のあるべき姿としてはあまりにも狭義です。身体と環境のインタラクション全体（体感も含めて）をことばで表現するという側面が欠落しています。

具体的にいえば、第五章第2節で列挙したことば化の対象のうち、〈メタ認知〉が対象にしたのは、(5)（自分は知覚したモノ世界にどのような意味を与え、解釈しているのか）、(6)（自分はどんな問題意識や目的をもっているか）の二つでしょう。(1)〜(4)（身体と環境のインタラクション）が欠落しています。それが〈からだメタ認知〉との相違です。

従来のメタ認知研究で、からだにまつわる広範囲のモノゴト（身体動作や知覚や体感）をことばで表現することを実践した研究事例は、私の知る限り存在しません。(1)〜(4)は近位項です。知の状況依存性や認知カップリングという思想が生まれる前には、「捉えどころのない曖昧な」モノゴトをことばで表現することは科学的ではなく、学問にもならないという意図があったのではないかと推察します。

頭のなかで考えていることをことばで表現して、あるいは身体の動きをビデオに撮ったりして、明白に「見える存在」にすることが、〈メタ認知〉の第一義的目的であることを物語っています。〈メタ認知〉の根本思想は、「思考を見える存在にして、再確認（モニター）し、自分の現実を考えなさい」なのです。[10]

図5－1〜図5－4で説明するならば、〈メタ認知〉は上の楕円（ことばシステム）に閉じた行為であるといってもよいでしょう。自分のからだが感じ、考え、遂行しているモノゴトのなかで、明確にことばで表現できそうな部分だけを、そして身体の動きについても客観的に計測可能なモノゴトだけを研究対象にしています。

身体性をどう扱うか

〈メタ認知〉は下の楕円を扱っていない、つまり、身体が欠落しているのです。第三章で解説した情報処理モデルには身体が欠落していた（頭だけが環境に対峙していた）こととまさに呼応します。学習する対象も教室での学びや社会的行動規範に限定されており、身体知研究は皆無でした。身体知研究を十全に為すためには、従来の意味での〈メタ認知〉を脱却し、「体感や知覚も含めた、からだと環境のインタラクションの総体」を研究対象にする必要があります。

からだメタ認知は、まさにそのメソッドです。第一義的目的はことばと体感を常に結びつけることです。体感は、決してモニターできる存在ではありません。体感をことばで表現するのは、客観的にモニターするためではなく、ことばを駆使することを通じて「体感の存在に意識を留める」ためです。ことばで表現するからこそ、二つの異なる動作の体感が異なることに気づいたり、類似・連動性に気づいたりできるのです。モニタリングしなくても、体感の存在に留意することによって、類似、連動、相違は判断できます。

従来の〈メタ認知〉は、身体が欠落した「頭メタ認知」と言えると思います。一方、〈からだメタ認知〉こそ、状況依存性や認知カップリングの思想に基づく、本来の意味での「メタ認知」そのものです。したがって、敢えて〈からだ〉という文言を入れて呼ばなくてもよいとも思うのですが、「からだという側面（図5－1～図5－4の下の楕円）が欠落しないように」という想いを込めて、そして、いまだに使われている〈メタ認知〉という用語と区別する意味で、〈からだメタ認知〉と呼ぶことにしています。

内部観測という考え方

からだメタ認知メソッドがもつ意味を論じるために、内部観測という考え方を紹介します。

科学的営みにおいて、観測とは、観測対象を客体化して観察し、記述することを指します。つまり観測とは通常、外部からの客観的観測を意味します。内部観測とはそれに相対する概念であり、複雑系科学の分野で生物物理学者の松野孝一郎氏が提唱した考え方です。様々な要素から成るシステムの内部者である主体が、システムの内部で生じているモノゴトを観測して記述する行為を指します。

松野氏は『内部観測』[郡司 1997] の共著者であり、その第一章で政治家の例を挙げて説明しています。政治の世界は、政策に対する考え方、信念、野望が互いに異なる数多くの政治家から成り立っています。各々の政治家は、権力を得て自らの政策を実現し、野望を果たすために、権謀術数を駆使し、共同戦線を張ったり、ときには権力闘争を繰り広げたりします。様々な力関係が発生し、思惑が入り乱れます。互いの思惑を摺り合わせ、折り合いをつけたり、敵対した相手を破滅に追い込んだりします。政治の世界はそのようなモノゴトが生起するひとつのシステムとみなせます。

ひとりの政治家は、政治世界システムで起きているすべてのモノゴトが見えるわけではありません。他の政治家の心のなかは見えません。共同戦線を張っている仲間の政治家の真意もすべてがわかるわけではありません。そこで、相手の政治家のしゃべることばや行動に、そのひとの思惑を測ろうとします。システムの内部者である一人ひとりの政治家は、基本的に、システム内のモノゴトに対しては局所視野しかもたないというわけです。局所視野だけれども、そのシステムの内部にいるからこそ感知できるモノゴトもあります。

政治家がそういうシステムの内部者として感じたことを日記につけているとすると、その日記をつける行為が「内部観測」であると松野氏は論じます。内部観測とは、システムの内部者が「内部から」システムを観測する行為であって、「外部から内部を」観測する行為ではありません。日記をつけながら、次なる行動を起こし、（システムの内部者ですから）行動の結果はすぐ自分に降りかかります。システムの内部者が内部から観測して行動するからこそ、システムの状態に現在進行形で変容を与えます。つまり、内部観測はシステムを動かす力を有します。

一方、すべての政治家の日記を手に入れることができる政治学者がいたと仮定すると、その政治学者は客観的外部観測者です。しかし、各政治家の日記も、身体が感知するモノゴトのすべてをことばに表現できはしないのですから、外部者である政治学者はシステム内の微妙なモノゴトは把握できません。また、基本的に過去のできごとを観測するわけですから、政治学者の観測はシステムに影響は与えません。局所視野ではなく全体視野を手に入れますが、外部観測はシステムを動かす力をもつことはないのです。

からだメタ認知は内部観測

さて、本書では、からだメタ認知とは、身体と環境のあいだに成り立っているモノゴトの実体（特に身体部位の動きとその体感）をことばで表現しようと努力することによって、違和感や感触、そして自分なりの問題意識、疑問、仮説、目標を立て、身体を御する主導原理（包括的シンボルと包括的体感）を得るメソッドであるという議論を展開してきました。

身体と環境のあいだに成り立っているモノゴトの実体をことばで表現するという行為は、まさに内部観測ではないでしょうか。身体と環境がひとつのシステムを形成していて、からだメタ認知を行う主体は、システムの内部者として、一人称視点で、自らの身体とそれを取り巻く環境の相互作用を観測し、記述します。そして、次なる行動指針を決め、行動します。行動を繰り出すということは、身体と環境の相互作用のあり様《よう》を変容させるということです。また、行動をする前であっても、記述行為そのものが、環境の見え方を変容させることもあります。第三章で述べた認知カップリングの考え方がそれを示唆します。行動も、思考（ことばにすること）も、知覚（環境の見え方）を変えるのですから。そして、からだメタ認知を行っている主体は、その変容の結果を、即、自らのからだで引き受けるのです。

システムの内部者として記述し、身体と環境の相互作用が変容し、その変容を自らのからだで引き受けるから、身体と意識のあり様が変わる、つまり、学びが生じるのです。からだメタ認知メソッドが学びの方法論になるのは、内部観測であるが故です。

したがって、からだメタ認知は「モニタリング」ではありません。モニタリング、即ち自己観察ということばには、第三者的に自己を俯瞰的な位置から見て、外部から客観的に観察して、ことばで語るというニュアンスがあります。原理的に、自己を観察できるひとはこの世のなかにはいないのですが。

また、モニタリングということばには「環境」が含意されません。つまり、自らの身体と環境のあいだに成立しているモノゴトを観測するというニュアンスがないのです。

モニタリングという思想を有する従来の〈メタ認知〉や〈リフレクション〉とからだメタ認知の違いは、この観点からも明白でしょう。からだメタ認知は自己の立ち位置から、つまり一人称視点から世界を観察して記述する行為です。観察という行為の向く方向が、自己の内側に向けてか、自己も含めて自己から外に向けてかの違いです。

システムの内部者であるからこそ感知して語れるモノゴトもあれば、システムの内部者であるからこそ感知できないモノゴトもあります。後者の理由は、原理的に局所視野しかもたないからです。しかし、語れるモノゴトだけ語ればよいのです。語ることは、モニターするためではなく、身体とことばの共創関係をつくりあげるための手段なのですから、それでよいのです。

身体と環境の接点をことばで表現する

からだメタ認知が対象とするモノゴトの多くはことばで表現しにくいのですが、私のこれまでの経験によれば、「身体と環境の接点に留意し、接点で生じているモノゴトをことばにしようとする」と、少しは表現しやすくなります。おそらく、身体と環境の接点は、システムの内部者であるからこそ感知できるモノゴトが生起する典型的な場所なのだと思います。

哲学者の中村雄二郎氏は、著書『共通感覚論』［中村 2000］のなかで、皮膚感覚（圧覚、痛覚、温覚、冷覚）は体感（体性感覚）の一種であると述べています。皮膚感覚はまさに身体と環境の接点にあります。例えば、陸上選手が「腰の据わった」体感のある走り方を体得したいと考えたとしましょう。そのとき、地面の土（もしくは、ゴム状のトラックの表面）のことを語ろうと、足裏の感覚に留意するのは得策です。まさに身体と環境の接点を語ることになります。土もしくはトラックの表面（環境）を語ることは着地の仕方や蹴り方（身体）を語ることであり、そのために足だけではなく全身をどう使うかを語り、総体として身体を貫く体感を語ることにつながります。その語りは環境に開かれた行為、つまり内部観測になりやすいのです。

身体と環境の接点をことばで表現しようとすると、身体と環境の境界が変容することもあります。野球を例にして私の経験をお話しすると、手のひらについてことばで語ると[11]、いつのまにか手のひらの感触は意識から遠のき、インパクトの瞬間のバットと球の衝突についての感触を語るようになります。実際に打者が得ている知覚は手のひらの皮膚感覚（近位項）であるにもかかわらず、あたかもインパクト位置での衝突の感覚（遠位項）を直接得ているように思えてきます。

この意識の変容は、身体と環境の境界の変容の例でしょう。からだメタ認知を実践した結果、境界が手のひらからインパクト位置に移ったのです。自己が拡張する方向への変容です。ことばで語る内容（違和感、感触、問題意識、疑問、仮説、目標）の質の変容に応じて、境界が自己拡張の方向にも縮小方向にも変容するのだと思います。

身体と環境の接点を語ったり、それによって境界が意識のなかで変容したりする現象は、まさに、システムの内部者だからこそ感知でき、ことばで表現でき、生じさせることのできるモノゴトの典型例です。システムの外の観察者が客観的に観測して記述できる類いのことではありません。そういうモノゴトを語ることこそ、身体と環境の相互作用（というシステム全体）のあり様を進化させる原動力です。内部観測としてのからだメタ認知は、コト研究を遂行する有効な方法論であるということができます。この点は更に第七章の議論へと発展します。

第七章 身体知研究の最前線

1　一人称研究——一人称視点の記述に基づく仮説生成

客観性・普遍性原則に縛られない知の研究

身体知は身体とことばの共創の結果として体得されること、そしてその体得とは、個人固有な入力変数を探し自分なりのことばを紡ぐことによって身体を御する主導原理を得ることであるという仮説は、私が野球選手として学ぶプロセスを、からだメタ認知メソッドで内部観測的に観察・記述したからこそ芽生えたものです。従来の〈メタ認知〉とは異なり、身体の動きや体感という暗黙性の高い身体現象をことばで表現したこと、そして、個人の心の働きの現れである「ことば」という主観的なデータを扱ったことによって、身体知を身体とことばの共創として捉えるに至ったのです。身体知の学びがこのようなプロセスであると明確に説いた研究はこれまでありませんでした。

というのは、主観的なデータを扱うことに基づいて仮説を立てるという「研究のやり方」は、従来の科学的研究ではよしとされなかったためです。この点について、哲学者の中村雄二郎氏は、著書『臨床の知とは何か』［中村 1992］のなかで、こう論じています。近代科学は普遍性、客観性、論理性の三原則を拠り所にして仮説を検証し、説得力を有する知見を得てきたが、その一方で、普遍性と客観性に縛られているが故に、現場で（臨床で）生じる知のあり様から乖離するという弊害を生んでいるのだと。

身体知を学ぶひとが、自分固有の入力変数を探し、身体動作に自分なりの意味を見出し、独自の主導原理を体得するプロセスは、そのひと固有の心の働きです。それは客観的に観測できるモノゴトではありません。中村氏のことばを借りるならば、「誰でも認めざるをえない明白な事実」[Ibid., p.7]ではありません。その点を鑑みるならば、客観性のみに縛られていると身体知研究は立ち行かなくなります。

昨今、人工知能や認知科学の分野で、知の探究には一人称研究という研究方法が必要であるという思想が誕生しつつあります。人工知能学会の学会誌『人工知能』で「一人称研究の勧め」という特集号（二〇一三年九月）が、また日本認知科学会の学会誌『認知科学』では「フィールドに出た認知科学」という特集号（二〇一五年三月）が組まれ、大きな反響を生みました。その後、二〇一五年四月には、「一人称研究の勧め」特集号に掲載された論文をベースにして、『一人称研究のすすめ――知能研究の新しい潮流』という書籍も出版され［諏訪 2015a］、私は編著者として関わりました。

知の一人称研究とは、あるひとが現場で出逢ったモノゴトを、その個別具体的状況を捨て置かずに一人称視点で観察・記述し、そのデータを基に知の姿についての新しい仮説を立てようとする研究です。知が成り立つ様態を外部から客観的に観察し、記述し、分析するという従来の意味での科学研究のやり方とは異なり、知を成り立たせている主体（本人）の立ち位置から見える世界を（それが「一人称視点で」という意味です）観察・記述するという研究のやり方なのです。先に述べた二つの学会誌の特集号は、いずれも、客観性や普遍性の重要性を認めつつも、主観的もしくは個別具体的なデータを併用して知を論じることの必要性を問うものでした。

一人称視点で観察・記述する対象のモノゴトとは、

- 自分自身はどのような意志をもって、
- 身体を使ってどのように環境に働きかけ、
- その結果として、環境にはどんな変容がもたらされ、
- 環境に相対している存在として、どんなこと（体感も含む）に新たに気づき、
- どんな新しい意図や目的が生まれたか

です。要は、からだと環境のあいだで成り立つインタラクション、つまり行為と知覚、及び、自分の心の働き（思考）の関係を観察、記述するのです。まさに、からだメタ認知メソッドで推奨することば化です。認知カップリングのあり様を観察・記述するのです。

一人称視点だからこそ動的対応を記述できる

本章では、からだメタ認知が知の一人称研究を遂行するための、ひとつの良い研究手法であることを論じます。

『一人称研究のすすめ』の著者たちは、知能研究における一人称研究の必要性について様々な論点を提示していますが、ここでは私が示した論点を解説します。それは、知の本質は揺れ動く環境に相対して動的に対処する「動的対応力」であるという論点です。本書では、知の状況依存性について繰り返し解説してきました。ひとは物理的存在である身体を有し、環境のなかで身体を御することによって、そこに相互作用が生じ、その相互作用に自分なりの意味づけをすることにより知が誕生すると。

動的対応力とは、状況に応じて振る舞い、知を創成する認知力のことを指します。

野球の試合での打者のことを例にとりましょう。速球を予期してバックスイングを行ったにもかかわらず、投手が投げた緩い変化球に即座に対応し、タイミングがずれながらもバットのスイートスポットに当てて渋いヒットを放つというのは、動的対応力の賜物[1]です。その巧打をきっかけとして、その打者はバットで柔らかく球を捉えることと脱力をうまく繋ぐような身体知を醸成できるかもしれません。

第一章で紹介したカフェの居心地のエピソードを振り返ってください。ある席に陣取り形成していた居心地が女性二人組の席取りによって崩れてしまったことにめげず、ほんの少し身体の向きを変えて座りなおした結果、まあ許せる居心地を再形成できたという事例では、身体の向きを変えたという所作が動的対応にあたります。身体の向きという新たな変数を手に入れ、居心地は「意識のもちょう」で変わるものであるということを実体験で学んだのです。

急な坂道を一歩一歩踏みしめながら上っているときに、坂道はあとどのくらい続くのだろうと行く手を見やったことから、坂道の先に見える空の美しさに魅了され、その坂道を歩くのが好きになったとしましょう。普段なにげなくやり過ごしている身近な環境にふと目を留め、些細だけれども「意味」を紡ぎ出すという感性的な知が誕生する事例です。坂道の負荷に身体が対応し、その結果ふと空に留意し、そこに意味を見出した。そのすべてが「動的な対応」です。

わたしたちの身体を取り巻く環境は一定ではなく、常に揺れ動きます。わたしたちは、その環境に反応するべく身体を御し、そのインタラクションに対して（心の働きとして）意味を生み出しています。生きるとはそういうことです。そして、生きているからこそ、そこに身体知が誕生します。また、身体知が誕生するから生き方が変容するのです。本書ではそれを、生きる上での学びと称しています。

身体知がからだの動的な対応の結果として誕生するのであれば、身体知の学びの様を探究する手法として一人称研究が必要なことは明白でしょう。「動的対応」の根幹を為すモノゴトは、身体と環境のインタラクション、そこで生じる体感とそれに対する主体の留意、そして主体が連想したり、新しく生成したりする意味なのですから。これらのモノゴトの多くは、一人称視点でないと観察・記述できません。研究方法を客観的な観察・記述のみに縛っていると、研究データから重要なモノゴトが欠落します。

「臨機応変さ」とは動的対応

別の観点からも一人称研究の必要性を論じます。昨今のコンピュータの進歩は目覚ましいものがあります。情報処理の速度、処理する情報の量、格納できる容量などは、とてもひとが太刀打ちできません。大量のデータを高速に処理する基盤の上に、データマイニングや機械学習などの人工知能研究も進み、例えば、将棋やチェスや囲碁では、トッププロに勝つことのできるコンピュータプログラムも登場しています。

しかし、コンピュータとひとのどちらが賢いかと問われれば、依然、ひとに軍配をあげる人が多いのではないでしょうか。その理由として「ひとは臨機応変に、柔軟にものごとを考えられるから」という答えを多くのひとが挙げるでしょう。臨機応変さ、それがひとの知の本質なのだと思います。人工知能研究者のすべてが、データマイニングや機械学習のアルゴリズムを開発したり、ロボティクス研究を進めたりして、ソフトウェア・ハードウェア両面での「人工」の知能システムをつくっているわけではありません。「人工」の知能システムをつくる前哨として、ひとはどう賢いのかを探るという基礎研究に携わる研究者も相当数存在します。臨機応変さとは何か？　その答えは、知能研究者の最も辿り着きたいもののひとつです。状況依存性と臨機応変さとは、ほぼ同意義であるといってよいでしょう。

残念ながら、その答えの全貌は解明できていません。本書で解説した「知の状況依存性」という概念の登場が一九八〇年代であり、まだ三〇年ほどしか経っていません。

「身体性」という概念についても、本書ではいくつかの節で触れました。臨機応変にひとがモノゴトに対処できるのは、身体という物理的存在を有し、環境とインタラクションするからなのです。身体とことばの関係のあり方（たとえば、認知カップリング）にこそ、臨機応変さの鍵が潜んでいると私は考えています。

臨機応変さとは、そのときどきに応じて、モノゴトへの処し方を変えるということです。したがって、その処し方は基本的に一回性のできごとであるといっても過言ではありません。ということは、臨機応変さとはどのような能力かを問い、コンピュータが持ち合わせないひとの賢さを解明する研究には、一回性のできごとのなかに未だ語られていない知の新しい姿を見出すという研究方法が必要なのです。

一人称研究の思想

これまでの科学は、普遍的な知見を得たいという主義に縛られるあまり、被験者をたくさん集め、多くの被験者で成り立つ共通構造を見出すという研究方法を採用してきました。心理学の一大勢力である実験心理学の分野では、そういう研究方法が支配的です。被験者が数少ない、更には$N=1$（実験心理学では被験者の数をNで表すことが多いです）の研究を、普遍的でない、実証性に欠けると批判し、評価を下げる傾向があります。そういう研究方法や評価法が支配的である限り、臨機応変さの探究は進まないでしょう。

ある被験者が、あるときに遭遇した一回きりの状況において、臨機応変に対処した一回きりの「知の現象」を、まずは普遍的知見を得ようという想いを保留して、個別具体的状況をつぶさに観察・記述し、その記述のなかに臨機応変さの源泉の姿を見出そうとすることが必須なのです。

一人称研究の思想は、普遍的な知見は必要ないと豪語するものではありません。むしろ、普遍的な知見に到達する方法として、従来科学とは異なる方法があり得るのではないかと問い、その試行錯誤を学界全体で行いましょうと呼びかけるものです。『一人称研究のすすめ』のなかで、私は編著者を代表し、以下のように普遍知を目指すのがよいのではないかと論じました。まずは、個別具体的な状況における一回きりの現象をつぶさに記述したデータに基づいて、知の姿についての新しい仮説を立て、その仮説に先見性を感じた研究者（本人でも他研究者でもよい）が、それが成り立つ他の現象を探す。そうやって次第にNの数を増やすことで、仮説を実証したり、普遍に近づいたりするのがよいのではないかと。

身体知研究は臨機応変さの探究に乗り出すべきです。そして一人称研究はその有力な手法になり得ます。

2　構成的研究——学ばせながら学びの様を観察・探究する

構成的手法とは

構成的手法とは、簡単にいうならば、「モノ、もしくは現象を、つくりだして理解する」という研究態度のことを指します。身体性研究の代表的な書籍のひとつとして、ロボット研究者のR・ファイファーとJ・ボンガードによる『知能の原理——身体性に基づく構成論的アプローチ』があります［ファイファー 2010］。彼らは、例えば、「砂漠アリが巣穴に帰る道を見つける方法や、ヒトが歩く方法、あるいは人ごみの中で顔を認識する方法を知りたいと思えば、これらの対象となる振る舞いをある意味で模倣するシステムを人工物として構築する必要がある」［Ibid., p.79］と述べています。人工的につくって、それを環境のなかで駆動させてみて、ひとや生物で観察される事象と比較して、新たな変数を見出して、またつくるというループを繰り返しながら、知の原理を理解しようとする方法論なのです。つくるからこそ新たに変数を見出せるようになるという点が第一の重要ポイントです。また、人工物をつくるので、ソフトウェアの場合であればアルゴリズムを明確に設計したり、物理的なシステムの場合であれば、ハードウェアの要素構成や結線を設計したりして、対象とする知の成り立ちを、まさに「手に取るよう」に理解することになるという意味もあるでしょう。

私が「構成的／構成論的」[2]という用語に出逢ったのは、人工知能研究者の中島秀之氏[3]との議論（二〇〇〇年代初頭であったと記憶しています）においてでした。九〇年代のロボティクス研究を先導した研究者たちでまとめた書籍『知能の謎――認知発達ロボティクスの挑戦』〔けいはんな 2004〕の共著者としても中島氏は名を連ねています。「つくることを通して理解する」という思想は、身体性、状況依存性にまつわる研究を更に深める代表的な基本原理になりました。

身体や問題意識も構成の対象

ロボティクス研究やシミュレーション研究のひとたちを中心に説かれてきた「つくって理解する」という思想は、つくる対象として人工物やシミュレーションプログラムを想定しています。私は、ここで「つくる」に新たな意味を加えてみたいと思います。つくるのは、人工物やシミュレーションプログラムに限定されるわけではなく、ひとの身体や意識における現象も「つくる」対象であると思うのです。

身体知の学びが身体とことばの共創であるとするならば、それは新しい身体の御し方と、新しい意識（ことばで表される意志や問いなど）を現実世界につくりだす行為だということができます。第五章で説いたように、自分なりの問題意識をつくって、それを体現するような身体の御し方で動いてみると、否応なしに新しい身体の御し方は環境とのあいだに、いままでには生じなかったような相互作用を生み出すでしょう。そこで生じたインタラクションの様や副作用的な結果に、新たな変数を見出し、それに自分なりの意味をつくりだすと、再度新たな問題意識が生まれるわけです。そうやって、新たな身体や意識をつくりながら、身体知を体得するとともに理解するのです。身体知を学ぶ過程は、まさに構成のループです。からだと環境のインタラクションをことばで表現するからだメタ認知という認知メソッドは、構成のループを積極的に駆動する手法だということもできるのです。

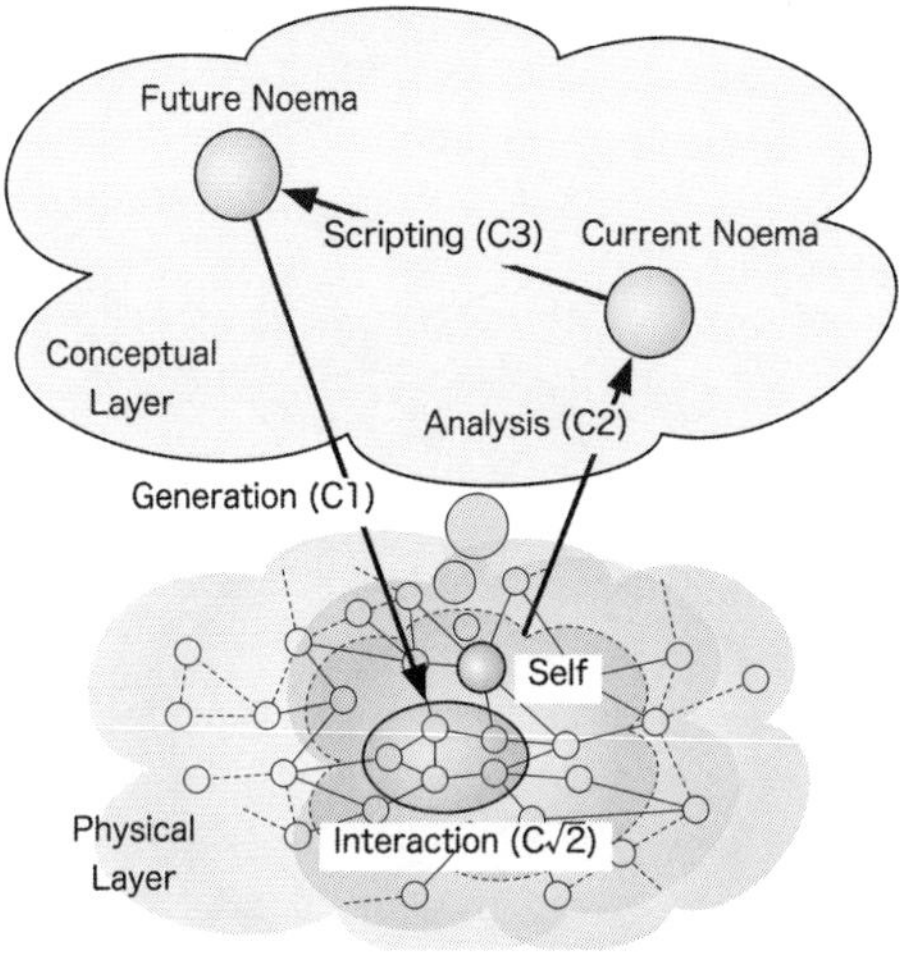

図7－1　構成のループ

構成のループ

私と中島氏と、そして建築計画学の研究者である藤井晴行氏の三名は、二〇〇六年以来、構成のループの一般構造について議論を重ねています。図7－1がその概念図（最新版）です。最新版と書いたのは、構成のループの意味するところについての私たち三名の理解が、この一〇年弱の議論のなかで次第に進化してきたからです。様々な現象を構成のループの観点から理解しようと試み、概念図を実際に紙に描き、議論するという研究行為そのものが、実は構成のループだったのです。

図の下の方のエリア（Physical Layer）は、現実世界を表します。「つくられる」ものや現象が（つくられて）登場する場が、この現実世界です。図のC1（Generation）が、つくりだす（現実世界に登場させる）行為、あるいはプロセスを指します。C1の矢印の先に位置する楕円は、つくりだされたもの、あるいは現象を示しています。一般に、ものや現象は単一要素から成るのではなく、複数の要素や要因から成ると考えられるので、楕円のなかには丸ノードとその間のリンクを描いています。丸ノードがつくりだされたものや現象を構成する変数、着眼点、要素、要因などを示し、リンクは、それらの間の関係を示します。

この図は、この現実世界に居て、そこで様々な問題意識を醸成する一人のひとの構成ループを描いたものです。Selfと描かれたノードは、そのひとの身体が現実世界に位置していることを表しています。

また、現実世界には様々なもの、現象、要素が遍在しています。Physical Layerと書かれたエリアに点在する丸ノードがそれを表し、その間のリンクは、それらの関係性を表しています。このエリアが雲のような形で描かれ、中と外の境界も曖昧な（線で囲っていない）のは、意図的です。C1で新たにつくられたモノゴトに何が関与するか（関与する場合には、楕円の中身の要素とリンクが引かれる）は予め規定できないことから、敢えて境界を設けない描き方にしているのです。

モノゴトがつくられて（C1が現実世界に登場して）初めて、そこでSelfの主体の意志とは関係なく、偶発も含めて現実世界に共存する様々な要素が相互作用します。この過程をC√2と私たちは呼んでいます。[4] C√2の例として、中島氏は、書道家が薄墨で書いたとき、墨が滲むこと（半紙に薄墨が乗ったときに生じる物理現象）によって何とも言い難い味が醸し出されることをよく例に出します［中島

2009]。その例で言えば、半紙に薄墨で文字を書くという行為がC1で、半紙上に乗った薄墨自体が楕円です。どのくらい滲むのかは、半紙の素材、その日の湿度・温度、薄墨の組成、書いたときの筆圧やスピードなどに影響するでしょう。私がここで想定していない要因の関与もあるかもしれません。

つくって初めて相互作用が決まる

C√2のプロセスを身体知の例でも説明してみます。あなたは、今日は少々寝坊をしたために駅までの坂道をいつもよりもかなり速く上っているとしましょう。そういう歩き方（身体の御し方）を現実世界に生み出している行為がC1です。速く歩くために身体部位のあちらこちらをいつもとは異なるように駆使しているかもしれません。速く歩くことに関与する要素や部位の動かし方が楕円の中の各丸ノードでしょう。坂道の斜度は、現実世界（Physical Layer）中に存在する丸ノードであり、確実にその歩き方と相互作用します。路面状態は足裏と道の表面の摩擦を決定します。雨が降っていたら、路面状態はいつもと異なります。傘を手に持っていたら、あるいは、重い荷物をその日持っていたら、持っていないケースと比べて、微妙ではあるけれど足の運びが変わり、足裏と路面との相互作用に影響を与えるでしょう。ここで列挙した様々な要因が、速足で歩いている行為とインタラクションするのです。実際に速足で歩いてみて（C1）初めて、現実世界にある様々な要因の何が関与するかが決まるのです。この相互作用（関与するということ）がC√2のプロセスです。「つくって理解する」という構成の思想には、「つくって初めて、実際にどういう相互作用が起こるかが決まる」という意味も込められています。

相互作用を基に自分なりの問いが芽生える

さて、C√2のプロセスをどう認識するか、そして、その相互作用にどのような（自分なりの）意味を見出すかは、その本人のその日の認知状態に依存します。よく漫画に描かれる台詞や登場人物の想いのように、Selfのノードから丸が連なって図の上部の雲形に至るのは、Selfが頭のなかでそのようなこと（上の雲形の中身）を考えていることを表します。C2（Analysis）は本人が認識する行為を示します。

まず、C2矢印の先にあるCurrent Noema（現在ノエマ）という用語を説明します。ノエマとは、現象学のことばで、簡単にいえば「認識した内容」のことです。環境の何かに対して何らかの想いを生成した、あるいは、環境に触発されなくても何かを想像した場合に、心のなかで生まれた内的表象をノエマと称します。Currentという修飾語句は、現在の現実世界についての認識であるという意味で、Current Noemaは精神医学・臨床哲学の研究者、木村敏氏の造語です［木村 2005］。第五章で、からだメタ認知を実践していると自分なりの問いが芽生えることを論じました。違和感、感触、疑問、解釈、分析、問題点、仮説は、現在ノエマの例だと考えています。

次に、C2矢印の根元が、現実世界に描かれた「点線の雲形」から出ている訳を説明します。認識をもつということは、実は、現実世界の様々なモノゴトのなかで、認識の基になる現象をそれ以外と切り分ける（認識の枠を定める）ことを意味します。何か基になるものが固定されていて、それに対してある認識を抱くのではなく、認識をすることと認識の枠を定めることは、同時に、その場の動的な対応として状況依存的に決まるのです。したがって、現実世界の様々な要素とそのあいだの関係（つまり、相互作用）はそこに潜在していますが、認識すると同時に、本人にとって意味を成す認識の枠も決まります。予め認識枠が固定されているわけではないという意味合いを込めて、雲形を点線で描いています。

たまたまそのときの認識の枠外になったモノゴトは、物理的には、客観的にみれば、関係性を有しているのかもしれませんが、主体には見向きがされない。それだけのことです。今日枠外だったことが、明日には枠内になることもあり得ます。速く歩いたからこそ、ガードレールの支柱が次々に目に留まり、そこに一定のリズムを感じ、楽しくなってしまうかもしれません。この場合、ガードレールや、その間隔は現実世界中の要素（丸ノード）であり、それと歩くスピードの相互作用（$C\sqrt{2}$）に対して、リズムというノエマ（C2）が生まれたのです。

同じ速度で歩いたとしても、別の日には、雨で足元がやけに滑るので、ガードレールには目が留まらないかもしれません。ガードレールは、その日も現実世界の丸ノードとして存在しますが、その日は、点線雲形の枠外です。

ノエマの生成と$C\sqrt{2}$内の点線枠が同時に決まるということ、つまり、$C\sqrt{2}$はC2の潜在的前哨プロセスであるという意味を込めて、私たちは最近、C2プロセスに対して$C\sqrt{2}$プロセスという呼び方をすることにしました。

C3（Scripting）は、現在ノエマを基にして、未来ノエマを生成する行為です。未来ノエマとは、字義通りに書けば、未来への認識です。こういうことが生じれば／生じなければよいなという想いです。したがってC3をScriptingと呼びます。第五章で挙げた問題意識や目標がそれに該当します。この想いがその後のC1を行う動機になります。

つくるからこそ、つくられたものや現象が現実世界に共存する様々な要因／要素とインタラクションして、それに対する自分なりの認識が生まれ、それを基に次に何をすべきかを考える。そして、それを実現するために次なる「つくる」行為を行う。このループを繰り返しているうちに、次から次へと現在ノエマや未来ノエマが生じ、つくるモノゴトのことがわかってくるのです。

藤井、中島、私の三名は、社会的な様々な営為が構成のループの構造で為されていることを論じてきました。社会的なイノベーション［中島 2008］、デザインという行為［藤井 2010］、そしてサービスの提供と消費［Nakashima 2014］などがその典型的な例でしょう。

学びは構成のループ

身体知に話を戻します。その学びが達成される様はまさに構成のループそのものです。ノエマは、現在ノエマも未来ノエマも、ある一人のひとの認識であると述べました。図7－1に漫画の台詞の吹き出しのような形で描いたことでもわかりますが、ノエマはそのひとの一人称視点からみた認識です。そういう主観的な想いが、構成のループの重要な要素なのです。このことを考えても、身体知の学びの研究には、前節で述べた一人称研究が必要であることは歴然としています。したがって、身体知の学びの研究を行うには、本人の主観的な想いを、つまりノエマを、からだメタ認知のようなメソッドで（ことばのデータとして）取得する必要があります。

さて、ここでからだメタ認知の要点を振り返ってみます。本人が、身体と環境の相互作用やそこで生じる体感をことばで表現するからこそ、ことばがことばを生み、自分なりの問いが生まれるという点についてです。構成のループの用語でいうならば、ことばにするからこそC2、C3が生まれ、次なる行為も生まれるのです。つまり、ノエマのデータを得る手段としてのことば化は、構成のループを駆動して未来を生み出す原動力でもあるということです。

体験させないと体験のデータは取得できない

この点について次のような仮想的な研究を考えてみましょう。美術館や動物園をどう設計するかというデザインの問題です。例えば、静岡県長泉町にあるヴァンジ彫刻庭園美術館や北海道の旭山動物園のように、自然のランドスケープのなかに美術館や動物園をデザインするという新しい鑑賞スタイルが流行っています。ランドスケープを楽しみながら散歩することと、芸術作品を鑑賞したり動物を見て触れたりすることは一体であるというわけです。動線のあり方や、動線の周りに何をどう配置するかが問題です。建物の中であっても、ただ部屋から部屋へと何の妙味もなく直線的に歩かせるのではなく、建築空間を味わわせながらひとびとを導くような動線をデザインすることが重要です。どんなランドスケープで、どんな動線をデザインすれば、美術館や動物園の体験が素晴らしいものになるか？　デザイナーはそのことに知恵を絞ります。

さて、研究者がそういう体験に興味を抱いたとすれば、ランドスケープや動線がもたらす体験についてのデザイン研究を行うことになります。読者の皆さんは、そうしたデザイン研究はどうあるべきだと思いますか？　典型的な答えは、実際の美術館や動物園を多くの被験者に歩いてもらって、その体験のなかで印象的だったモノゴトについてアンケートをとったり、インタビューをしたりすればよいというものではないでしょうか。多くのひとが印象的だった、楽しい体験だったと語ることばにランドスケープデザインのヒントがあると。

私は、この種の研究はアンケート調査や単発のインタビュー調査では立ち行かないと考えます。美術館や動物園での体験とは空間体験であり、多分に暗黙知であるからです。単発のアンケートやインタビューで、楽しさがどういうランドスケープから生じたものであるかを入館者／入園者が簡単に語れるとは思いません。からだメタ認知の基本思想でも述べたように、空間体験を語ることが自分なりの問いを生み出し、それは次なる意図（その空間をどのような想いをもって歩いてみようか）を生み出すのです。つまり、入館者／入園者は、体験を語ることによって空間体験の仕方を構成的に変容させることになるのです。空間体験はまさに身体知の学びです。語って問うて初めて、本人も空間体験が自分にとってどういうモノゴトであったかをわかるのです。

別の言い方をするならば、被験者の意識調査とは、彼らが自分ごととして何回もその空間に関わり、体験した上で、彼らの心や身体に生じたモノゴトを語ってもらうようなものであるべきだと思うのです［諏訪 2015b］。彼らのからだメタ認知のスイッチを入れることを促して初めて、本当の意識調査になります。

学ばせながら学びの様を観察・探究する

楽しい空間体験をもたらす美術館や動物園のランドスケープや動線をデザインするという本来の目的を真面目に探究するならば、被験者の学びに寄り添い、学びがどう進化するかを長期間観察する必要があるのではないでしょうか。被験者に語らせるとノエマのデータが得られます。しかし、語らせること自体が被験者の学びを進化させ、ノエマのデータを変容させます。

より一般的な言い方をすると、研究者が観測する行為（被験者のノエマのデータを取得するために語らせること）が、観測対象自体を変容させるのです。科学的方法論が掲げてきた客観性は、別のことばでいえば、主客分離という原則です。観測する主体と、観測対象である客体を分離することが客観性を担保するのです。それに照らせば、観測行為が観測対象を変容させるという事態は多くの方は御法度だと思うかもしれません。

しかし、私は、身体知の学びの探究はそれでよいのだ、むしろ、そうあるべきだと考えています。被験者の身体のなかに「体験の真実なる姿」が確固として存在し、それに影響を与えずにそっと取りだすことができるわけではないのです。水の温度という、観測者とは独立にその場で客観的に成り立っている値を取りだすこととは、わけが違います。空間体験という身体知は、本人がそれを真剣に考えたり、ことばで表現したりすることで進化するモノゴトなのです。

身体知の研究は、対象者（研究者本人であっても、他者であっても）に学ばせながら、本人が変容する学びの様態を観察・記述して、そこに知の姿を見出すというスタイルで遂行する以外に方法はありません。「学ばせながら学びの様を観察・探究する」。これこそ構成的研究の最たる形であると思います。

3　生活研究――研究と生活を切り離さない

自分ごととしての学びの研究

身体知の学びの研究では、研究をするひとの生活と研究が分離していてはよろしくないと私は考えています。身体知の学びの研究は生活研究であるべきだということを議論します。

大学の私の研究室では、研究という営みを初めて体験する学部生の卒業研究については、生活のなかで自分が思い入れのある例題で、そこに潜む知の姿について探究しなさいと指導します。決して、私がこんな研究テーマがあるよと与えはしません。一人称研究の形をとるのであれば、自分が生きる上で体得したいと真剣に考えることのできる身体知を学ぼうと決断し、その研究対象とがっぷりよつになって、長期間学びを進化させながら、学びの変容を観察することを勧めます。

必ずしも一人称研究のスタイルをとる（自分を被験者にする）必要はありません。他者の知を観察するのであれば、その他者がそれについて一人称的に語ることを（研究者が）どう促すか、どう観察するのかという問いが、熟考すべきポイントになります。その他者と研究者としての自分を主客分離するのではなく、研究者は、他者にその知を語らせ、学ばせるためのファシリテーターとしての役割を担うのがよいと思います。この場合も、研究対象とする知の姿に対して（これから研究する訳ですからその全貌はわかっていなくても）何らかの強い思い入れがあるべきだと考えています。

なぜ、生きる上での思い入れみたいなものが、身体知の研究者には必要なのでしょうか？　身体知の研究が、学びながら学びの様を観察・探究するという構成的研究のスタイルをとるのであれば、それは長期間に亘ります。問うて、やってみて、また問う。その構成のループを継続して初めて、学びが進化し、そこに探究に値する知の面白い姿が現れます。学びが継続しないと研究的なメスを入れる価値が生まれないのです。

継続のために最も重要なことのひとつが、本人の思い入れや動機です。動機が強くないと自分なりに問い続けることができません。私の野球に関する研究が継続しているのは、私が研究者である前に、「もっと上手くなりたい」、「自分の身体能力からすれば、インコースを打てないのは何かがおかしい」という生活者としての強い想いがあるからです。

他者の生活のなかの知を観察する場合にも、他者が問うては試すという学びを継続することができるように、研究者が何らかの働きかけをする必要があります。ファシリテーションか、更に深く介入してコーチングか。いずれにせよ、自分自身が被験者の場合よりも、更に難しいタスクでしょう。その知に対して研究者が生きる上で思い入れがないと、他者に働きかけるなんてことは到底不可能だと思います。

したがって、毎年卒業研究を始める時期になると、学生には思い入れのある事例を語りなさいと命じます。語りを聴いていると、そこに思い入れが本当にあるのかどうかわかります。ややもすると学生は、身近な少し興味のあることのなかから、ぱぱっと研究になりそうなこと、研究データを取りやすそうなことを挙げて、それらしく語るということに陥ります。学生の語る口調や熱の入り方、目の輝き、そしてどれくらい詳しく語れるかによって、本当の思い入れか、打算的な思考かは明白です。本当に思い入れがある場合には、本人ならではの問いが詰まった語りになります。

別のことばでいうならば、それは自分ごととしてその研究対象を捉えているかどうかということです。拙著『知のデザイン——自分ごととして考えよう』〔諏訪 2015b〕では、学ぶという営為は自分ごととして考えることであると論じるもので、そのなかで生活、研究、デザインの様々な例を挙げています。研究をするひとの生活と研究が分離していては、自分ごととして研究対象を捉えることができないと思います。自分ごととして問うてやってみるからこそ、身体知を体得でき、その様を記述する研究に価値が生まれるのです。

身体知研究は「生活を問う」ことに至る

では、生活と研究はどうつながるのでしょうか。結論からいえば、身体知の学びをとことん追求すると、研究対象である身体知だけに留まらず、生活全般のモノゴトに関係してくるのです。例えば、宮本武蔵の『五輪書』〔宮本 1985〕は単に剣の技を論じたものではありません。もちろん剣の使い方の技術指南的な内容も含まれていますが、心の保ち方、生き方に言及する文章も枚挙にいとまがなく、むしろ後者に武蔵の主眼があるのではないかと思わせます。

私の研究室にはかつて剣道部の選手がいました。剣道のような対戦型スポーツでは、自分と相手とのあいだに「間合い」なる現象が生じます。自分の間合いをつくるということばがありますが、これが意味するところ自体、いまだ解明されていません。[5] 身体どうしの物理的な距離は明らかに間合いの形成には関与するでしょうが、それだけではありません。身体各部位の微細な動きが異なれば、同じ距離でも間合いは異なるでしょう。それまで両者の身体がどう動いてきたかという履歴も関与するでしょうし、これから両者がどう動こうとしているか、どんな戦略で相手を負かそうとしているかも、いまの間合いには関与するでしょう。自分の間合いを築こうと画策しながら、相手が攻めや守りに動く気配を感じ、どのような技で一本をとるか。剣道家たちが日々磨かんとする技は多岐に亘ります。

その学生も当然のように、自分の技を磨くための学びを卒業研究として取りあげ、からだメタ認知を実践して自らの学びを問うこととなりました。当初は、身体各部位を詳細に意識することから始まり、しっかりと立つとはどういうことか、姿勢の制御、筋肉への意識、骨格とその連係を意識することを経て、スキルは各段に向上し、それまでには繰り出せなかったような技を体得しました。そして、仙骨がすべての運動の源であるという考えに至った頃から、彼の語りは身体スキルを超越し、身体の成り立ちそのものを考え、身体を考える生活を意識する域に到達しました。そして、卒業間近には、「生きるとはどういうことか」という哲学的な思惟すら彼の頭には去来するようになったのです。一年以上に及ぶ彼の学びの様については文献［諏訪 2010］に記述しています。

構成のループにおいて現実世界には境界がないと論じたことを思い出してください。ずっと最近考えてきたことや、新たな試行（C1）の結果、現実世界に生じたモノゴトと、インタラクションを起こすモノゴトには、「ここから内側の領域である」というような枠がないのです。潜在的にはあらゆるモノゴトが関与する可能性があります。当初は身体スキルの追求だったことが、生活全般のモノゴトに発展するのも不思議ではありません。

私の野球の打撃の身体知を学ぶ営みにおいても、脱力してバットを振り出すこと、投手の投球動作に上手にタイミングを合わせること、体重をうまく利用して力強く球を叩くことなどからスタートして、しっくりと自然体で立つとはどういうことか、姿勢をどう維持するか、呼吸をどう整えるかという具合に、思考は発散的に広がりました。姿勢や呼吸は、例えば教員として教壇に立ってしゃべったり、学会で講演したりするときの発声スキルにも関係します。声を出すということ、自分のことばに説得力をもたせること、自分が心底主張したいことを発露すること。これらは密接に関わるモノゴトであり、単によい声でしゃべるという発声スキルだけに留まるものではありません。

身体知を学ぶということは、研究対象として興味深い知の姿ではありますが、研究と生活が密接につながっていて切り離せないとは、そのようなことなのです。つまり、身体知を本気に問うと、生活を問うことになります。それが身体知の学びという知のひとつの重要な側面なのです。身体知研究は必然的に生活研究にならざるを得ません。生きることは、構成のループそのものですから、生活研究は当然のように構成的研究のスタイルをとることになります。また、生活研究は、一人称研究のスタイルによって意識の深いデータを扱うのが得策でしょう。

4 ことばの分析——プロトコル・アナリシスの手法

プロトコル・アナリシス概要

身体知の学びの研究に、一人称観点のことばが必要であるなら、ことばのデータをどう分析するのかは重要な論点になります。この点を詳しく解説します。

心理学や認知科学の分野では、知的な活動をしているひとに、活動中に考えていることを口頭でしゃべらせて、その言語化データを分析することが古くから行われてきました。言語化データのことをプロトコル、その分析のことをプロトコル・アナリシスと呼びます。厳密には本人がしゃべったことばのことをプロトコルと呼ぶようですが、本書では書き綴ったことばのデータも含めて、プロトコルと称することにします。

書いたことばにせよ、しゃべったことばにせよ、つぶさに読み、要約すれば、おおよそどういうことが書かれているかを分析できると思われる方もいると思います。古くは、そういう定性的な分析研究を目にしたこともあります。しかし、一方で、定性的分析は、研究者が注目する文章やフレーズだけを取りだして論じることが多く、それは必ずしもプロトコル全体の傾向かどうか判断できないと批判する方もいるでしょう。あまりに恣意的な解釈であり、「分析」の名にはふさわしくないと。

プロトコル・アナリシスのバイブル的書籍として、心理学者・認知科学者であるエリクソン(Ericsson, K. A.)とサイモン(Simon, H. A.)が纏めたものがあります［Ericsson 1984］。彼らが示したプロトコル・アナリシスの基本的手法は、

・予めカテゴリーを作成し、
・プロトコル全体をセグメントに分け、
・各セグメントに関して、そのセグメント中の文章に含まれる単語やフレーズの意味することを解

釈して、カテゴリーにエンコーディング（encoding）する。という分析を行います。

エンコーディングとは、その文章中からそのカテゴリーに該当する「情報」を抽出するという作業です。そういう情報がそこにあった、つまり、そのひとはそういうことを考えていた／留意していたということを明らかにすることになります。どんなカテゴリーを作成するかにもよりますが、単語がそのまま情報としてコーディングできることもありますし、フレーズ全体、ときには文章全体で「○○という趣旨のことが語られているから、それは△△というカテゴリーに該当する」とコーディングすることもあります。

セグメントの分け方は研究の目的にも応じて様々で、セグメント化には研究者の解釈が入ることもあります。からだメタ認知をするひとが、ある日に書いた文章全体を1セグメントにする場合には、分析対象である長い時間のなかで、日ごとのことばの変遷を分析したい場合でしょう。また、あるひとがひとつの知的活動をしている間にどういう意識の変遷があったかを分析したいのであれば、書かれた（あるいは話された）文章の意味内容が変わった箇所で、セグメントを分けるのがよいでしょう。

第六章で紹介したボウリングの研究を振り返りましょう。あの研究では、身体部位についてのカテゴリーをつくることに決め、身体部位への留意の詳細度という観点でカテゴリーをつくったのです。そして、最終的には大雑把と詳細という二つのカテゴリーに分類し、文章中に登場する身体部位を表す「単語」をどちらかのカテゴリーにエンコーディングしたわけです。

エンコーディングを行うことの利点は数量化です。それまで文章だったデータが数量データになり、定量的な分析が可能になります。日ごとにセグメントを分ければ、各カテゴリーに該当する情報が各日に何個存在するのかを数え上げ、日ごとの変遷グラフを描けるのです。第六章のボウリング研究では、各日の大雑把カテゴリーと詳細カテゴリーの個数の比率を算出し、九ヵ月の期間全体を横軸にとり、その比率の変遷を可視化したのが図6－2でした。

一方、身体の動きに関するデータは数値情報であることが多いので、こうして身体とことばの関係性を定量的に比較分析することができるようになるのです。ボウリングの研究では、身体部位への留意の詳細度の転換と、成績の急上昇のあいだに、意味のある相関が見つかったのでした。

カテゴリー作成——予めことば群が定義された場合

実は、プロトコル・アナリシスでもっとも重要かつ難しいのは、カテゴリーをつくることなのです。一般には、研究対象のモノゴトをどう捉えようとしているか、研究目的は何かに応じて、研究者がカテゴリーを編み出さねばなりません（エリクソンらの書もこの点には詳しく触れていません）。

本節では、まず、カテゴリー作成があまり難しくないケースを例示することから論じます。

エリクソンらの書の初版が出版されたのは一九八〇年代でした。本書で説いてきたように、その頃は身体性や状況依存性という概念がまだ隆盛していない時代です。認知科学や人工知能の中心的テーマはひとの知的な推論のメカニズムでした。知的な問題解決行動を、定義された問題空間内で解を探索することと見なしたのです。すなわち問題空間は、その問題を構成する有限個の要素と、要素を操作して世界の状態を変える有限個のオペレータ（操作子）で決定できると定義したのです。

例えば、有名な「ハノイの塔」の問題で説明します。三つの棒の一つに、下から順番に、大きいディスク、中くらいのディスク、小さいディスクが刺さっています。つまり、大ディスクの上に中ディスクが、その上に小ディスクが載っています。「ハノイの塔」とは、その棒から他の一つの棒にディスクをすべて移して、下から大、中、小という状態を再現するためには、どう操作したらよいかを探すという問題です。他のディスクの上に別のディスクを載せるときには、決して、より小さいディスクの上に、より大きいディスクを載せてはいけないという制約があります。また一度に動かすことができるのはひとつのディスクだけです。

ハノイの塔の問題を構成する要素は三種類のディスクと三つの棒です。そして、定義された（許された）オペレータ（操作）は、ある棒からある棒へあるディスクを動かすという行為だけです。このように有限個の要素と有限個のオペレータで問題が定義されているこの種の問題は、「しっかりと定義された問題」（well-defined problem）と呼ばれました。

ハノイの塔の問題を解こうとしている被験者に、考えていることをリアルタイムにしゃべってもらうことにします。そして、研究の目的は、そのことばのデータを基に、ひとはどんな問題解決をするのかを分析することであるとします。七〇年代頃までは、実際にそういう研究が盛んでした。しっかりと定義された問題空間ですから、被験者が考えることも、定義された要素と、要素間の関係を司るオペレータのみに限られるはずだと研究者は考えるのです。しゃべることばはすらすら進まなくても、大、中、または小のディスクをどの棒からどの棒に移すという類いのことばは必ずどこかでしゃべります。そういう定義されたことば群だけをエンコーディングするのです。

プロトコル・アナリシスで最も難しいのは、カテゴリーとして何を用意するかを考案することだと先に述べました。しかし、「しっかりと定義された問題」のプロトコル・アナリシスを行っている限り、研究者がオリジナルなカテゴリーを用意する必要はないのです。定義されたことば群だけをカテゴリーとして選択するのですから。

カテゴリー作成——研究者が編み出す場合

さて、プロトコル・アナリシスはこのような例にばかり適用されていたわけではなく、研究者がオリジナルなカテゴリーを考案しなければならない例も数多くありました。現実世界の知的活動は、必ずしも「しっかりと定義された問題」ではありません。本章第2節でも論じたように、実は、知的な活動に関与するモノゴトは予め枠を決められないのです。そういった現実のモノゴトにおけるひとの意識を分析しようと思うならば、研究者が自らカテゴリーを考案しなければなりません。それが実に難しいのです。

エリクソンらは、以下のような例を挙げています。「思考する」とひとくちに言っても、様々な種類の思考があるはずだとして、エリクソンらは、

・意図（次は○○したいという未来への思考）
・認識（現在の世界の状態を捉える思考）
・条件に応じた推論（もし○○なら××、もし△△なら□□……という可能な選択肢を考えること）

・評価（行為の善し悪しを評定する思考）

という四つのタイプの思考というカテゴリーをつくりました。

ある知的活動を遂行中に考えていることをしゃべらせたプロトコルを取得すれば、この四つに該当する思考をエンコーディングすることによって、どの時点でどの思考がどういう順番で起きたかが判明します。そして、例えば、思考の連鎖の遷移確率（ある思考の後にある思考が起きる確率を、同じ思考の繰り返しも含めて、すべてのペアに対して算出したもの）といった、定量的分析を行うことが可能になります。何種類かの知的活動で遷移確率を比較すると、それらの活動の相違点が明らかになります。

カテゴリー作成――背景思想や満たすべき条件

さて、研究者はこの種のカテゴリーをどのようにして考案できるのでしょうか？　結論からいうと、よいカテゴリーを考案できるためには、

・その研究者が研究の対象とする問題領域をどのような視点で捉えようとしているか（着眼）
・そういう視点で捉えることがなぜ面白いと思うのか（先見）
・研究で何を明らかにしたいか（研究目的）
・そもそも知についてのどういう理論を信奉しているか（理論・仮説）

などの背景思想をもっていなければならないと私は思います。思考の四種類のカテゴリーをどういう思想で考案したかについて、エリクソンらは詳細には語っていませんので想像になりますが、そもそ

も思考といっても現状の世界についてのものなのか、未来への布石としてのものなのかで全く異なるという想いが、まずあったのだと思います。意図は未来志向であり、それ以外は現在志向です。しかし現在のなかでも、評価は未来につながる前哨的な思考かもしれないという意味で、認識や条件推論とは性格を異にしています。研究者としてのそういう対象世界の見方があって、カテゴリー作成が可能になります。

また、カテゴリーを作成するということは、

・各カテゴリーは排他的であること
・用意したカテゴリー全体で多くの現象を抽出できること（漏れが少ないこと）
・各カテゴリーの抽象レベルは揃っていること
・少数のカテゴリーだけにエンコーディングが集中するなどという不均衡な事態にならないこと

という条件を満足しなければならないことは、言うまでもありません。

研究者駆け出しの学生が考案したカテゴリーを見ると、この四条件を満足していなかったり、目的、先見、着眼、理論・仮説が裏に感じられないカテゴリーになっていたりすることがあります。学生の作成するカテゴリーには明らかな違和感（研究者のプロとして自分が作成するであろうカテゴリーとは異なる感じ）を覚えたとしても、違和感の所在をなかなか明確に言語化できるものでもなく、どう指導すればよいのか途方にくれることもあります。カテゴリーの原則をことばで表現すると、上述の背景知識・着眼や四条件のようになるのですが、これらを明示したとしても、即、学生たちがよいカテゴリーを作成できるようにはなりません。カテゴリーの作成自体が、身体知なのかもしれません。

身体知なのだとすると、具体的な事例でなぜそういうカテゴリー作成をしたのかを語る以外に、教える方法はないのかもしれません。これぞ、一人称的なケーススタディから学ぶという好例でしょう。そこで、次に私がかつて行ったデザイン研究におけるカテゴリー作成の裏にあった思考を提示してみます。

デザイナーはなぜスケッチをするか？

ここで紹介する事例は、デザイナーが初期のアイディアを練るときになぜ手描きでスケッチを描くのかを問う研究でした。先行研究としてデザイン理論の研究者であるショーン（Schön, D. A.）の研究［Schön 1983］がありました。ショーンの主張はこうです。デザイナーは既に頭の中で確固たる形で芽生えたアイディアを「記録」するためにスケッチを描くのではない。曖昧なままでもアイディアの断片や種を紙に描きとめておけば、描かれた線や文字のあいだに、それまで意図していなかったようなことがみえてくる。そしてそれがアイディアの源泉になると。

この説に興味をもった私は、共同研究者のトバスキ（Tversky, B.）と一緒に、何名かの建築家に仮想的なデザイン課題を与え、建築家がスケッチをしながら何を考えているかを、プロトコル・アナリシスで分析することにしました。研究の目的は、スケッチとアイディアの関わりについてのショーン説のエビデンスを集めることでした。

仮想的なデザイン課題は、「与えられた敷地（敷地の大きさと形を指定した紙を渡します）に、〈光と水と空気の美術館〉を建てるための初期コンセプトを練ってください」というものにしました。光、

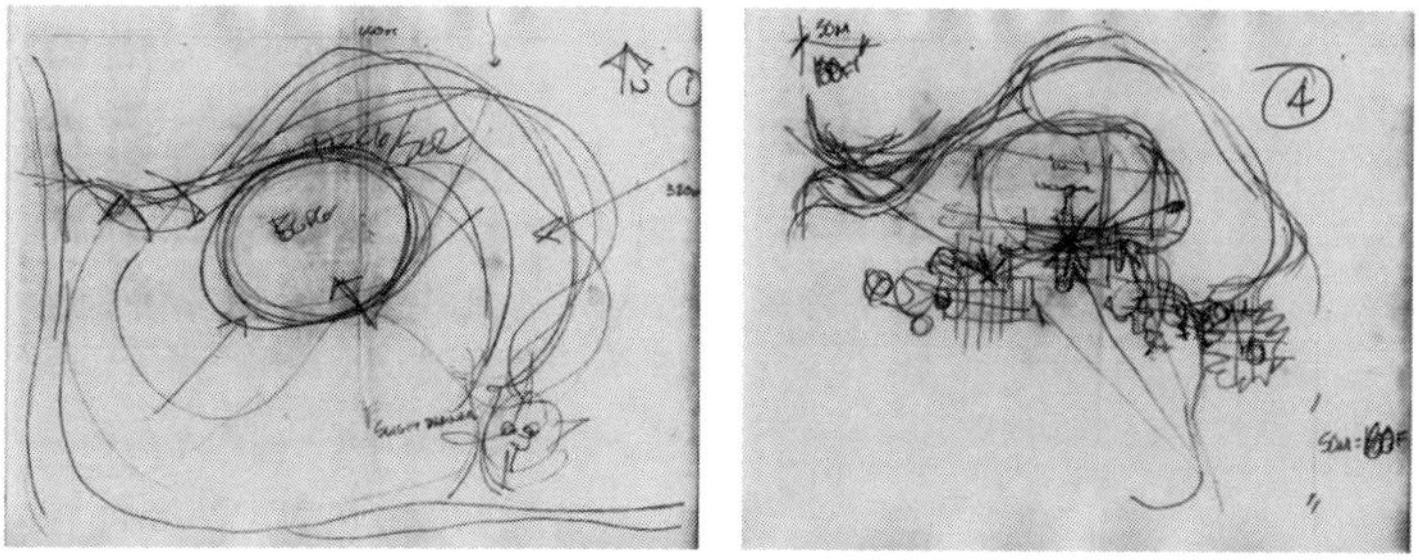

図7－2　建築家のデザインスケッチ（左は一枚目、右は四枚目）

水、空気というのは比喩です。四五分間スケッチをしながらコンセプトを固めてもらうことにしました。そのスケッチの様子を頭上から撮影します。図7－2は、ある建築家が四五分でスケッチした一三枚のなかの、一枚目（左）と四枚目（右）のものです。スケッチを見るだけでも、手慣れた感やプロ性を感じられるのではないでしょうか。

四五分が終了すると、すぐスケッチの様子を撮影したビデオをテレビ画面で再生させ、その前に建築家と私が陣取り、スケッチの線が一つひとつ描かれる様を見ながら、そのときに何を考えていたかを思い出して語ってもらいました。プロトコルを取得する方法として、先に述べたのが、活動をしながら考えていることを実況中継のようにしゃべるという方法（think-aloud メソッド）でした。この研究で採用したのは、後で思い出してしゃべるという方法（retrospective report メソッドと言います［Ecrisson 1984］）です。[6]

考案したカテゴリー

さて、プロトコルをエンコーディングするためのカテゴリーとして、私たちは以下の四つの分類を考案しました［Suwa 1997］。

・physical な行為（紙に線や文字を描いたり、過去に描かれた痕跡を鉛

筆でなぞったりすること）
・perceptual な行為（描かれた要素の形、大きさ、位置関係、比較関係といった知覚的情報に気づくこと）
・functional な行為（描かれた要素や、その知覚的特徴について、意味や解釈を施すこと）
・conceptual な行為（デザインの主題やコンセプトを想起したり、ゴール・目的・方針などを語ったりすること）

の四つです。建築家の認知プロセスを構成する行為に着目したのです。

なぜこのカテゴリーを設けたのか。その裏には様々な思考や思想が潜んでいますので、それを解説してみます。

まず、デザイナーがスケッチをする行為についての私の理解を述べます。建築家は、描いた線や文字の痕跡をいろいろな観点から分節化し、そこに要素を見出しています。要素の切り出し方は一定ではなく、あるとき別々の要素とみていたものたちを、全体でひとかたまりとみることもあるでしょう。ある要素の形（例えば、丸さとか刺々しさ）への着目が何かを想起させるかもしれません。複数の要素が一直線に並んでいたり、要素どうしが近くに位置していたりすることに気づき、その配置に意味を見出すかもしれません。要素の大きさに着目し、二つの要素の大きさの違いに目をつけるかもしれません。

丸さや刺々しさは、要素の「形」という属性情報です。「一直線に並ぶ」や「近くにある」というのは、「位置関係」という情報です。大きさは「サイズ」という属性であり、「大きさの違い」とは「属性の比較関係」です。建築家は自分のスケッチのなかに、要素の存在、要素の属性、要素相互の物理的関係性（位置関係や属性の比較関係）を見出し、それに「意味・解釈」を与えたり、何かを「想起」したりするのです。

そうであるとすると、スケッチ行為はモノ世界とコト世界から成り立つと言えそうです。これは第四章で解説したモノとコトの区別に該当しています。要素の存在や属性および物理的関係性がモノ世界を構成し、意味・解釈や想起はコト世界をつくりだします。

スケッチ行為についてのこの捉え方が、四つのカテゴリー作成の背景にあります。physical 行為と perceptual 行為はモノ世界への留意、functional 行為と conceptual 行為はコト世界への留意なのです。更に、要素の存在をつくりだしたり、既に描かれた痕跡のなかに要素を見出したりする行為と、その属性や物理的関係性を認識する行為は、同じモノ世界への留意だとしても、レベルが異なります。したがって、physical と perceptual に分けました。

コト世界も同様です。何か具体的な要素やその属性、関係性に意味・解釈を与えるという行為と、デザインプロセス全体のゴールや目的を考えることはレベルが異なります。したがって functional と conceptual に分けました。

研究目的を象徴する事例との出逢い

次に、「描かれた線や文字のあいだに、それまで意図していなかったようなことがみえてくる」というショーンの主張の意味を考えてみましょう。「意図していなかったこと」とはどんなモノゴトでしょうか？　まだ分析する前でしたが、建築家のプロトコルを聴いていた私は、ある思考プロセスに魅せられました。これが、まさにショーンの説に合致する事例なのではないかと。

彼は、一枚目のスケッチで既に、図の中央に美術館の建物の位置を大雑把に描き、右上に流れるような線で駐車場の位置を描き込みました。駐車場から建物に向かう動線を斜めに矢印で描き、「建物に向かって歩くときから（まだ入場前だけど）楽しい気分を味わって欲しい」という意図から、その動線上に水の流れをつくり、その動線の延長上に大きな彫刻等を配したプラザ空間を設けたいと考えたようです。プラザ空間を示すスケッチ要素が、図7－2の四枚目のスケッチでは中央の楕円（美術館の建物）の左下に描かれた格子状のマークです。つまり、このマークは、建物と駐車場と動線との位置関係を考慮して、ここに描き込まれたのです。

しばらく経ってから、そのプラザ空間が敷地外の一般道路に非常に「近い位置」にあることに彼が気づきました。敷地外の一般道路は、一枚目のスケッチで左端から下へカーブしている曲線です。敷地と周辺情報の図は最初に彼に与え、彼はトレーシングペーパーの下にその図を敷いてスケッチをしているので、四枚目のスケッチには一般道路が描かれていませんが、一般道路の曲線も同時に見ていたのです。プラザ空間が一般道路に近いということは、そこに配する大きな彫刻が、ただ表を歩いているひとや車で通り過ぎるひとにも「パッと見えるではないか！」と、彼ははたと気づきます。そして、その直後に、「この美術館は、楽しさをアピールしてひとを誘い込むことをひとつの中心コンセプトにしよう。光と水と空気ということにも関連する」という基本ポリシーを思いついたのでした。

プラザ空間と一般道路が「近い位置にある」という気づきは、要素間の位置関係の知覚的発見です。perceptual 行為としてエンコーディングできます。ポイントは、プラザ空間も一般道路も、既にスケッチのなかには描き込まれていた要素であり、それぞれを描いたときには両者の近接関係に気づいていないという点です。私は、これがまさに「意図しなかったモノゴトへの気づき」の例であると瞬間的に感じ、ショーンの説を私なりに解釈したのでした。

建築家は一枚の紙にどんどん思考の断片を描き入れます。そうやって、様々な要素が混在し、描き積もっていくからこそ、ある要素のある属性や、要素どうしのある関係性に、当初は全く意図していなかったにもかかわらず、気づくのです。スケッチ研究に際して、四種類の行為のカテゴリーを作成してあれば、この種の気づきは、perceptual 行為としてエンコーディングできるではないか！　しかも、関与する当の要素が、その属性や関係性の気づきよりも過去に描かれたものである場合が、「意図しないモノゴトの発見」のエピソードに該当するのです。ショーンの説では「意図しないモノゴトの発見」という程度の抽象度で語られていたスケッチの効用を、この四種類のカテゴリーによって明確に定義づけすることとなりました。

要素や、その属性や、物理的関係性は、既にスケッチに描かれているのです。何かを描けば、そこに必然的に形は形成されます。丸いと意図しなくても、アバウトにこのあたりと描き入れた線が丸い形をとっているのです。関係性も同じです。あらゆる位置関係を考慮するなどということをしていたら、恐ろしくて何も描き入れることはできません。普通は、局所的な位置関係にだけ留意して、要素を描き入れるのです。だからこそ、自分の描いたスケッチを後で見たときに、既にそこに存在しているけれど、全く意図していなかった属性や関係性を見出すことができるのです。

ここでは詳細には述べませんが、もちろん、意図しなかった属性や関係性を見出すためには、自分が何かを描き入れたときの意味や解釈という固定観念を外して自分のスケッチを見るという能力が必要とされます。知を語る上でこの能力はとても重要［Suwa 2003a; 2003b］ですが、それについて論じることは本書の範疇外です。

プラザ空間と一般道路が「近い位置にある」と「互いに見える」と考えたという思考は、近接関係の知覚的発見に対して、新たな意味・解釈を与えるfunctionalな行為としてエンコーディングできます。また、その解釈を通じて、「楽しさをアピールしてひとを誘い込む」というコンセプトを立てたことは、conceptualな行為としてエンコーディングできます。コト世界もこの二つのカテゴリー（functionalとconceptual）に分けるのが妥当です。

この象徴的な事例に出逢ったからこそスケッチ行為の四分類を考案できたのか、そもそもスケッチ行為とは、一般の認知プロセスがまさにそうであるように、「モノ世界とコト世界の連係から成り立つことだから」という背景思想だけで考案したのかは、いまとなっては記憶の彼方にあります。後者の思想が先にあったことは確かだと思います。この事例が「意図しなかったモノゴトの発見」に該当する象徴的な事例であると認識できたのは、後者の思想が頭にあったからであるとは思います。

いずれにしても、プロトコル・アナリシスのカテゴリー作成という作業には、様々な背景思想、仮説、問題の捉え方、研究目的が裏にあって初めて可能なことなのです。

「感性を育む学び」は数値では評価できない

プロトコル・アナリシスの手法でことばの分析を行えば、そのひとが身体知を学んでいるときに意識がどのように遷移したかが明らかになります。一方、例えば、ボウリングのスコアや野球の打率のように、身体のパフォーマンスのデータを数量データとして取得すれば、身体のパフォーマンスと意識の遷移を比較し相関をみるという分析が可能になります。第六章で紹介したボウリングの研究では、まさにこの方法によって身体知の学びの様に身体と意識の両面から探究のメスを入れたのでした。

本書では、身体を明示的に駆使する（例えばスポーツのような）分野だけではなく、生活のなかで感性を育むことも身体知の学びの事例であるとして扱ってきました。感性を育む学びの場合にも、身体と環境のインタラクションを基にして自分なりの問いを芽生えさせ、そして身体とことばの共創に至るという点では、スポーツと同じです。しかし、大きく異なるのは、スポーツのように、身体パフォーマンスという数量データを取得できない点です。生活感性がどのくらい育まれたのかを数量データにする手段をわたしたちはもたないし、また、数量データで評価すること自体がナンセンスであると、誰しも「生活する者の実感」として賛同することでしょう。

楽器を演奏するスキルという身体知の学びについて考えてみましょう。身体パフォーマンスが直接数量データにならないにしても、他者に演奏を聴いてもらい、その出来映えに関して数値で評価してもらうことは可能です。他者の人数を複数にする、特にその道のプロフェッショナルの方に評価をお願いすれば信憑性が増すという考えに基づいて、そういった評価法を採用してもよいかもしれません。

しかし、この場合にも、他者の評価もひとそれぞれ、一人ひとりの感性に依るものと考えるならば、複数他者の評価値を単純に平均化して評定してもよいものかどうかは悩むところです。スキルのレベルがあまり高くなく、基本的なことができているかどうかという類いのことが評定のポイントになるようなケースには、評価者がプロフェッショナルであれば、評定値の平均値も意味をもつかもしれません。しかし、スキルレベルが非常に高い場合には、つまり身体知の学び手がプロフェッショナルなレベルに近ければ近いほど、技能性や芸術性の評価が必要となり、評価者の評定値もばらつくでしょう。

そんなケースでは評価を数量データとして取得し、更に単純に平均化するという評価法自体が見直されるべきだと思います。むしろ評価者の評定も（数値ではなく）ことばで詳しく表現してもらい、プロトコル・アナリシスでことばの分析を行うのがベターでしょう。身体のパフォーマンスとしての楽器の演奏についても、どういう着眼点をどのように評価しているかという観点で分析するのです。そして、楽器を演奏する本人のことば、及びそこに見出される意識の変遷と比較したり相関をとったりするのです。そうすれば、例えば楽器を演奏する身体知の様を、一人称視点で感じ、考えて得られたことばのデータと、他者の主観から評価したことばのデータの両面から探究するという方法になると思います。私自身はいままでそういう研究事例を扱ったことはありませんが、今後、そういう分析手法も試してみたいと考えています。

「感性を育む学び」の評価・分析の思想

本節に挙げる、感性を育むという身体知の学びの場合には、他者に評価してもらうこともなかなか難しいと思われます。データとしては、本人がからだメタ認知を実践して、日々感じたり考えたりしたモノゴトを書き残したことばしかありません。からだメタ認知という実践によってことばで表現するからこそ、日々の感じ方自体が変容するのです。学ばせながら学びの様を観察・探究するという構成的研究手法の基本データとしては、本人のことばが存在するのみです。

私は、それでよいと思っています。本人がどんなモノゴトに着眼し、どんな意味や解釈を施し、どんな行動をとるようになったか。着眼点や、意味・解釈や、行動の変化に感性が育まれた証しが現れます。「あいつ、最近言うことが変わってきたよね」。会社や大学のコミュニティで、先輩が後輩をこんなことばで評することがありますよね。後輩の言動に先輩が何かそういう変化を感じるから、そう発言するのです。言動の「言」は、着眼点や意味・解釈であり、「動」は行動です。着眼点も、意味・解釈も、行動も、日々暮らしながらからだメタ認知を本気で実践するならば、ことばに残り、分析すればその推移がわかります。もちろん、対象は暗黙性が高いモノゴトですから、考えていることのすべてがことばで表現できるとは豪語しません。しかし、それ相応のことばは残ります。日々の生活を長期間追い、そのことばの変遷を分析するならば、感性を育むという身体知の学びの様に、研究のメスを入れることができます。

着眼点や、意味・解釈の「バラエティ」が増したなら、感性が豊かになったと言えるかもしれません。いままでにない行動をしはじめたなら、感性が少し変容してきたと言えるかもしれません。感性が育まれるとはどういうことかという仮説を立て、その仮説に合致するような現象をことばの変遷のなかに見出すという分析を行うことが、感性の身体知研究を行うひとつの有力な手法になります。

生活研究の基本的な考え方

本章の最後に、そういった研究事例をひとつ紹介します。散歩をしているときに出逢う風景に対する感受性を育むという研究で、私の研究室の約一〇年前の大学院生が行ったものです［浦 2006］。感性を育むことについての研究はいまでもまだ少ないですが、当時は、そういうトピックが研究になるのだという認識すらも薄かった時代であったと思います。ここでは、彼の研究成果のなかで、本書の趣旨に合致する分析結果を紹介します。この分析手法はシンプルですが、少なくともその後の私の研究室における感性知に関する研究の礎石になりました。

彼は日々の生活のなかで以下のことをやりました。大学のキャンパスやまちを散歩しているときに、気になった、印象に残ったものや風景に出逢ったら、写真に撮ります。そして感じたこと、考えたことをメモします。また、気が向いたらその場に腰を据えて、その風景を簡単に鉛筆でスケッチします。からだメタ認知の実践例と言えるでしょう。そして、このメモに書いたことばをプロトコル・アナリシスにより分析したのです。

彼は、描いたスケッチは分析の対象にはしませんでした。むしろ、スケッチは、感じたことや考えることを促す媒体として機能するということを狙いました。建築家のスケッチに関する研究を思い出してください。スケッチは既に頭の中で確立したアイディアを記録する媒体ではなく、曖昧でも紙の上に外的表象として描き記すことによって、その痕跡に意図しなかった属性や関係性を見出し、アイディアを醸成することを促す媒体なのです。つまり、感じたり考えたりするためのツールです。この

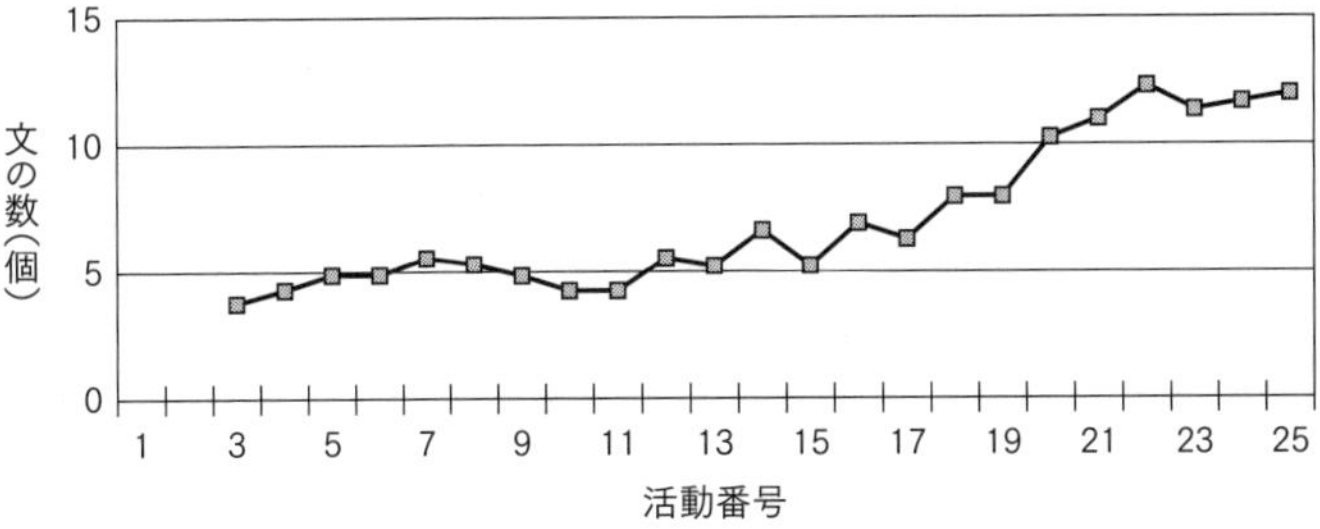

図7－3　メモの文章数の推移

考え方に基づいて、彼は写真に撮り、メモすることとスケッチをすることを同時並行で行いました。

七ヵ月間で二五回分のデータが残りました。週に一度弱というペースで、それほど頻繁ではありません。[7] もっと頻繁な方がもっと様々な変遷が現れたかもしれません。しかし、何よりも重要なのは、ある一定以上の頻度で、長期間継続することです。頻度を上げようと無理をして、途中で音を上げ、短期間で終わってしまっては元も子もないと思います。一週間に一度というペースは、世の中が週を単位に回っていることを思えば、ある意味適当なのかもしれません。野球の打撃のからだメタ認知や、その後数々のメタ認知実践研究に接してきた私の感覚でいえば、週に平均二、三回はことばで表現するくらいの頻度がよいと思います。

風景に対する感受性を育む研究事例

まず彼のことばの量の変遷を見てみましょう。図7－3は、メモの文章の数の推移を表したグラフです。横軸の活動番号というのは、七ヵ月の二五回の各活動日順にふったＩＤ番号です。縦軸の値は、毎回のメモに書いたことばがいくつの文章から成り立っているかを数えたものです。[8] 前半の一三回くらいまでは文章数が低いレベルで一定していますが、中頃から次第に増え始め、二〇回目以降には文章量が初期の三倍程度に到達して安定しました。当初はなかなかことばにならないけれども、実践を続けているとことばにできるモノゴトが増えてくることを如実に表しています。

次に、文章の質について、つまりどんな内容のことを書いているのかを分析した結果をお見せします。風景を見て感じたこと、考えたことをことばにしているわけですが、どういう種類の文章があり得るのでしょうか？　彼は、以下の五つのカテゴリーを考案しました。

・状況（風景の状況を表現するフレーズ）
・解釈（風景の状況に主観的な解釈を与えるフレーズ）
・体感（体感を表現するフレーズ）
・感情（感情を表現するフレーズ）
・連想／想像（風景をきっかけに何かを思い出したことを示すフレーズ）

このカテゴリー作成には、そもそも風景を見てどんなことを感じるか、考えるかについての仮説が関わっています。『状況』や『解釈』は当然あってよいカテゴリーでしょう。『体感』は本書でも説いてきた身体性に関わるモノゴトです。『感情』はより心に関わるモノゴトです。そして、その四つはいずれも、現前に広がる風景そのものか、それが直接身体や心に働きかける「現在のモノゴト」に関するカテゴリーですが、『連想／想像』だけは性格を異にします。これだけが過去の実体験や、まだ見ぬ将来への想像に該当するモノゴトのカテゴリーです。風景を見て感じたり考えたりするという認知行為は過去、現在、未来に亘るモノゴトであること、そして現在のなかにもこれだけの種類のモノゴトがあり得るということについての理解があって初めて、このカテゴリーが成立するのです。

誤解していただきたくないのですが、これがベストのカテゴリーであるとか、これしかないなどと主張するつもりはありません。研究の目的に応じてカテゴリーは如何様にも作成できると思います。様々なモノゴトに眼を配り、色々なモノゴトを想像できることが、感性が豊かであることの証しであるという思想も、こういうカテゴリーを作成した理由としてあるのだと思います。

感受性の変遷の分析

すべての文章に含まれる単語やフレーズで、これらのカテゴリーに該当するものを抜き出しエンコーディングを行いました。ひとつの文章がどれかのカテゴリーにそのまま該当するケースもありますし、ひとつの文章が複数のカテゴリーに該当する単語やフレーズを内包するケースもあります。

各々の活動日ごとに、エンコーディングされたカテゴリー数を算出して、その全数に占める各カテゴリーの割合（％）を算出し、二五回分の推移を示した結果を図7－4に示します。初期の頃には『解釈』や『状況』が支配的で、『感情』や『体感』は割合が少ないこと、そして『連想／想像』は皆無であることがみてとれます。しかし、一二～一三回目頃から、『解釈』や『状況』は三〇～四〇パーセントくらいに落ち着きはじめ、まず『体感』が増え、『連想／想像』も相当の割合で出現します。『感情』は中盤で一旦皆無になりますが、二五回の最後のあたりには、この五つの分類がすべて万遍なく存在するという状態になります。

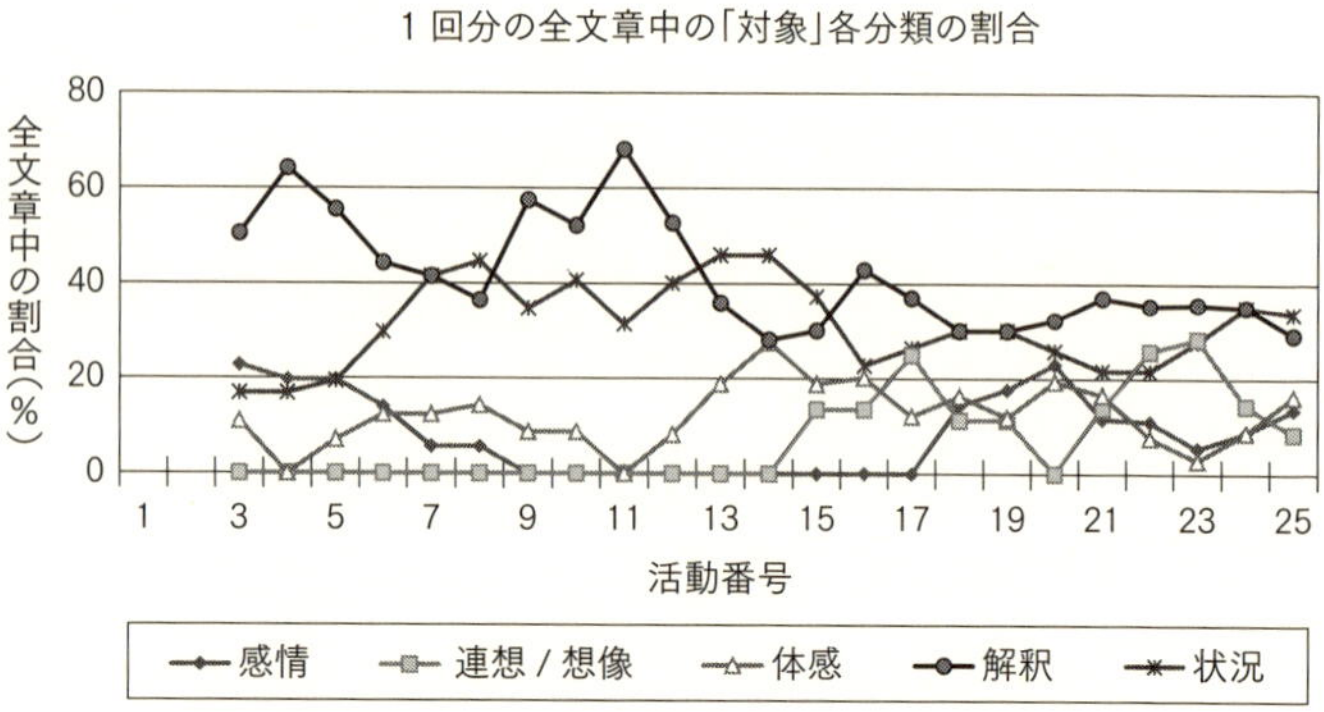

図7－4　感じたモノゴト／考えたモノゴトの種類の分析

この推移を図7－3の文章数と比べてみましょう。文章が中盤から突然増えはじめた時期と、『連想／想像』や『体感』が増えはじめた時期が一致しています。また、二〇回目以降で文章量が初期の三倍程度で安定した時期と、五つのカテゴリーがどれも欠けることなく出現している時期が一致しています。様々なモノゴトに着眼し、意味・解釈を施し、過去や未来にも想いを馳せることができたときには、文章量も増えるのだということを表しています。文章量という数値データは、非常に単純ですが、身体のパフォーマンスを示すひとつの指標といえそうです。身体のパフォーマンスとことばのカテゴリーの推移を比べた分析は、ボウリング研究における身体とことばの分析に通じるものがあります。

さて、彼は、更に先のカテゴリーとは独立に、以下のカテゴリーも作成しました。

・空間（空間を表現した単語やフレーズ――例えば、「道」、「青空」、「足元」など）
・時間（ものや自分の身体の動きを表す単語やフレーズ、および擬音語・擬態語――例えば、「風」、「歩く」、「ざわざわ」など）

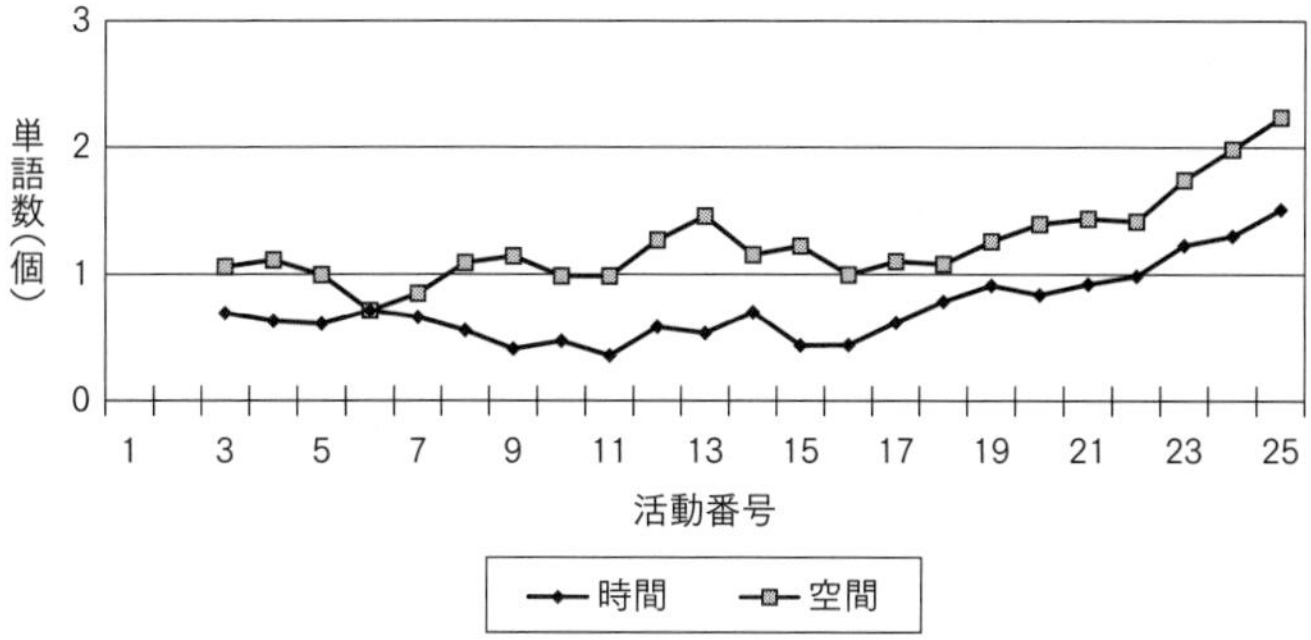

図7－5　時間や空間を表す単語やフレーズの推移

風景を見て感じたり考えたりするとき、風景と一体となり、自分が観察者なのか、風景の内側の存在なのかが判然としなくなることもあります。風景を外側から眺めて三人称視点でことばを書いているのか、一人称視点で書いているのかという違いでしょう。その二つのモードの違いがあるとすると、そのときどきで空間や時間の表現のされ方は異なるかもしれない。彼は、そういう仮説を抱き、このカテゴリーを考案しました。

擬音語や擬態語（第五章で説明したように、これらを総称して「オノマトペ」といいます）を『時間』を感じている現れとしている視点は面白いです。オノマトペは、「ざわざわ」「さらさら」のように同じ音素が二度繰り返されるものが多く、それは、空間のなかでの動きやモノゴトの時間的推移に関係するのではないかという彼独特の仮説に基づくものでしょう。こういうカテゴリー作成には唸らされます。

このカテゴリーに基づく意識の推移の結果を見てみましょう。図7－5を見てください。これは一文当たりの個数を示した図です。『空間』『時間』ともに、ちょうど中盤の少し後（一七～一八回目）あたりから増加しはじめ、特に『空間』は二〇回目以降に急増しています。これも図7－3の文章量や、図7－4の思考の種類の変遷と呼応します。特に、図7－4で初めて五つの分類が共存した一八回目以降と、『空間』『時間』がともに増加しはじめた時期が同じであることは興味深い結果です。

いずれにしても、遭遇した風景に関して時間や空間を意識することは風景の捉え方を変える、もしくはその逆で、風景の捉え方が変わると時間や空間を意識することばが変容するのかもしれないという仮説がここに示されたことになります。

第八章

身体知研究のこれから

1　体感を探究する時代へ

体感——ことばが芽ばえる前哨

身体知の研究はどうあるべきかという問いに対して、身体とことばの共創現象として身体知を捉え、学び手の一人称視点、すなわち主観を扱うべきであるという研究思想を提示してきました。身体とことばの共創について本書が提示してきたモデルは、

・ことばは身体から紡ぎ出される
・そうして生まれたことばは、身体を変容させる
・身体が変容すれば、紡ぎ出されることばも変容する

というものです。

ことばは一朝一夕に紡がれるわけではありません。第七章で解説した構成のループが何度も繰り返されるなかで、そのつどC2（Analysis）、C3（Scripting）のフェーズで、ことばが生まれます。身体と環境の相互作用（C√2）のなかに、感触、違和感、疑問、解釈、分析、仮説、問題点、問題意識、目標を見出し、それを表現することによってことばが紡がれます（第五章を参照）。

ことばと聞くと多くの方が、論理的で明快なコミュニケーションツールとしての機能を想うでしょう。たしかに、疑問から目標までの七つは、比較的、論理的で明快な存在です。しかし、論理的で明

快なことばがいきなり誕生するわけではありません。私は、身体でとりあえず行動してみたときに、曖昧模糊とした感触や違和感を覚えることが重要であると考えています。感触や違和感とは、例えば、第五章で紹介した創作オノマトペ的（原初的）なことばで語るしか方法がないモノゴトです。からだメタ認知を実践していれば、生活のなかで体感に留意する（つまり、自分の身体に対する知覚に鋭敏になる）ことが促され、ちょっとした感触や違和感を見逃さないようになります。「この豆腐、いつもよりもちょっとザラっとしていて、舌触りが好き」。ちょっとした体感の差異を感知することが、好きな方向であれ、嫌いな方向であれ、身体からことばが紡がれるきっかけなのでしょう。

体感は、まさに、身体からことばが生まれる萌芽に関わる現象です。これからの身体知研究は体感の探究に乗り出すべきなのではないかと思います。体感とはどういう現象かという問いの探究を通じて、身体や体感とことばの共創の様についての理解を深めることが必要です。

本書を執筆しているいま現在、私は、「体感の実体を垣間みる」という概念が、体感の探究を推進するための鍵ではないかという想いに駆られています。その考え方を解説するとともに、これからの身体知研究の仮想的シナリオを提示します。

全体性知覚としての体感

体感の実体を「垣間みる」とは何かを説明する前に、「観測する」ということについて論じます。

体感は身体で生じているモノゴトです。体感という用語は、身体で生じている何らかの感覚そのものを意味するのか、その感覚を表現したことばを意味するのかが曖昧になりがちです。本章では、前者を体感の実体、後者を体感の表現と呼ぶことにします。図5－1では前者を《くわっ》と表記し、後者を「くわっ」と表記しました。

従来の身体知研究の思想では、研究者は体感の実体を「観測しよう」と志向するでしょう。しかし、私は、体感の実体を直接観測することは難しい、ほとんど不可能かもしれないと思うのです。その理由を論じます。例えば、「身体に軸がすっと通っている」と表現される体感の実体（以降は、簡略化のため、「○○という体感の実体」と表記します）を例に考えてみましょう。野口三千三氏は、著書『原初生命体としての人間』［野口 2003］で、骨だけで立っていてどの筋肉にも余分な負荷が生じていないことが生命体としてもっとも自然で、如何様にも動き出せる可能性を秘めたベストの状態であると説いています。現実には「骨だけで立ち、どの筋肉も全く使用しない」ことはあり得ないので、一種の比喩でしょう。野口氏の言わんとするのは、要するに立つことに様々な筋力を使っていたら、いざ何かを行うときに働くべき筋肉が働けなくなるということです。「身体に軸がすっと通っている」という体感はまさしくそういう状態です。

どの筋肉も余分な働きをしていないということは、筋電位計測をしたとしても、筋活動が活発な身体部位が少ないということです。筋活動が不活性の極限には「無の状態」があります。「すっと軸が通っている」という体感を得ているとき、立つことに関わるすべての身体各部位において筋活動が不活性なのだとしたら、その体感の実体を観測することはとても難しいでしょう。

もしくは、「すっと軸が通っている」という体感を得ているときには、関与する身体各部位の筋活動が無に近い状態ではなくても、局所的に活発な部位は存在せず、全体で筋活動に偏りがない状態なのかもしれません。関与する身体部位を同時に計測すれば、バランス状態か否かを分析できると思う方もいるでしょう。しかし、そもそも、関与する身体部位を漏れなく列挙することはかなり難しいことです。仮にリストアップができたとしても、現在の計測技術では、すべての部位を計測する機器を身体に装着することが、「すっと軸が通った」状態を壊してしまうことは目に見えています。「観測が観測対象に影響する」のです。

体感とは全体性知覚であるとするならば、そもそも観測ということばと相容れないのかもしれません。観測においては、観測対象を特定しなければならないからです。例えば、身体部位（筋電位測定であれば筋肉部位）を特定するということです。観測部位は局所です。局所を足しあわせれば全体になるかというと、そんなことはありません。二〇世紀初頭に勃興したゲシュタルト心理学が、全体性とは構成要素の足し算ではなく、要素の集積はプラスαの「全体性」なる性質を生むと説いたことは有名です。１＋１は２ではなくて、１＋１が３にも４にもなるのです。

局所的な筋活動vs.全体性知覚

更に難しいことがあります。「すっと軸が通っている」という体感を得るのは静かに立っているときだけではありません。例えば、野球の投手が脱力して投げているときには、振りかぶって、体重移動を行い、腕を振り、投球するという一連の動作の全てのフェーズで「軸がすっと通った」体感を得ているはずです。舞台俳優は、舞台を激しく歩き回ったり、身振り手振りを駆使したりしながらも、常に「軸がすっと通った」体感を保っていることがあるでしょう。いずれの場合も、立つこと以外の主目的の動作が激しいならば、その動作に直接関与する筋活動は活発で、しかも局所的です。それでいて同時に「すっと軸が通っている」という身体全体の体感知覚を得ているのです。

身体のどの筋肉が主目的の激しい動作を担い、どの身体部位が「すっと軸が通っている」状態に関与するのか？　「すっと軸が通っている」状態が身体各部位において余分な筋活動は行わないことであるとするならば、わたしたち自身は、ある主目的の動作のための筋活動と「すっと軸が通る」状態とをどう切り分けて知覚しているのでしょうか？　謎に満ち満ちています。

「すっと軸が通っている」以外にも、「しっくりとくる」、「重心が下りている」など、身体全体のバランスに関わる体感を表現したことばは多岐に亘ります。そういう身体状態は、主目的の動作と共存し、それを支える基盤として機能しています。わたしたちは、どうやって、その身体状態と主目的の活動の筋活動とを切り分けて感知できるのでしょうか？　体感の実体を「観測する」ためには、そういう疑問に答えなければなりませんが、いまのところ、その糸口は見つかっていません。

2　「足触り」の研究

足触りは何により生じるか

体感の実体を「観測する」ことは難しいとしても、「垣間みる」ことは可能かもしれないと私は考えています。直接観測するのではなくて、道具や身につけるものを介して垣間みるのです。この概念を説明する前に、まず、インタラクティブメディアを創造している大学の同僚、筧康明氏との共同研究を紹介します。

この研究は、様々な地面を歩いたときの足裏の触覚体感（以降、「足触り」と称します）をことばで表現するというものです［諏訪 2015c］。靴を履いていても、芝生や土やコンクリートの地面を歩いたときの足触りは、それぞれ全く異なるものです。ひとは誰しも、芝生、土、コンクリートの足触りを区別できます。更に私たちの経験によれば、意識を足裏に集中すれば、実はコンクリートにも様々な足触りのものがあることに気づかされます。柔らかく受け入れてくれると感じられるコンクリートもあれば、パンと跳ね返りが強いものもあると感じています。利き酒やワインのテイスティングと同じように、足触りの微妙な差異を認識することは感性的な知、つまり身体知です。地面の物理的硬度を問題にしているのではありません。この研究では、地面の硬度の客観的計測はしません。足触りという主観的知覚を問題にしています。

では、足触りとは何によって決まるのでしょうか？　私たちは仮説を立てました。足触りは、地面の素材、表面状態、靴の素材、靴と足の密着度、歩き方の関数として決まるものであると。地面が異なれば足触りは異なります。同じ地面でも、雨が降った直後は（濡れていたら）、晴天の乾いたときとは異なる足触りになります。靴も大きな要因です。運動靴か革靴か、あるいは革靴でも柔らかい革か分厚く硬い革か。足にどれくらいフィットしているか、紐のついた靴であればどれくらい締めているかによっても変わります。更に、勢いよく歩く（つまり、着地のときに地面と衝突する直前の加速度が大きい）場合と、静かに地面に足を置くように歩く場合とでは、足触りは全く異なるものです。現場状況やその日の体調など多種類の要因が関わった結果としてそのとき足と地面の相互作用から生じる「何らかの物理的信号」が足に伝わり、それに応じてある足触りを感じるということなのでしょう。

この物理的信号の候補として、私たちは靴表面の振動に着目しました。靴表面の振動は、確かに、地面の素材、表面状態、靴の素材、靴と足の密着度、歩き方の関数で決まる物理量であると推測できます。靴表面で計測できる振動は、同時に足にも伝わっていて、それに対してひとは足触りを感じているのではないかと。

そこで私たちは、柔らかく薄い革でつくられ、靴底も薄い、あるメーカーの革靴を実験用の靴として選定し、靴の表面の振動音[1]を採取するためにコンタクトマイクを接着剤で貼り付けました。革が硬かったり靴底が分厚かったりすると、その硬さや厚さが足触りを決定する支配的な要因になるだろうし、運動靴では、布地という表面素材が足の着地で生じる振動の伝搬を抑制すると予想されるからです。図8－1をご参照ください。高価な新品の革靴の表面に接着剤を使用することの、なんと忍びないことでしょう！　ぐっと堪え、楽しく実験をしています。

足触りをことばで表現する

この研究では、一歩ごとの靴表面の振動音を採取するとともに、被験者はそのときの足触りを創作オノマトペで表現するという言語化を行います。歩行の一歩は、着地、踏み込み、蹴りの三つのフェーズから成ります。この研究では、足触りは各フェーズで独立に存在すると仮定しました。例えば、着地の瞬間、踵で感じる足触りが「重々しく、ずしんとした衝撃を足にもたらす」というものだと感じたら、私なら音素「ど」(do)で表現します。着地後、ぐっと踏み込んだときの足触りが「自分の意図に反して地面のなかに食い込むような不安定な」ものだと感じたら、音素「ぬ」(nu)で表現します。蹴ったときの足触りが「意外に柔らかい跳ね返り」を感じるものであったとしたら、音素「ぽ」(po)で表現します。つまり、その一歩の足触りを表現する創作オノマトペはdo-nu-poとなるわけです。第五章の日本酒の例で論じたように、同じ地面を筧氏が歩けば全く異なる音素の表現になります。

一歩ごとに足触りを表現しようとすると、そもそも歩き方が不自然になってしまうので、以下のような工夫をしています。地面の様子(コンクリート、芝などの種類や、そのテクスチャ)があまり極端に変化しない場所を選び、そこを一〇歩歩いては立ち止まって、その一〇歩のあいだの着地、踏み込み、蹴りの平均的な足触りを感じて、それにふさわしいと思う音素(以降、「足触り音素」と称します)を考案し、タブレット型PCに入力します。PC上のアプリが、着地、踏み込み、蹴りの各々について、その足触り音素に一〇歩分の振動音を対応づけて、データベースに登録します。足触り音素に対応する振動音データが、歩くごとに蓄積されるしくみです。[2]

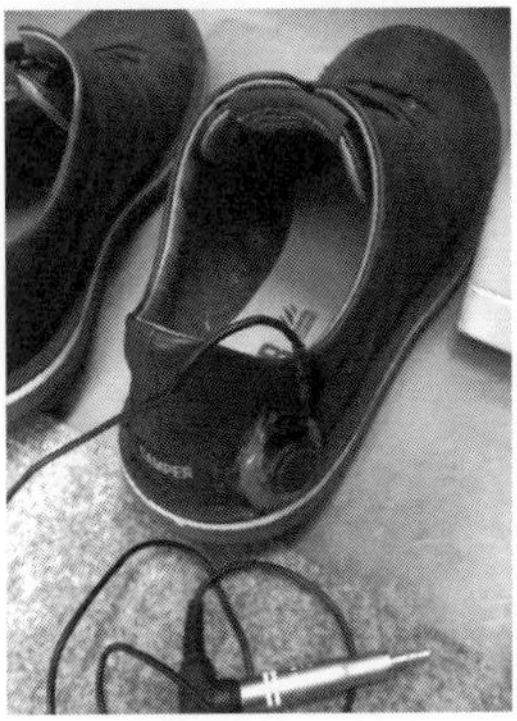
図8－1　コンタクトマイクを貼り付けた靴

足触り音素の数は膨大にはなりません。足触りの微妙な差異を表現するために複数種類の音素を考案することになりますが、経験的には、着地、踏み込み、蹴りのそれぞれについて、音素の種類は一〇～一五個くらいです。例えば、二〇一四年春に行った三回の実験（合計約三時間に幾つもの地面を選んで歩く）では、私が着地に使った音素は、do, du, go, gu, ju, ko, ku, to, u, zo の一〇種類、同年秋に行った三回の実験では、do, fu, go, gu, ko, ku, po, to, zo, zu の一〇種類でした。do, go, gu, ko, ku, to, zo の七種類が春と秋で共通しています。頻出する足触り音素（春、秋の実験では、着地の do は頻出しました）については、それに対応づけられた振動音のデータ数はかなり多くなります。

体感の実体を垣間みるという手法

靴表面の振動は、「体感の実体」そのものを足裏で観測したデータではありません。「体感の実体」が、ひとが使う道具や身につけるもの（この研究の場合は靴）に顕在化したところを捉え、計測しているのです。靴は地面と衝突し、踏み込むときには大きな面積で地面と接触します。地面の状況に応じて大きな摩擦が生じたり、滑ったり、足に跳ね返る力が大きかったり、あるいは食い込んで足が取られたりします。そうした歩様と靴と地面の相互作用（体感の実体）は、足に伝わると同時に、身につけている道具・ものにも伝わります。そして、その信号は、足を直接観測するよりも、身につけている道具やものに伝わったところを計測した方が捉えやすい。正真正銘の体感の実体ではなく、道具やものに伝わった信号なので擬似的な実体です。そこで本書では体感の実体を「垣間みる」ということばを用いています。

現在の技術レベルでは体感の実体そのもの（この研究の場合は、足と靴と地面の相互作用から生じる身体を流れる感覚）を観測する機器はないでしょう。たとえそういう機器が存在したとしても、装着や観測が歩く行為や足触りを邪魔する可能性を考えれば、「垣間みる」ことが最善の策ではないかと思います。

さて、ある地面に着地したときの体感をdoと表現し、「重々しく、ずしんとした衝撃を足にもたらす体感」であると感じたとしたら、doという創作オノマトペ音素や、そのフレーズや文章が「体感の表現」です。図5－1～図5－4の用語でいえば、ことばシステム内の要素です。

学び手が体感をことばで表現したり、からだメタ認知を実践したりするかぎり、ことばのデータは蓄積されます。第七章で論じたプロトコル・アナリシスを行えば、どんなカテゴリーに属する単語・概念がいつどれだけの量、登場したのかを分析できます。また、文章構造からは、そのひとが単語や概念相互にどのような関係を意識しているかについての分析もできます。その結果、ことばシステム内の単語・概念のネットワークの状態が学びの進展に伴ってどう変遷するかがわかります。

一方、「体感の実体」は身体システム内の要素です。直接観測はできなくても垣間みることにより「体感の実体」をデータ化することの最大のメリットは、身体システムのデータを得ることです。本書では身体とことばの共創という現象が身体知の学びの正体であるという仮説を論じてきましたが、それは、私自身の一人称研究（学びの過程をからだメタ認知という手法により研究したこと）を通じて得た仮説に過ぎません。身体システム内の実データをもって実証したわけではないのです。

これからの身体知研究は、ことばシステム内の要素としてのデータと、身体システムのデータの双方を取得し、身体とことばの共創という仮説を更に深めて、「どのような共創」が生じるのかを明らかにすることに乗り出すべきでしょう。第六章で示したボウリングの研究では、身体のパフォーマンスとことばに意味のある相関が成立したことを示しましたが、パフォーマンスの数値は、身体システム内のデータではありません。身体システムの働きにより、結果として生じたに過ぎません。「体感の実体」を垣間みた物理的信号のデータを取得すれば、データどうしを比較することができるようになります。比較分析のひとつの方法として有効なのは、距離空間の定義です。物理的信号のデータがあれば、例えば、doと表現された体感の実体と、guと表現された体感の実体のあいだの距離が計算できるのです。私たちの研究では、各オノマトペ音素に対応づけられた振動音どうしの距離を算出し、異なる音素の「体感の実体」が距離空間でどの程度分離できているかを評価しました。異なる音素で表現された「体感の実体」が分離できているということは、その二つの音素を使い分けることができている、つまり感性が育まれつつあることを示唆する［諏訪 2015c］からです。一般には、データ相互の距離が計算できれば、全データのなかで各データがどういう位置を占めているかを計算できます。あるデータは平均的な中央位置にあるのか、それとも、全データ領域の辺境に位置するのかを評価できます。

体感の実体を垣間みる他の事例

他にも体感の実体を垣間みる手法の可能性はありそうです。スポーツウェアを考えてみましょう。身体にぴたっと密着するようなスポーツウェア素材は多種開発されています。アスリートが「すっと軸が通っている」という体感を得ているときとそうでないときを比べると、スポーツウェアの表面にできる皺の具合が異なるかもしれません。特に身体の中心線まわりに、その違いが現れるかもしれません。靴表面の振動音は、靴という身につけるものに伝わった「体感の実体」でしたが、この場合には、「すっと軸が通っている」という体感の実体を直接観測できない代わりに、ウェア表面の皺を観測することで、体感の実体を垣間みることになるわけです。

また、「脱力」という現象についていえば、脱力時には身体全体に亘りウェアと身体の密着度にばらつきがないかもしれません。一方、どこかの特定部位にだけ力が入っているときには、その周辺だけ密着度が高くなるかもしれません。現在の科学技術レベルではウェアに電極を埋め込むことも可能であると聞きますから、近い将来、身体全体のウェアと身体の密着度をリアルタイムに計測して、無線でデータ取得することも可能になるでしょう。その観測は、脱力という「体感の実体」を垣間みる行為です。

3　体感データに基づく身体知研究のシナリオ

不連続点

「体感の実体」を垣間みた物理的信号を取得し、「体感の表現」のデータと対応づけて分析する用意が整ったときに、どのような身体知研究が行えるかについて仮想的なシナリオを記しておきます。

ボウリングの研究で、からだメタ認知を実践していると次第に詳細なことばが増えてくるけれども、ある時点でことばが大雑把な方向に一転するという不連続点があったことを思い出してください。また、右肘を体側に近い位置に押し込む体感と、左足でしっかりと踏み込む体感が類似していて連動性があるという気づきが、インコースを打つことを可能にしたという実例もまた、不連続という意味で興味深い現象です。そして、その不連続点とは、包括的なシンボルと包括的な体感を得た瞬間ではないかという仮説も立ちました。身体知の学びのプロセスには、こうした不連続点という局面が多々存在することが想定されます。意識（ことばシステム内のできごと）も身体動作や体感（身体システム内のできごと）も共に、急激な変化を遂げるのです。

共創のメカニズムを探る

そこで、「体感の実体」の物理的信号データと「体感の表現」のデータがあれば、

・不連続点の直前までに、ことばシステム内のネットワーク構造はどのような変遷を遂げてきたのか

・不連続点では、類似性や連動性に気づいた「体感の実体」どうしは、他のすべての物理的信号データのなかでどのような位置を占めていたのか

・不連続点では、類似性や連動性に気づいた「体感の実体」に紐付けられたことば群は、ことばシステム内の他のすべてのネットワーク構造のなかでどのような位置を占めていたか

・不連続点の前と後で、ことばシステム内のことば・概念のネットワークや、身体システム内の物理的信号データの距離空間がどのように変化したか

・包括的なことば、包括的な体感を示すようなデータは、ことばシステム・身体システム内にはど

のように登場するのか

などを分析できます。身体とことばの共創という単なる仮説を越えて、「どのような共創が、どのような過程を経て、形成されるのか」を詳細に分析することが可能になるでしょう。ことばが身体から生まれてくる様や、そのことばの観点から身体を見直し新たな体感が生じる様についても、知見が得られることでしょう。

4　まだまだ神秘なる身体知

外野手の身体知の神秘

身体とことばの共創という観点から身体知を説明することが、身体知研究という闘いに本書が築いた最前線基地です。この基地の先には未だ説明のつかない神秘的領域が待ち受けています。いくつかの例を列挙し、本書の締めくくりとしたいと思います。

再び野球の例を挙げましょう。打撃ではなく、外野手の守備についてです。守備の上手い外野手は打者が打った瞬間に打球の落下地点が正確にわかります。打者のスイングの軌道と身体の開き／閉じ具合、打球音、球が飛び出す角度や初速に関する視覚的情報などから、バットの芯で捉えた当たりか、あるいは詰まった当たりか、打球は伸びそうか失速しそうか、もしくはドライブがかかって伸びないかを瞬時に覚ります。そして次の瞬間には、ある方向にスタートを切っています。後方の飛球だと思ったら、身体は打球の方向に向けたままバックステップを踏んだり、半身で顔だけ振り返って球を見ながら走ったりします。全速力で走らないと捕球できないと踏めば、一旦打球から眼を切って背走し、いまだ！　と思ったタイミングで向き直り、ぴったり捕球するということもあります。

どうやって落下地点がわかるのでしょうか？　眼を切って背走したとき、振り返るタイミングがなぜわかるのでしょうか？

打球がバットから離れた直後、ほんのコンマ零何秒のあいだに得られる視覚情報は、初速、加速度、そして飛び出しの角度です。計測器を使って初速は何㎞／h、飛び出し角度は何度という数値を計測しているわけではありません。打球の時速の値を正確に知っている外野手はほとんどいないと思います。打球が飛び出す角度や、初速・加速度がどのように眼に映るかに応じて、後方の飛球か前方の飛球か、後方であればどのくらい後ろかを察知するのです。投手が球を投げ、打者がバックスイング[3]を行い、踏み込んでスイングが始まった瞬間に、自分の守備位置に打球が飛んでくるかどうか、飛んでくるとすれば鋭い当たりかどうかを予測できます。打者のタイミング、腰の回転の鋭さ、そうした視覚情報から打球の鋭さを推測し、更に、球がバットに当たるインパクトの直前までに、バットが出た角度やスイング軌道から自分の守備位置に飛んできそうかどうかを推測していなければ、決して成し得ないことです。

しかし、打球方向・当たりの良し悪しの予測や、飛球の落下位置を正確に判断する身体知は、その多くが未だ謎に包まれています。打者の身体や飛球の何を見て予測を行っているのか、そもそもその知をどうやって体得したのかは、ほとんどの外野手が語ることはできないでしょう。

元ヤクルトの宮本慎也選手はショートの名手でした。彼は、投手とホームベースのあいだ辺りを中心に、空間全体にぼうっと目付けをするそうです。打者の身体の動きを見なければならないからといって、決して打者の身体に焦点を合わせているわけではないようです。むしろ打者は中心視ではなく周辺視で捉えるのではないかと推察しています。

私の外野手経験でも似た体感がありました。打者をじっと見ていると却って打者の身体の微細な動きが眼に入らない。周辺視で打者を強く感じる[4]という意識で見ていると、打者の微細な動きが自ずと目に飛び込んできて打球方向や距離がわかる。そういう感覚はとても不思議でした。野手が有する身体知は計り知れなく奥が深そうです。

「巧みさの学び」ではない学び

打撃スキルという身体知と、外野手が飛球を追いかける身体知は、全く性質が異なるように思えてなりません。後者は身体とことばの共創現象という観点からは説明がつかないのです。打撃は、バットという長物を駆使して投球の様々なコースに応じてバットの芯で捉えるという、バット操作と全身のトータル制御であり、ある種の巧みさ[5]を要求されます。一方、外野手の身体知は、何かをうまく制御する巧みさというよりは、瞬間的で動物本能的な察知能力であり、落下に間に合うように素早く走るという身体能力です。

外野手の守備能力の解明につながる基盤研究としては、生態的心理学分野の「視覚情報タウ」という研究があります［Lee 1976］。近づいてくる物体の何をひとは認知しているのかという研究です。物体が近づいてくると、網膜上の写像は次第に大きくなります。速く近づけば、写像の面積の増大速度が大きく、遅く近づけばその逆です。タウとは網膜上の写像の面積のことです。タウという量の変化を検知することによって物体の到達時間がわかると、生態的心理学の研究者は説明しました。ひとはこれを簡単にこなせるからこそ、車が通っている道も安全に渡ることができます。

外野手も、網膜上の写像の面積が増大する速度／加速度と、写像が網膜上を移動する仕方から、軌道を予測して落下位置を察知し、到達時間を予測するのでしょう。「視覚情報タウ」という知覚量は、外野手の守備能力の重要な側面を捉えています。自分が首の角度をある方向に動かしているかどうかの自覚、見ている対象物の写像が網膜上の中央に保たれているかどうかの自覚、そしてタウの増大スピードを鍵として、外野手の身体知が成り立っているという仮説は有望です。

しかし、まだ説明のつかないこともあります。打球が放たれた瞬間、「一旦眼を切ってでも、全速力で背走しないと間に合わない」と察知して背走し、再び眼を打球に向けるとすぐそこに迫っていて、ピタリと捕球するという身体知は、どういうメカニズムで成り立っているのか？　背走方向をほとんど誤らずに推定できるのはなぜなのか？　打球が放たれた瞬間に、ぎりぎり捕球できる飛球と絶対に捕球できない大飛球を区別できるのはなぜなのか？

更に、視覚情報タウの研究は、既にその身体知を体得しているひとの身体で成り立っている現象の説明であり、それを如何に学ぶかについては知見を与えてくれません。身体知の解明は学びの理論を伴ってこそだとすると、まだ序の口です。タウという知覚量を上手に捉えて守備がうまくなるプロセスに関する知見は、これからの研究展開に期待します。

野球経験のある方は、外野守備は天性によるところが多く、内野守備や打撃スキルに比べると、ある種のことは練習しても上達しないという感覚をおもちなのではないかと推察します。そうであるとするならば、やはり、外野守備の能力は、身体とことばの共創現象という観点からは説明がつかず、謎に包まれています。身体とことばの共創という観点で説明のつく身体知は、「巧みさの学び」という一領域に過ぎないのかもしれません。

「間合い」の神秘

「間合い」という現象は日常に溢れています。対戦型のスポーツだけではなく、会話、プレゼンテーション、交渉などのコミュニケーション、舞台演技、楽器演奏などのパフォーミングアートのシーン、介護、看護などの医療場面に至るまで、凡そひととひとが遭遇する場面では必ずといってよいほど、間合いという現象が発生しているはずです。わたしたちは、明確に自覚できているかはともかくとして、身体では暗黙的に感じとった上で行動を繰り出すという点で、間合いは身体知研究の興味深いトピックでしょう。

対戦型のスポーツでは、「自分の間合いをつくりだす」ということばで語りますが、何を指して間合いと呼ぶのか、未だ漠としています。野球では投手と打者の距離は固定ですから、間合いをつくるとは打者がタイミングを合わせることを指します。投手が投じた球に対して身体がもつパワーをインパクトの瞬間に注ぎ込めるように、バックスイングから踏み込みにかけての準備動作で間合いを計るのです。サッカーや剣道をはじめ、多くの対戦競技では相手との距離は可変です。「間」とは、何かと何かのあいだで成立するモノゴトですから、物理的距離も重要な要因ではあります。しかし、それだけではないところに「間」の探究の難しさの源があります。

互いの距離が近づけば相手に与える圧力は増大します。互いの距離だけではなく、身長も重要な要因でしょう。相手が自分よりも背が高い、あるいは身体が大きい場合、どうしても圧迫感を覚えます。圧迫感は心にも影響し、強気に攻めることの邪魔になるかもしれません。圧迫されると重心も浮き上がり、身体の制御もそうでないときに比べてうまくいかなくなるでしょう。

「自分の間合い」とは何かということについて私が抱いている仮説は、「いまこの瞬間に攻め込むことができる！　いまだ！」という身体と心の状態です。その瞬間の相手との距離や、自分や相手の身体の大きさ・長さだけではなく、その瞬間までに両者の身体がどう動いて現在に至ったかという履歴も、これから両者が何をしようとしているかという動きの意図も重要な要因です。

会話における間合い

会話は、ことばのキャッチボールです。発言がかぶらず交互に発言の順番が回ってくることが[6]、会話の基本的秩序とされます。討論番組では、相手がしゃべり終わっていなくても自分が言いたいことを繰り出すという、秩序の乱れたシーンも見かけます。その無秩序状態は間合いが上手に調整されていないケースです[7]。

しかし、間合いがうまく調整されている会話とは、必ずしも発言がかぶらず交互に話すこととは限りません。ときには、相手の趣旨は完全にしゃべり終わらなくても理解できます。内容に激しく賛同の意を表したいときには、相手がしゃべり終わる前に敢えて自分の発言をかぶせ、協同作業としてその発話内容を繰り出す効果を強めたりします。

かといって、かぶせるタイミングが早過ぎると邪魔になります。遅過ぎると協同作業の効果は薄まり、「間が抜け」ます。後からかぶせるひとは、相手の発言に合わせてうなずきを入れながら、「ここぞ！」というタイミングを計って賛同の意を相手の発言の終焉部分にかぶせるのです。

「間」の時間はどれくらいでしょうか？　時と場合によって異なるのが面白いところです。会話やプレゼンテーションで、難しい内容や含蓄のあることばを発したとしましょう。聴き手はその意味を考えるのに時間を要します。考えに入ると相手は何も発言しません。相手に考える時間を与え、何かの糸口や問いがちょうど相手の頭に芽生えてきた頃合いを狙って、再度次の矢を繰り出すという話し方が、間合いに長けた話術でしょう。

聴き手が首をかしげていたり眉間に皺が寄っていたりすれば、理解に苦しんでいると察知します。その疑問を敢えてすぐには解消せず、少し間をとってからおもむろに次の発言で解消してあげると、その劇的さが大きな理解や共感につながるかもしれません。疑問状態に長く置き過ぎて聴き手に嫌気がさすかもしれないと思えば、間髪入れず次の矢を繰り出す方がよいでしょう。

他者と自分にとり込んだ像に合わせる

木村敏氏は著書『あいだ』［木村 2005］で、楽器の合奏を例に、なぜ複数の演奏者が楽器音のタイミングを完全に合わせることができるのかと問うています。相手がまさにいま発する音に自分の音を合わせようとすると大抵遅れが生じます。演奏者の各々が合わせようとする相手が異なっていると、更にてんでんバラバラ収拾がつかなくなります。

木村氏はこう論じます。各演奏者は、それまでに全員で奏でてきたメロディーを自分の頭のなかに反芻し、自分が頭のなかで謳う（鳴らしているといってもよい）メロディーの近未来状態を想定して、それに自分の演奏行為をシンクロさせるのではないかと。他者の音に合わせるのではなく、自分の頭のなかで鳴っているメロディーの未来状態に行為を合わせにいく。全員がこれをやるとピタッと合うという仮説です。

野球の打者が投球にタイミングを合わせる作業も同じだと考えています。以前私は、投手の動作における個々の身体部位の動きに着目し、特定の身体部位がこういう状態になったら、自分はバックスイングを始動しようと意識していた時期がありました。投手の表面的な、あるいは局所的な身体動作を鍵にして、「間をつくって」いたのです。しかし、まもなく私は、その考え方でうまく「間をつくれる」相手投手は数少ないことに気づきました。どの身体部位を鍵にしてバックスイングを始動すればよいのかさえ皆目つかめないと、結局始動が遅れて、臨戦態勢が整わず振り遅れるということが多発していました。

いまは完全に異なる考え方で打席に立っています。動きの総体が醸し出す「打者に向かってくる勢い」というモノゴトを私のからだに取り込み、それにバックスイングの体感の高まりを合わせるという意識で「間合い」を計っています［諏訪 2015d］。「投手が打者に向かってくる勢いをからだに取り込む」とは、合奏のケースで「全員で奏でてきたメロディーと、その未来像を、自分の頭で鳴らす」

ことに相当します。
日本認知科学会で二〇一四年、「間合い-時空間インタラクション」[8]という研究分科会が立ち上がりました。身体知、コミュニケーション、アフォーダンス[9]、共創システムといった様々な概念を持ち寄り、間合いという現象に糸口を見出したいという挑戦です。

身体知には多大な魅力と神秘が詰まっています。本書は、人工知能や認知科学といったこれまでの知能科学の知見と、私自身の一人称研究における問題意識と体感の相互連鎖という体験を基に、身体知の学びを身体とことばの共創として捉えた先に見える未来を描いたものです。

本書が近未来の身体知研究の礎になることを祈り、筆を置きます。

注

【第一章】

1 本書では、これらの心理学研究に対する新たな解釈を提唱することになります。

2 本書では、「身体」と「からだ」をできるだけ区別して書き分けます。物理的な「物体」としての身体を指す場合には漢字で表記し、体感・意識・生活との関係で身体を論じたいときには平仮名で表記したいと思います。「身体知」や「身体スキル」は熟語なので漢字で表記しますが、その場合には平仮名の「からだ」のニュアンスを包含します。

3 南海、ヤクルト、阪神、楽天で采配を振った名将の野村克也監督は〝考えるID野球〟というコンセプト［野村 2009］で有名ですが、彼の思想の本質は、様々な数値データを駆使することにあるのではなく、「自分のからだを考えよ」という点にあると思います。数値データはあくまでも考えるための材料として必要だというわけです。それを体現したのが、プロに入ってすぐ正捕手に抜擢された古田敦也選手でした。私は学者ですから、ことばをうまく使って身体知を学ぶという考え方を学問的に理論立てて紹介しますが、野村監督の言っていることと根本思想は同じだと思います。

4 二〇一四年、私が主査になって、日本認知科学会の研究分科会として「間合い－時空間インタラクション」というものを立ち上げました。間合いという、われわれが日常の様々なシチュエーションで感じている現象も、学問的には多くのことがベールに包まれています。身体知研究、コミュニケーション研究、アフォーダンス、内部観測、共創システムなど、様々な分野の研究者が集い、新しい研究分野として開拓を始めています。https://sites.google.com/site/jccsmaai/home をご参照ください。

5 従来の科学では、観察対象は観察主体（つまり研究者）から分離されていることを必須としました。客観的な観察が科学の根本思想にあるからです。一人称研究はその原則を逸脱しています。しかし、一人称の主観的な観点からでないと取得できない／観察できないモノゴトは多いことも事実です。知の探究において、そういう側面はこれまで見過ごされてきたのではないかという研究思想が、人工知能の分野で最近起こり始めています。詳しくは第七章をご参照ください。

6　インコースの場合は、インパクト位置を身体に近いところに据える分だけバットを捌く時間的猶予が短いので、球と勝負しにいくタイミングが若干早くなります。しかし他のコースの場合も、基本的には原理は変わりません。

7　人工知能の分野には「フレーム」という概念があります。ひとはモノゴトを考えるときに、身の周りで生じているすべての物理的な関係性や事象に留意するわけではなく、その中の一部のことだけに注意を向けます。「考える枠」を設定して、その枠外のことは、「とりあえず関係ないわ」と高をくくるのです。心理学ではこれを「選択的注意」(selective attention) といいます。「選択的」という性質をもっているからこそ、ひとは、世界に存在するすべてのモノゴトに煩わされなくてすみます。もしその性質をもっていなかったら、そこここで鳴っている様々な音、臭い、色などに悩まされるはずです。ひとが多く集まるパーティー会場では、もう耳を塞がずにはいられないでしょう。

8　暗黙知とは、ことばで語ることが難しいけれども、からだではわかっている知のことを指します。本書でとりあげる身体知は、からだに根ざす知だけに、なかなかことばにするのは困難です。

9　ひとは、環境中に存在するありとあらゆる情報（視覚、聴覚、嗅覚、触覚、味覚）の多くを遮断して、そのうちの一部にだけ選択的に注意を向けます。本章注7もあわせて参照してください。誰かと一緒にまちを歩いているとき、ICレコーダーで録音された会話を聴くと、その背景音として車の排気音とカラスの鳴き声が多いことに驚かされます。歩いているときには気にも留めていなかったのに。歩いているときにはもっと別なことに注意を向けているため、それらの物理的な音は脳がシャットアウトしているのです。選択的に知覚して、有限の認知資源を割り当てているからこそ、疲れないで済んでいるのです。

10　いまはほとんどの場所で暗渠もしくは下水道になっています。

［第二章］

1 「結果に過ぎない」や「心の働きがあって初めて」と書くと、心が介在せずに身体が反射的に動くという場合もあると反論する方もおられるでしょう。その反論は間違ってはいませんが、学びという長期的な認知は、心の働きを抜きに論じることはできません。

2 「精神と物体を切り離したからこそ科学的営みが成立するのですよね？」と反論する方も多いと思います。その点に関する私の考え方は第七章で論じます。

3 1／250がモーションキャプチャーの世界ではごく普通の分解能です。

4 手首と前腕の関係も、手首の関節を介して、手首が先端の部分です。おおげさに書くならば、最終段階で前腕の動きに急ブレーキをかけることによって、手首が自然に振られるという現象が生じます。

5 往年の江川卓投手や、今であれば巨人の杉内俊哉投手はその代表格ではないかと思います。

6 メカニズムの説明に携わる研究を軽んじる意図はありません。それは重要な研究です。現象を生成はしてくれませんが、現象の生成（学び）のための糸口は与えてくれますから。

7 観察による歩行分析の文言でいえば、大きく分けて、立脚期（着地しているフェーズ）と遊脚期（蹴って地面を離れてから、前に踏み出して、着地するまでのフェーズ）に分かれます。前者は、初期接地、荷重応答期、立脚中期、立脚後期に分かれ、後者は、前遊脚期、遊脚初期、遊脚中期、遊脚後期に分かれます。

8 もちろん、この場合は、expert（プロ）とnovice（素人）の差異をみているわけではありませんが、健常者と足に障害を有するひとの差異を求める実験も、考え方としては、expert-novice differenceと同じです。

9 この点に関して実際に理学療法士の方にインタビューした経験はないので、本書で例示することは私の想像の域を出ないことは宣言しておきます。身体とことばの共創として身体知を捉えるという本書の主張を踏まえて、理学療法士の方が何を意識してどう患者に対しているのかについて議論したいと思っています。

[第三章]

1 規則群の第5列目に「右」「左」以外に例えば「終」を書き込めば、その行は、自動機械がそれ以上計算を続けない条件を記述したものになります。終了条件を書かないならば、自動機械は永遠に動き続けます。

2 チューリングの数学モデルが世に登場してからは、ある記号処理を実現するにはどんなチューリングマシンであればよいか（内部状態、テープ上の記号の種類を決め、規則群を記述すること）を考えればよいことになりました。そしてそのマシンでどのような働きが生まれるのかをシミュレーションできるようになりました。

3 チューリングマシンにも潜在的にはフィードバック機構のしくみは内包されていると私は思います。表3-1に示したような規則群が、マシンの内部状態と環境からの情報入力に依存して、内部状態を変え、環境を書き換える行動を行うための司令塔です。この規則群が、潜在的には、環境についてのモデルを表現するひとつの手段になり得ます。もちろん、内部状態と情報入力という単純な表現系だけで、様々な環境についてのモデルをつくるのは難しいと思います。この点は後続の節での議論に結びつきます。

4 近づいたら、遠くでは見えなかった詳細な筆のタッチが見えるというようなことを論じているわけではありません。それはあくまでも視力の問題です。遠くからそういう細かい性質や属性は所詮見えないからです。

5 知覚に相当する箇所が情報の入力、行動に相当する箇所が情報の出力です。

6 日本のロボティクス研究を先導するひとりである國吉康夫氏は、ある種のフィードバック機構がこの身体に内在し、安定性がもたらされているけれども、そのメカニズムは完全には解明されていないと説明しています［國吉2008］。

7 研究者がその現象を見て「お掃除している」と解釈しているのです。

[第四章]

1 ここに論じているように、身体のシステムをことばで表現することは土台無理なことなので、この程度の表現しかできないのですが。

2 方言をしゃべる役柄にその地方の方言話者ではない俳優が抜擢された場合、その地方出身者である視聴者には、役柄がリアルに思えないということも多々あります。

3 これ以降は、モノ、コト、モノゴトというように、片仮名で表記します。

【第五章】

1 擬音語・擬態語の総称を専門用語でオノマトペと言います［丹野 2007］。

2 一時に考えること（意識すること）のできる容量のことを、一般に認知容量（英語では cognitive capacity）と言います。

3 この種の無自覚は誰にでも生じることなのです。慣れていない場合には、なかなかそういった空間的関係や位置関係に眼を向けることが、難しいようです。〈モノ世界〉をことばにすることは捨象されがちなのです。

4 味覚は、知識で語るのではありません。

5 特に、仲間には自分が宣言した音（音A）と少しだけ異なる音（音'A）を言ってもらって、なぜ音Aなのかを質問してもらうことが功を奏します。

6 音声学という学問では音節をどこで区切るかを規定するモーラという考え方が提唱されていますが、創作オノマトペの分節化ではそれに囚われる必要はありません。

7 その後「上質を知る人の〜」「違いを楽しむ人の〜」に変化しています。

8 私は、公立はこだて未来大学の大塚裕子氏と一緒に、日本酒でも同じことを試みています［大塚 2015］。

9 しゃべることも外的表象化です。

10 連想はひとに依存して大きく異なります。つまり、個人固有性をもつ現象です。

11 東京では、例えば渋谷がそういう場所です。道玄坂、公園通り、宮益坂など、すべての坂道を下ったところが渋谷駅付近です。

12 両側の胸鎖関節を意識して、そのあいだの距離を拡げるように胸鎖関節を動かすと、鎖骨を介して肩甲骨が動き、胸を張る状態が実現できます。

13 何が「よい」着眼点なのでしょう？　身体知の学びにおいてこれは本質的な問いです。例えば、野球の打撃を学ぶすべてのアスリートが気づくべき着眼点、つまり普遍的な着眼点、もあるでしょう。しかし、あるアスリートには意味のある着眼点だけれども、他のひとにとってはそうでもない。そういう個人固有性の高い着眼点も存在するという点が、身体知の学びの本質なのです。それについては、第四章の「個人固有性」についての節で詳しく論じています。

14 数学的な言い方をすれば、変数には値が入ります。$x=5$というのは、xという変数に5という値が入ったことを表しています。味覚の変数の場合も同じです。舌の中央で味を感じるのだとすれば、「味を感じる部位」という変数に対して、「舌の中央」という値が入っているわけです。

15 例えば、陸上選手が足裏を地面に接地させる方法を変えると、接地時間や接地面積が変わるかもしれません。接地面積が変われば地面からの反力の伝わり方も変わるでしょうし、足裏の体感も、重心位置での接地体感も変わるでしょう。接地面で新たに生じた物理現象やそれに伴う体感が、更新された実体として加わるのです。

16 捕手側の足に体重を乗せ（そのときに投手側の足を上げるかどうかは打者に依りますが）、その体重を投手側の足に体重移動することを「踏み込み」といいます。体重移動をする前の「捕手側の足に体重を預ける」フェーズをバックスイングと言います。バックスイングと称しますが、まだ実際のスイングは始まっていません。その準備段階です。

17 右打者の場合は、左足で体重移動にストップをかけることにより、体重移動の慣性力が上半身に伝わり、スイングするための回転トルクが生まれます。

[第六章]

1 「自分を被験者にして」に違和感を覚える方が多いかもしれません。これは、いわゆる「一人称研究」と呼ばれる研究スタイルで、ひとの知の研究ではそういう研究方法論が必要であることを第七章で論じます。

2 ボウリング場に行った日は必ず複数ゲームをこなしたので、日ごとの平均スコアで変遷をみる図としました。横軸にはことばを書き残した日をとっているので、二一〇日分の範囲となっています（そのうちボウリングをやった日は二〇四日なので、プロットの個数は二〇四）。

3 ボール、レーン、ピンは、ボウリングをする本人にとっては、身体の周りに存在する環境であり、それらについて感じたこととは、専門用語でいえば、〈環境についての知覚〉です。

4 ことばを書き残した日数は二一〇日で、五日の移動平均を算出したので、横軸のデータ数は二〇六となります。

5 詳細－大雑把の比率計算は五日移動平均を行っているため、スコアを計算する場合の第一、第二、第三期の最終日は、それぞれ七〇日目、一一一日目、一六六日目としました。

6 分散が等しくないと仮定した片側 t 検定により有意差検定を行いました。

7 より厳密に言うならば、「右肘と体側の距離」という変数に「近い」という値が入った状態、及び「右肘と身体全体の関係」という変数に「右肘が身体全体を押す」という値が入った状態を実現すべく、意識しているということです。

8 そういう身体の状態がアウトプットされるという意味で「出力」と名づけました。

9 インターネット業界の用語で古くからメタデータという用語がありますが、あるページにどういう内容が書かれているかを要約したデータ（つまりデータのデータ）を意味します。

10 それは、例えばブラウンの論文“Knowing when, where, and how to remember”［Brown 1978］のタイトルに Knowing という単語が使われていることからも、そして〈モニタリング〉するという文言に、思考や行動を客観的に把握するというニュアンスが含まれていることからも推察できます。

11 身体と環境のひとつの接点はバットを握る手のひらです。バットという道具は環境の一要素です。巧みなバットコントロールを目指し、握る位置、握る強さ、バットをスイングするときの各指の使い方（転がし方）、そして、手のひらの感触をことばで表現するのは、からだメタ認知の実践として有効だと思います。

［第七章］

1 バックスイングで、そして踏み込みからバットの始動にかけて脱力していたからこそ、柔軟にバット軌道を変えヒットを打てたのです。

2 構成的と称したり、構成論的と称したり、研究者や分野によって異なり、統一された用語はありません。本書では「構成的」と称します。

3 中島氏はかれこれ三〇年に亘って日本の人工知能研究を理論、哲学の面からリードしてきた研究者です。ＡＩプログラミング言語、状況認知、協調アーキテクチャ、情報学、デザイン学など、彼が手がけた（手がけつつある）分野は多岐に亘ります。

4 当初は、この相互作用のプロセスをC1とC2の間ということで、C1.5と呼んでいました。いまは、相互作用がいくつも重なることでC2が生まれるわけなので（$\sqrt{2}$が2乗されると2になるという意味を込めて）、C$\sqrt{2}$と呼んでいます。しかし、呼び方に特別の強い主張があるわけではありません。

5 本書の第八章で「間合い」現象について詳しく論じます。

6 すべてを「思い出す」なんて不可能だからデータ取得法としていかがなものかと疑念を抱かれるかもしれません。それに関してはエリクソンらの書にも議論がなされ、私の論文［Suwa 1997］でも議論していますので、詳細はそちらをご覧ください。簡単にいえば、しゃべるという言語行為と、スケッチ中に優位であると想定できる知覚行為が互いに邪魔をする可能性があるという知見［Lloyd 1995］を重要視して、retrospective report 法を採用したのでした。しゃべることでスケッチにおける知覚行為が疎かになっては元も子もないと考えたからです。

自分が描いた線や文字のあいだに、意図しなかったことを見出すことがアイディアの源泉であるというショーンの説からすれば、知覚が重要な役割を果たしているはずです。そういう私の仮説が、think-aloud 法ではなく retrospective report 法を選択させました。この事例はカテゴリー作成には関係ありませんが、実験のやり方を決めるときにも、既存の理論や研究者が抱く仮説が重要な役割を果たすという好例でしょう。

7 ペースはその研究者本人に任せるしかありません。本人の学びが対象ですから、指導教官も含め外野のひとがペースを決めてもうまくはいきません。かといって、日々の実践と言うにはおこがましいほど頻度が少ないと、感性も育まれないし、研究にもなりません。これは生活研究であり、研究のための研究ではありません。本人が、感性を育みたいという動機に基づいて、自らの生活のリズムと相談しながら、からだメタ認知を実践して感じたことや考えたことをことばで表現するペースを決めるのがよいのです。

8 各回の文章数の数値は変動が大き過ぎて大局的な傾向が見にくいため、このグラフは三回分の移動平均の数値をプロットしたものです（活動番号1〜3の平均値を活動番号3の箇所にプロットし、以降、2〜4の平均値を活動番号4の箇所に、……というように順々に三回分の平均値を求めます）。したがって、プロットは活動番号3から始まります。後続の、図7−4、図7−5も同様です。

【第八章】

1 振動という現象に対して、振動音の計測を選んだ理由は、もっとも計測が簡単であり、しかも音の分析は、比較的容易で確立された手法が存在するからです。感性という身体知現象を生活上で探究するときに、計測行為自体がその現象を損ねては元も子もありません。振動音の採取は、コンタクトマイク装着で簡単に行えることがメリットです。

2 実験のための機器構成や、歩行の三つのフェーズを分離するアルゴリズムの詳細については、私たちの論文［諏訪

2015c］をご覧ください。

3　第五章注16参照。

4　周辺視なのに「強く意識する」ということがポイントであるように感じていました。

5　内野手の守備は、巧みさの学びの側面が大きいと思います。転がってくる打球に対して足運びを制御して適正な位置に移動し、柔らかく重心を下ろしてバウンドを合わせ、グローブを巧みに捌いて捕球し、素早く投げるのです。

6　コミュニケーション研究の分野では、ターン・テイキングと称する会話秩序です［Sacks 1974］。

7　もしかすると、そういった番組では、無秩序の修正（例えば、司会者がそれをきちんと仕切って、出演者に会話秩序を遵守させる）を敢えてしないことによって、それだけこのトピックは世の中で紛糾しているのだということを表現しているのかもしれません。

8　第一章注4参照

9　生態的心理学の祖、ギブソンが提唱した概念です。環境とからだのあいだの関係性から生まれる性質を、からだは選択的に知覚して、行為を決定するという考え方です。

あとがき

本当に野球が好きなんだなあと思います。凡打を繰り返すと「自分ならもっとうまく打てるはず」と悶え、ああだこうだと工夫をする。ときに爆発的に快打が続いたときは「見てみぃ〜。ついに悟ったぜ」と自信満々、悦に入る。まるで再びスランプに突入することなど知らぬかのように。

メタ認知の研究を始めてすぐ（約一五年前）、「そのうち僕は野球を研究にしちゃうのかな」という予感がうっすらありました。それもつかのま、自分の打撃について体感や思考をことばにし始めたのは二〇〇三年頃でした。それ以来、選手としての眼、研究者としての眼の二つを併せもち、自分の身体知をみつめてきました。「からだを考える」ことの実践が「選手としての眼」、身体知とは何か、それを学ぶとはどういうことか、その学びの様を研究するには何が必要かを問うことが「研究者としての眼」です。その一〇年以上に亘る模索の軌跡から本書を紡ぎ出し、研究者として、選手として、いま達成感を感じています。

これを書き終えてみて想うことをひとことで表現すると、ひとの知の探究は、生活と研究を分離しない方がよいということです。この言説には、少なくとも二つの意味が詰まっています。

まずひとつめは、生活者もじつは「研究」しているのだということです。誰しも生活のなかで知——それはほとんどの場合、身体知です——を学びます。とりあえずやってみて、色々なことに気づいて、問うて、またやってみる。第七章で述べた「構成のループ」です。その営み自体がまさに「研究する」ことなのです。本書をお読みくださった方が、そうした意識をもって自分の生活の様をみつめなおすようになったなら、本書も少しお役に立てたということでしょう。生活は即ち「研究」だという意識をもてたとしたら、自分という存在の再発見につながるでしょうし、また、いわゆる（職業研究者がする）「研究」に対して、それまで以上に興味が湧くでしょう。

世の中には素晴らしい研究がたくさんあります。そうした研究は、新しいモノやシステムを創ったり、既存のモノやシステムを分析し、改善したりすることに貢献し、社会はどんどん便利に、そして豊かになってきています。研究は、わたしたちの生活に、そして本書の話題である、「生活のなかで学ぶ」ということに対しても、よりよい環境や場を与えてくれます。生活者が「研究」に興味を抱くようになれば、研究が与える環境や場を積極的に受け入れるようになります。それによって生活の様が変容し、その変容に自覚的になることによって、生活の意識も変容する。それはまた研究の世界にフィードバックを与えます。生活と研究がそうしたwin-winの関係で結ばれるのが理想です。「生活者もじつは「研究」しているのだ」という意識こそがそうした理想に近づくための第一歩なのだと思います。

二つめは、しかし現状では、残念ながら、研究者は生活にあまり眼を向けていないということです。研究者の多くは、個人の生活よりも、むしろ、産業的・社会的に役に立つモノゴトに傾倒していると私は危惧しています。社会を構成しているのは他ならぬ一人ひとりのひとなのだから、研究者が、生活や生きる上での意識に、もっと眼を向けてもいいのではないかと思うのです。ひとつ、その典型例を挙げましょう。新しいモノやシステムを創り、それがどんな効果を生み出したかを検証するためのインタビューやアンケートのほとんどは、データの広さ（被験者の人数）を求めるあまりに、浅薄なデータしか取らないということです。そういった研究に遭遇する度に残念でなりません。

ひとは、ことばにすると身体が変容し、行動の仕方も変わり、そうするとまた意識も変わります。本書で論じてきた「構成的性質」です。じっくりと時間をかけて一人ひとりの想いをデータ化しないと、本当の意味での検証などできないはずです。身体知の研究においても「モノとしての身体の現実」を捉えることは盛んでも、「コトとしての意識の現実」を捉える研究自体が非常に数少ないと、本書で論じてきました。生活者としてインタビューを受けたとしたら、「こんな浅薄なインタビューではわたしの胸のうちはわからないよね」と思うに違いないのですが、研究者の立場に立つと、そんな想いはどこへやら。研究者である自分と生活者である自分が完全に分離しています。

より一般的にいうと、そもそも研究や学問の世界に、ひとの意識を扱う研究のやり方が整備されていないということだと思います。これまで良しとされてきた研究のお作法（例えば、客観性や普遍性）だけに固執していては、生活の現実（「生きることとは何か」と言い換えてもよい）には全く辿り着けないのですが。

研究のやり方が整備されていないから、研究者がひとの生活や意識に眼を向けたくても、眼を向ける方法がわからない。研究者がそこに眼を向けないから、なかなか研究のやり方が整備されない。にわとりと卵。恐らく両方とも「真」でしょう。本書が研究の世界にそういう問題意識を掻き立てるきっかけとなれば、これほど嬉しいことはありません。

選手として、そして研究者として、二つの眼をもって身体知の研究をしてきたが故に、このような感想を抱いていることを記し、本書を締めくくります。

最後になりますが、ややもすると論文調になり、難しい議論に陥りがちの私の文章に、献身的に、首尾一貫したご指摘とアドバイスをくださった、講談社学芸クリエイトの今岡雅依子氏に、大いなる謝意を表したいと思います。また、講談社文庫出版部の岡本浩睦氏には、この型破りな身体知研究の書籍化に情熱を注ぎ、長きに亘る執筆においても常に励ましの言葉をおかけいただいたことに、深く感謝いたします。

二〇一六年四月

諏訪正樹

第8章

[野口 2003] 第5章と同じ.

[諏訪 2015c] 諏訪正樹，筧康明，西原由実「足触りの表現を促すデバイスにより構成的に感性を育む実験」インタラクション2015予稿集（web媒体），インタラクティブ発表B56, pp.641-646.

[Lee 1976] Lee, D. N., "A theory of visual control of braking based on information about time-to-collison", *Perception*, Vol.5, pp.437-459.

[Sacks 1974] Sacks, H., Schegloff, E. A. and Jefferson, G., "A simplest systematics for the organization of turn-taking for conversation", *Language*, Vol.50, No.4, pp.696-735.

[木村 2005] 第7章と同じ.

[諏訪 2015d] 諏訪正樹「「一体となる」ことと間合い」日本認知科学会分科会「間合い－時空間インタラクション」第二回研究会，JCSS SIG Maai, Vol.2015, No.1, pp.20-25.

［諏訪 2015a］諏訪正樹，堀浩一（編著），伊藤毅志，松原仁，阿部明典，大武美保子，松尾豊，藤井晴行，中島秀之（著）『一人称研究のすすめ：知能研究の新しい潮流』近代科学社．

［ファイファー 2010］ファイファー, R.，ボンガード, J.『知能の原理：身体性に基づく構成論的アプローチ』（細田耕，石黒章夫訳）共立出版．（［Pfeifer 2006］の日本語訳）

［けいはんな 2004］けいはんな社会的知能発生学研究会（編），瀬名秀明，浅田稔，銅谷賢治，谷淳，茂木健一郎，開一夫，中島秀之，石黒浩，國吉康夫，柴田智広（著）『知能の謎：認知発達ロボティクスの挑戦』講談社ブルーバックス．

［中島 2009］中島秀之「デザインという行為の哲学」『日本認知科学会「デザイン・構成・創造」研究分科会予稿集』産業技術総合研究所．

［木村 2005］木村敏『あいだ』ちくま学芸文庫．

［中島 2008］中島秀之，諏訪正樹，藤井晴行「構成的情報学の方法論からみたイノベーション」『情報処理学会論文誌』Vol.49, No.4, pp.1508-1514.

［藤井 2010］藤井晴行，中島秀之「デザインという行為のデザイン」『認知科学』Vol.17, No.3, pp.403-416.

［Nakashima 2014］Nakashima, H., Fujii, H. and Suwa, M., "Designing Methodology for Innovative Service Design", *Serviceology for Services – Lecture Notes in Computer Science*, Springer.

［諏訪 2015b］諏訪正樹，藤井晴行『知のデザイン：自分ごととして考えよう』近代科学社．

［宮本 1985］宮本武蔵（著），渡辺一郎（校注）『五輪書』岩波文庫．

［諏訪 2010］諏訪正樹，赤石智哉「身体スキル探究というデザインの術」『認知科学』Vol.17, No.3, pp.417-429.

［Ericsson 1984］Ericsson, K. A. and Simon, H. A., *Protocol Analysis: Verbal Reports as Data*, The MIT Press.

［Schön 1983］Schön, D. A., *The Reflective Practitioner*, Basic Books.

［Suwa 1997］Suwa, M. and Tversky, B., "What do architects and students perceive in their design sketches? A protocol analysis", *Design Studies*, Vol.18, No.4, pp.385-403.

［Lloyd 1995］Lloyd, P., Lawson, B. and Scott, P., "Can concurrent verbalization reveal design cognition?", *Design Studies*, Vol.16, No.2, pp.237-259.

［Suwa 2003a］Suwa, M. and Tversky, B., "Constructive perception: A meta-cognitive skill for coordinating perception and conception", *Proceedings of Twenty-fifth Annual Conference of the Cognitive Science Society*, Cognitive Science Society, pp.1140-1144.

［Suwa 2003b］Suwa, M., "Constructive perception: Coordinating perception and conception toward acts of problem-finding in a creative experience", *Japanese Psychological Research*, Vol.45, No.4, pp. 221-234.

［浦 2006］浦智史，諏訪正樹「表現における身体性：視覚優位からの脱却」『日本認知科学会第23回大会発表論文集』pp.138-139.

表現の研究」第29回人工知能学会全国大会，CD-ROM.
[池上 1984] 池上嘉彦『記号論への招待』岩波書店.
[Gibson 1955] Gibson, J. J. and Gibson, E. J., "Perceptual learning: Differentiation or enrichment?", *Psychological Review*, Vol.62, No.1, pp.32-41.
[浦上 2015] 浦上咲恵「生活音を駆使し創造的に暮らすためのトレーニングフレームワーク」慶應義塾大学大学院政策・メディア研究科2014年度修士論文.
[堀内 2016] 第4章と同じ.
[Bruner 2002] Bruner, J., *Making Stories : Law, Literature, Life*, Harvard University Press.

第6章

[伊東 2006] 伊東大輔「ボウリング999ゲームの軌跡に見る熟達のプロセス」中京大学情報科学部2005年度卒業論文.
[諏訪 2006] 第1章と同じ.
[諏訪 2007] 諏訪正樹，高尾恭平「パフォーマンスは言葉に表れる：メタ認知的言語化によるダーツの熟達プロセス」第21回人工知能学会全国大会，1H3-6，CD-ROM.
[高尾 2007] 高尾恭平「ダーツ道：パフォーマンスは言葉に表れる」中京大学情報科学部2006年度卒業論文.
[庄司 2008] 庄司裕子，諏訪正樹「個人生活における価値創造の方法論：メタ認知実践のケーススタディ」『情報処理学会論文誌』Vol.49, No.4, pp.1602-1613.
[Karmiloff-Smith 1992] Karmiloff-Smith, A., *Beyond Modularity*, MIT Press.
[白水 2012] 白水始, 遠山紗矢香「マルチヴォーカリティが育む未来への学び」『KEIO SFC JOURNAL』Vol.12, No.2, pp.19-34.
[Miyake 1986] Miyake, N., "Constructive interaction and the iterative process of understanding", *Cognitive Science*, Vol.10, pp.151-177.
[Brown 1978] Brown, A. L., "Knowing when, where, and how to remember: A problem of metacognition", In Glazer, R.（ed.）*Advances in Instructional Psychology*（pp.77-165), Lawrence Erlbaum Associates.
[Flavell 1979] Flavell, J. H., "Metacognition and cognitive monitoring: A new area of cognitive-developmental inquiry", *American Psychologist*, Vol.34, No.10, pp.906-911.
[Mazzoni 1998] Mazzoni, G. and Nelson, T. O.（eds.）*Metacognition and Cognitive Psychology, Monitoring and Control Processes*, Psychology Press.
[Clancey 1997] 第3章と同じ.
[郡司 1997] 郡司ペギオ－幸夫，松野孝一郎，オットー・E・レスラー『内部観測』青土社.
[中村 2000] 第5章と同じ.

第7章

[中村 1992] 第2章と同じ.

第3章

[高岡 2014] 高岡詠子『チューリングの計算理論入門』講談社.

[ウィーナー 2011] ウィーナー，N.『サイバネティックス：動物と機械における制御と通信』(池原止戈夫，彌永昌吉，室賀三郎，戸田巌訳) 岩波文庫.

[Clancey 1997] Clancey, W. J., *Situated Cognition: On Human Knowledge and Computer Representations*, Cambridge University Press.

[Gregory 1971] Gregory, R. L., *The Intelligent Eye*, McGraw-Hill.

[諏訪 2004] 諏訪正樹「「こと」の創造：行為・知覚・自己構築・メタ記述のカップリング」『認知科学』Vol.11, No.1, pp.26-36.

[後安 2004] 後安美紀「創造過程における知覚と行為のカップリング」『認知科学』Vol.11, No.1, pp.12-16.

[Solomon 1988] Solomon, H. Y. and Turvey, M. T., "Haptically perceiving the distances reachable with hand-held objects", *Journal of Experimental Psychology: Human Perception and Performance*, Vol.14, No.3, pp.404-427.

[ベルンシュタイン 2003] 第2章と同じ.

[藤本] http://drei.mech.nitech.ac.jp/~fujimoto/sano/walk_jpn.html.

[國吉 2008] 國吉康夫「知的行動の発生原理」『人工知能学会誌』Vol.23, No.2, pp.283-293.

[Pfeifer 2006] Pfeifer, R. and Bongard, J., *How the Body Shapes the Way We Think: A New View of Intelligence*, The MIT Press.

第4章

[ポランニー 2003] 第2章と同じ.

[井筒 1991] 井筒俊彦『意識と本質』岩波文庫.

[廣戸 2006] 廣戸聡一監修『キミは松井か、イチローか。：野球革命4スタンス理論』池田書店.

[木村 1982] 木村敏『時間と自己』中央公論社.

[堀内 2016] 堀内隆仁「「走り」を追究するアスリートの物語：身体で実践し、気づき、考え、解り、実践する」慶應義塾大学環境情報学部2015年度卒業プロジェクト論文.

第5章

[中村 2000] 中村雄二郎『共通感覚論』岩波現代文庫.

[丹野 2007] 丹野眞智俊編著『オノマトペ《擬音語・擬態語》をいかす：クオリアの言語心理学』あいり出版.

[加藤 2012] 第1章と同じ.

[野口 2003] 野口三千三『原初生命体としての人間：野口体操の理論』岩波現代文庫.

[大塚 2015] 大塚裕子，諏訪正樹，山口健吾「創作オノマトペによる日本酒を味わう

参考文献

第1章

[野村 2009] 野村克也『野村ノート』小学館文庫.

[古川 2009] 古川康一（編著），人工知能学会（編）『スキルサイエンス入門：身体知の解明へのアプローチ』オーム社.

[諏訪 2006] 諏訪正樹，伊東大輔「身体スキル獲得プロセスにおける身体部位への意識の変遷」第20回人工知能学会全国大会，CD-ROM.

[諏訪 2009] 諏訪正樹「身体性としてのシンボル創発」『計測と制御』Vol.48, No.1, pp.76-82.

[平松 2006] 平松洋子『買えない味』筑摩書房.

[菅原 2012] 菅原健二『川の地図辞典　江戸・東京／23区編』之潮.

[加藤 2012] 加藤文俊，諏訪正樹「「まち観帖」を活用した「学び」の実践」『KEIO SFC JOURNAL』Vol.12, No.2, pp.35-46.

第2章

[中村 1992] 中村雄二郎『臨床の知とは何か』岩波書店.

[デカルト 2014] デカルト『方法序説』（今泉三良訳）哲学研究会，Kindle版.

[山田 2011] 山田憲政『トップアスリートの動きは何が違うのか：スポーツ科学でわかる一流選手の秘密』化学同人.

[ベルンシュタイン 2003] ベルンシュタイン，N. A.『デクステリティ：巧みさとその発達』（工藤和俊訳，佐々木正人監訳）金子書房.

[ニューマン 2005] ニューマン，D. A.『筋骨格系のキネシオロジー』（嶋田智明，平田総一郎監訳）医歯薬出版.

[ノイマン 2005] ノイマン，K. G.『観察による歩行分析』（月城慶一，江原義弘，山本澄子，盆子原秀三訳）医学書院.

[ポランニー 2003] ポランニー, M.『暗黙知の次元』（高橋勇夫訳）ちくま学芸文庫.

[Beilock 2003] Beilock, S. L., Wierenga, S. A. and Carr, T. H., “Memory and Expertise: What Do Experienced Athletes Remember?”, In Starkes, J. L. and Ericsson, K. A. (eds.) *Expert Performance in Sports: Advances in Research on Sport Expertise*, Human Kinetics.

[Magill 1998] Magill, R. A., “Knowledge is More than We can Talk About: Implicit Learning in Motor Skill Acquisition”, *Research Quarterly for Exercise and Sport*, Vol.69, No.2, pp.104-110.

[Pew 1974] Pew, R. W., “Levels of analysis in motor control”, *Brain Research*, Vol.71, pp.393-400.

[諏訪 2005] 諏訪正樹，藤本啓介「スポーツ身体知の獲得における言語表現の再構築」『日本認知科学会第22回大会発表論文集』pp.28-29.

[諏訪 2006] 第1章と同じ.

「こつ」と「スランプ」の研究《けんきゅう》
身体知《しんたいち》の認知《にんち》科学《かがく》

二〇一六年　六月一〇日　第一刷発行
二〇二三年　一月一三日　第五刷発行

著者　諏訪《すわ》正樹《まさき》

発行者　鈴木章一
発行所　株式会社 講談社
東京都文京区音羽二丁目一二―二一　〒一一二―八〇〇一
電話（編集）〇三―三九四五―四九六三
（販売）〇三―五三九五―四四一五
（業務）〇三―五三九五―三六一五

装幀者　奥定泰之
本文データ制作　講談社デジタル製作
本文印刷　信毎書籍印刷 株式会社
カバー・表紙印刷　半七写真印刷工業 株式会社
製本所　大口製本印刷 株式会社

KODANSHA

ISBN978-4-06-258628-3　Printed in Japan　N.D.C.400　285p　19cm

講談社選書メチエ　刊行の辞

書物からまったく離れて生きるのはむずかしいことです。百年ばかり昔、アンドレ・ジッドは自分にむかって「すべての書物を捨てるべし」と命じながら、パリからアフリカへ旅立ちました。旅の荷は軽くなかったようです。ひそかに書物をたずさえていたからでした。ジッドのように意地を張らず、書物とともに世界を旅して、いらなくなったら捨てていけばいいのではないでしょうか。

現代は、星の数ほどにも本の書き手が見あたります。読み手と書き手がこれほど近づきあっている時代はありません。きのうの読者が、一夜あければ著者となって、あらたな読者にめぐりあう。その読者のなかから、またあらたな著者が生まれるのです。この循環の過程で読書の質も変わっていきます。人は書き手になることで熟練の読み手になるものです。

選書メチエはこのような時代にふさわしい書物の刊行をめざしています。

フランス語でメチエは、経験によって身につく技術のことをいいます。道具を駆使しておこなう仕事のことでもあります。また、生活と直接に結びついた専門的な技能を指すこともあります。

いま地球の環境はますます複雑な変化を見せ、予測困難な状況が刻々あらわれています。

そのなかで、読者それぞれの「メチエ」を活かす一助として、本選書が役立つことを願っています。

一九九四年二月　　野間佐和子